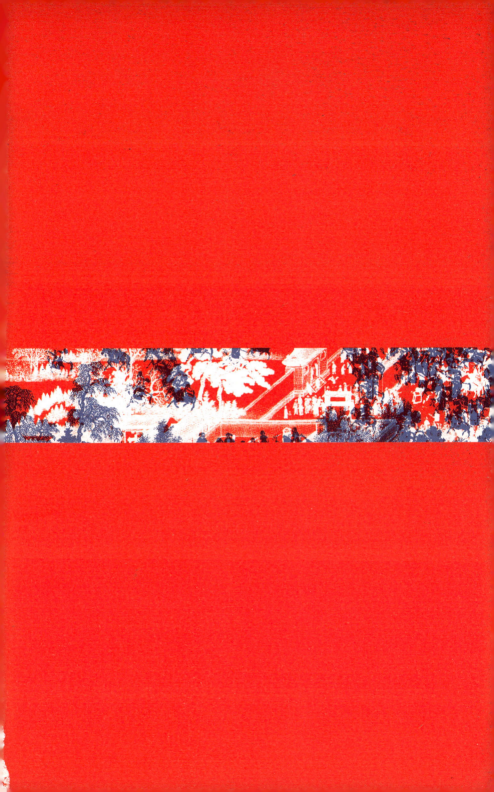

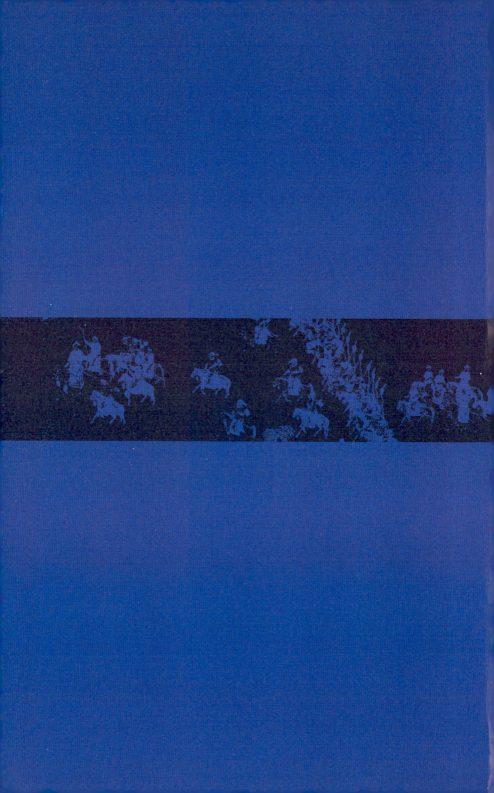

刘澍 著

进击的铁骑

大 清 开 国 的 历 史 瞬 间

社会科学文献出版社
SOCIAL SCIENCES ACADEMIC PRESS (CHINA)

开篇词
读史早知今日事

当下，有关清史的著作早已汗牛充栋，就清朝通史而言，已有萧一山《清代通史》、张世明《法律、资源与时空建构：1644—1945年的中国》等多部扛鼎之作珠玉在前。就面向大众的文笔优美的普及读物而言，已有高冕《天机：清王朝皇权交接实录》，郭成康、张研主编"清帝传奇丛书"等多部佳作问世。就学术著作而言，更是一个取之不尽、用之不竭的富矿。就电视剧而言，《康熙王朝》《雍正王朝》《甄嬛传》《延禧宫略》，一日不停地在各大卫视霸占人们的视野。现在，好像每个人提起清史，都能像半个专家一样，那么我这部书究竟还有没有存在的必要，又有哪些可供大家阅读的价值呢？

就定位而言，拙作是中国第一部"90后"（笔者1990年出生）用法国年鉴学派跨学科长时段的研究方法、黄仁宇的大历史观、奥地利文学家茨威格《人类群星闪耀时》的写作手法写成的一部顺治康熙年间的大清精彩历史瞬间集锦。

首先，本书是以法国年鉴学派代表人物布罗代尔的跨学科长时段研究方法来研究清史。以历史学方法为基础，兼及地理学、民族学、政治学、军事学等多学科内容。长时段是年鉴学派所发明的概念，地理时间是长时段，社会时间是中时段，个体时间是短时段。本书就是要用一把解剖刀将清史中的历史事件从长时段、中时段、短时段三个截面来解剖，长时段宏观把握下对短时段历史事件做显微镜下的探微。

就长时段宏观把握而言，本书在写作时以黄仁宇的大历史观俯视大清历史。本书主要写的是 17 世纪，此时是整个东亚大陆都剧烈动荡的时期，在大历史观统摄下，把明朝、清朝、李自成、张献忠、准噶尔汗国、郑氏海盗集团、荷兰殖民者、西班牙殖民者、俄国殖民者、台湾大肚王国等各方势力纳入叙事，写这十大势力角逐中国陆地与海洋的一幕幕活剧，最终大清进击的铁骑击败各方势力，一统华夏。在此基础上，本书也不断加以中西对比，写到 1644 年崇祯殉国，便会对比 1644 年英国马斯顿荒原之战，前者不过是一个专制政权战胜另一个专制政权，后者则是为大英帝国的民主开天辟地。写到 1689 年雅克萨之战，本书自然要将康熙大帝与彼得大帝进行全方位对比，以探讨大帝之后的国运为何截然相反。

就写法而言，本书借鉴茨威格《人类群星闪耀时》的写法，选取顺治康熙时期最关键的历史瞬间做细节描摹。这样写出来的内容既有纵横捭阖的宏观把握，又有细密巧致的微观体悟；既充盈着历史诗情的柔美画卷，又张扬着现代意识的虎啸龙吟；既在不动声色间褒贬自有春秋，又在波涛澎湃中不失持重骄矜；既天马行空汪洋恣肆地写出覆盖面极广的内容，又始终不离主线地把握大格局。本书无论在选材还是写作手法上，都力求做到生动有趣。法国年鉴学派历史学家马克·布洛赫在《历史学家的技艺》中说："我们要警惕，不要让历史学失去诗意，我们也要注意一种倾向，或者说要察觉到，某些人一听到历史要具有诗意便惶惑不安，如果有人认为历史诉诸感情会有损于理智，那真是太荒唐了。"笔者撰写本书就是理性地去读历史资料，带着感情写历史事实，追求真实性与可读性的完美对接。

笔者在写作本书时利用清朝官方的《清实录》、起居注、朱批谕旨、方略、国家清史编纂委员会编纂的"文献丛刊"，文人笔下的野史、笔记、文集、日记，外国人笔下的各种记载等，力求史料来源多元化，深入挖掘各种顺治康熙年间的有趣故事。诸如"此处不留爷自有留爷处"最早发生在崇祯找大臣众筹时；清朝对汉族强制剃发时，回族、维吾尔族、苗族、蒙古族、藏族的发型是如何规定的；清朝官员服装的总设计师是苏麻喇姑；"一棍子打死"最早指的是吴三桂麾下一名将领叫马一棍；吴三桂在三藩连战连胜时之所以没有乘胜进军，与一只白乌龟有关；胤礽在二次被废后用 $KAl(SO_4)_2 \cdot 12H_2O$ 来写密码信，以求复出；康熙在今北京大学西门附近搞了中国第一次为皇帝选接班人的投票表决；清朝死刑犯行刑当天早晨吃火锅，押赴菜市口途中随便点菜，由刑部报销。凡此种种，不一而足。

张荫麟在《中国史纲》中提出他写史的五条标准：一是新异性标准，即所写事件是否特殊；二是时效标准，即史事牵涉人群苦乐的程度；三是文化价值的标准；四是训诲功用的标准，即史事能否产生借鉴作用；五是现状渊源的标准，即该历史事件对当下是否起到影响作用。笔者写作本书也是以五条标准为基础来建构：一是选取有趣的历史事件；二是写能给今人带来共鸣的内容，从各个方面描写古人生活；三是写科技史，力争用文科生听得懂的语言来讲清朝科技；四是资治通鉴，希冀对当下中国人面临的问题的解决产生帮助；五是写顺治康熙时期中国人的精神世界，就如柯林武德所言，"一切历史都是思想史"。

是为序。

目　录

第一章

甲申国殇：血渍衣襟泪两行

明崇祯十七年，清顺治元年，1644 年，这一年是中国历史上的转折点，明朝这一年的历史没有抗倭援朝的嘹亮战鼓，没有与蒙古人对峙的沉毅仁勇，没有乌云散去后理性的回视，有的只是惋惜、耻辱、苦难、杀戮。多少年过去了，1644 年依然是中国人心中永远挥之不去的伤痛。灾难深重，蒙垢忍辱，欲说还休。

用我们现成的概念和偷懒的思维去评价这一年发生的事情是远远不够的。这一年的主角是大明，是大清，是李自成，是张献忠，一场突如其来的噩梦就这样来到，从此中国历史的走向发生改变。芸芸众生的误读，亲历者巨大的心理创伤，文人们的讳莫如深，都在说明这是一个无法抹去的巨大伤疤。无数的魂灵在那一年的历史典籍中呻吟着，民族情感的巨大悲怆在阴影中潜伏着，因此，我们很有必要从头回顾这一年发生的惊天动地的故事。

崇祯年间，天下怪事连连，从北向南中国大地灾异不断，北京的城门发出女子啼哭声，北京大炮在无人开炮的情况下放空炮，北京奉先殿上的鸱吻落地后变成一个披头散发的鬼。崇祯十六年北京一个老人对守城士兵说："今晚子时（23 点至次日凌晨 1 点）有一个穿白衣服的女人从西边哭着过来，如果过了你把守的这个地段，大明就会有大祸。"士兵记下了，子时果然有一个白衣女人过来，他把这个女人赶跑了，到了凌晨4点，他实在扛不住了，迷糊了一会儿，突然被踢醒，一睁眼发现面前正是白衣女人，她已经闯过自己把守之地。这个女人说："我丧门神也，上帝命我行罚此方，若何听老人言阻我，灾首及汝。"说罢离去，这个士兵当天就神秘地死了。（清孙之𬳿《二申野录》）

天津暴发洪水，水里有高十丈的一个大人，身穿白衣，戴白帽子，长得像无常鬼一样，两眼光芒四射，怪物在水中站了三天才沉入水中。（清朱奎扬《天津县志》）

北直隶有孩子看见一个突额陷睛、长有白毛、嘴角流着口水、臭不可闻的人，孩子用木棍打他，这个白毛人就狂奔，而后窜入一个棺材不见了。小孩去叫大人，许多人一起去打开棺材，棺材里面全是白毛，白毛四处乱窜，好似下雪，众人目瞪口呆，十几天后北直隶省瘟疫流行。当地人盛传染病都是因为吃茄子吃的，人们切开茄子一看，里面果然全是白毛。（吴伟业《绥寇纪略》卷十二）

陕西凤翔衙门前有怪鸟几万只盘旋，凤翔的老鼠小的如狐狸一样大，大的如狗，牛马被老鼠瞧见，老鼠们就一起上前，大老鼠咬牛头，小老鼠钻进牛肚子吃五脏六腑，把牛马都吃成白骨。关中有数以千计的田鼠化为鹌鹑。（杨国宜《明朝灾异野闻编年录》，张廷玉主编《明史》卷二十九《五行志》亦载）

河南一地飞蝗蔽天，城门都被蝗虫挡住，打不开，官员用大炮炮击蝗虫，蝗虫被轰开后从地下蹿出上万只大老鼠，成群

结队地吃人。（王士俊监修《河南通志》）

湖北蕲州有鬼排成阵列大白天在房顶上走。襄阳下雨时，天上下的都是猪，有 100 多头，但都是小猪，每头重五六斤。（杨宗时修、崔淦纂、吴耀斗续修《襄阳县志》）

有大龙三条在江苏睢宁城外打斗，鲜血纷飞，犹如红雨，房屋都被掀到了半空，这样斗了半天，一条龙坠地，这条龙的腥膻味几十里外都能闻见。龙身子还能转动，在龙身上浇水龙就跳跃不止，十几天后龙死了，人民割下龙的肉煎油。（葛之莫、陈哲纂修《睢宁县志》）

以上内容长期以来都被视为荒诞不经而罕见于各种当代人写的明史著作中，笔者也并不相信这些怪力乱神的说法，但这些记载起码说明了一点，人心乱了。崇祯十六年、十七年时整个中国人心惶惶，谣言止于智者，然而真相越稀缺的地方谣言才越会横行。因为真相不明，许多人又想知道真相，所以才会有人利用人们的这一心理编造谣言。以上这些事大多是因此而发生，缺乏健全常识的大明臣民根本不可能对这些消息有明辨是非的能力，只能是越传越邪乎，中国人就是带着这种恐慌的心态进入了 1644 年。

崇祯十七年（1644）正月初一，李自成在西安建立大顺政权，年号永昌，因为明朝在五行上属火，李自成的大顺朝便以水自居（水能灭火），所以大顺朝的官服都是蓝色的。

李自成部队的铠甲"缝棉帛数十重，有至百者"，这样就使得铠甲非常厚，与明军作战时"矢镞铅丸不能入"。李自成起兵于陕北，陕北盛产战马，所以李自成骑兵多，"每战，一骑兵必二三马，数易骑，终日驰骤而马不疲"。

李自成部队的攻城方法也很独特，他把攻城部队分为三批，轮番进攻，步兵"戴铁胄，蒙铁衣，携椎斧凿城"，凿下一块砖就退回来，然后第二个人再上。直到在城下凿出能容纳一个人的空间后，就让一个人藏在里面，像鼹鼠一样挖城墙，每个人能挖开横宽四五步的距离，因为城墙的结构往往是横宽每隔四五步就有一根柱子，然后用很粗很长的绳子系在柱子上，绳子长几十丈，远处的李自成部队大队人马一起拉绳子，直到把绳子所系的城墙柱子拉断，城墙塌了，大军就可蜂拥而入，攻破城池。每次破城后李自成都会"夷其城垣"，让明军即便反攻下来也没法防守。

李自成的部队评战利品的方式也很特别，缴获马匹和骡子功劳最大，其次是兵器，再次是金银和衣物，最差是珍宝。换句话说，对于打仗越用得着的战利品在李自成这里越有用，兵器很容易造，而马匹和骡子绝不是短时间内就能长大的，所以战马比兵器值钱多了。如此功利的评定方式使得李自成的部队几乎能做到以战养战。

讨伐明朝的檄文发布后，李自成大军再次出发了，这一次的目标再也不是普通的哪座城池了，大顺军兵锋直指北京。历史的车轮轰鸣碾过，李自成兵分两路，南路军：刘芳亮率大军经山西平阳越过太行山，而后经真定（即今河北正定，雍正元年时为了避讳胤禛名讳，改名正定）从南面进攻北京；李自成亲率主力十几万人作为北路军，从河南洛阳龙门渡过黄河，北上攻克太原，而后继续北进，拿下大同、宣府，之后东进从居庸关杀到北京城下。

就在李自成出兵杀向北京时，多尔衮以顺治名义给李自成写信,建议双方联合,"孤与公等山河远隔,但闻战胜攻取之名,不能知之称号,幸毋以此而介意。兹者致书,欲与诸公协谋同力并取中原。倘混一区宇,富贵共之矣,不知尊意如何耳。惟望速驰书使,倾怀以告,是诚至愿也"。李自成见信后大怒,自己横扫中国,多尔衮居然连自己的名字都不知道,于是李自成没搭理多尔衮。但其实此信中"混一区宇,富贵共之矣"这一句话,多尔衮已赤裸裸地暴露出对中原的野心,李自成对此并未引起足够重视,此为其战略失策。

面对李自成大军压境,崇祯下罪己诏,但是纸面上的信誓旦旦毕竟挡不住李自成的百万大军,崇祯动了南迁的想法。正月初三,左中允(詹事府的小官,正六品)李明睿上奏提出崇祯暂时迁到南京以躲避李自成兵锋,上午两人谈了半天,中午吃饭后,崇祯接着跟李明睿就南迁之事讨论。翻遍《崇祯实录》,崇祯在位这17年,能跟一个六品官谈话一天的,唯此一事,也足见崇祯内心迫切希望南迁。南方武汉有左良玉八十万大军,江淮一带有江北四镇的军队可作为南京屏障,只要迁都南京,大明依然中兴有望。然而崇祯作为皇帝,此时如果在朝堂之上自己提出南迁之事是不合适的,这意味着皇帝公开承认自己打不过流贼。那么就让李明睿提出好了,但李明睿官位太低,迁都大事他提的话不够格,崇祯此时就盼着六部能出一位大臣来提议南迁。

各位大臣都知道崇祯的心思,但就是不说,因为崇祯已经把他们杀怕了,陈新甲的事犹在眼前,明明是崇祯主使,但崇祯就是不承认,害得陈新甲人头落地。此时一旦大臣提出南迁,日后万一因为南迁惹出事端,崇祯一翻脸就拿自己开刀。

李明睿绝对称得上忠臣，他一看没有重臣提议，自己便在朝堂之上提出南迁，说："唐朝先后多次皇帝南迁至四川，宋朝南迁到临安后又有一百五十年国祚，如果唐宋不南迁的话，怎么有后来的恢复？"然而内阁首辅陈演坚决反对南迁。

除了打算南迁外，崇祯还打算调吴三桂从宁远回防，毕竟吴三桂是此时大明唯一能打的将领，他的关宁铁骑战斗力与八旗军不相上下，对付李自成的农民军绰绰有余。正月十九，崇祯提出调吴三桂回援，陈演却说："一寸山河一寸金，只要宁远兵回防，那么建州贼寇一定会南下夺占山海关，所以万不可调。"兵部尚书张缙彦说："如果调吴三桂回防，那就是宁远弃守，如果想守宁远，就不要调吴三桂回来。"总之，无论是陈演还是张缙彦，都明白一个道理，只要现在支持调吴三桂回来，日后宁远丢了，他二人就会被崇祯问罪，所以此时反对吴三桂调回来是最明智的选择，吴三桂不回来，北京守不住，崇祯死掉，他们就终于不用再提心吊胆在这个难伺候的主子手下憋屈了。

崇祯很愤怒，对陈演说："朕不要做的事，先生偏要做，朕要做的事，先生偏不要做。"于是崇祯将陈演罢免，以魏藻德代替他出任内阁首辅。然而魏藻德本着跟陈演一样的心理，他知道只要自己支持南迁，一旦南迁失败，自己必然被崇祯开刀，于是他也坚决反对南迁，说了一堆陛下洪福齐天之类的话。总之无一重臣支持南迁。

崇祯最终还是坚持了一贯死要面子活受罪的风格，斩钉截铁地表态："祖宗辛苦百战才定鼎北京，如果贼人来了，朕却走了，朕还怎么面对百姓？而且朕一个人走了，宗庙社稷怎么办？十二陵怎么办（此时还没有十三陵，因为崇祯还没葬进去）？京师百万生灵怎么办？逆贼虽然猖狂，但朕凭着祖宗在天之灵和各位先生的辅佐，或许不至于就这样结束（看来崇祯的底气已经很低了）。如果有不测，国君死社稷才是正道，朕志决矣！"

有大臣提出让太子去南京监军，以防被一网打尽，崇祯说："朕经营天下十几年都不行，他一个孩子，做得甚事？现在要说就说如何防守，此外不必再言。"（《绥寇纪略》）

关于崇祯南迁问题，吴伟业在《绥寇纪略》中有精当的看法："崇祯并不是不愿意南迁，而是怕南迁后依然事不济，最终遗恨万世，所以必须举国请求南迁才会同意。即便是派太子去南京，而此时已经没有像唐朝羽林军、神策军那样的精锐军队，贼军很可能突然赶上，那么太子那一股就中途溃散了。"

崇祯虽然口口声声说国君死社稷，却一直还没死心，还在做着南迁的准备，他让天津巡抚准备三百艘船在直沽口待命，一有风吹草动，即刻南下。

南迁没死心，调吴三桂回防的事崇祯也没死心。二月初八，李自成攻克太原，京师震动，蓟辽总督王永吉上奏说：必须即刻将关外宁远等四座城池的军队撤守回关内，然后让吴三桂带关宁铁骑星夜兼程回防。崇祯把这封奏折给魏藻德和陈演看，两人始终不敢开口，等从宫里出来后，两人窃窃私语："现在事情很急，皇上调吴三桂回来，等到打退流贼后，皇上一定以弃地之事杀我二人，且奈何？"最后陈演和魏藻德提出一个折中方案，吴三桂不要动，请吴三桂的父亲宁远总兵吴襄进京担任中军都督府提督，让他与皇上面议。吴襄进京后，张口就找崇祯要一百万两白银作为军费。根据《明季北略》卷20的记载，崇祯内帑明明有三千七百万锭银子——锭是量词，一锭银子有一两、二两、五两、十两不等，哪怕崇祯内帑一锭银子都是一两的，也有三千七百万两白银——然而崇祯这个守财奴对吴襄说："内库只有存银七万两，一切金银细软加起来也不过二三十万两。"于是调吴三桂进京勤王之事就由于没有经费而告吹。

二月二十日，李自成大顺军进攻山西忻州宁武关，守将周遇吉率五千多将士迎战李自成六万大军。守城明军早已为大顺军编织好了死亡的大网，燃烧着火焰的箭镞好像凌厉的钢鞭一样刺穿大顺军的躯体，出城野战的明军的战刀把大顺军纷纷割倒在地，火炮发射着黑风般的炮弹好像密集的马蜂一样炸伤大顺军的身体。那些有血有肉的生命连同草木一起被灼热的气浪抛向天空，抛向死亡的深渊。一个个大顺军将士架起云梯攻城，城上守军纷纷推倒梯子，李自成大顺军纷纷坠落而死。见云梯强攻不成，李自成下令挖地道攻城。城内守军守在城墙边沿，只要有一个人露头，守军便泼下火油将其烧死，李自成第一天的进攻就这样以失败结束。

二月二十一日，李自成下令继续进攻，火炮将宁武关东门炸开，东门守将杨光隆中炮而死，大顺军蜂拥而入。周遇吉率领几十名骑兵冲过来堵缺口，迎战入城的大顺军，"出没如流星，当者皆死"。周遇吉身上被射中几箭，还好，都不是要害，他大呼着"杀贼"冲入敌军，入城的大顺军小股部队被歼灭，随后守军赶忙关好城门，堵住城门的缺口。

李自成自从起兵以来,从来没见过周遇吉这样勇猛的将领,便有意招降,遣使招周遇吉至城外演武场谈判。周遇吉的部下有人建议他投降,周遇吉大怒,"你们这些人太胆小了,现在只要我军能胜利,全军都是忠臣义士,万一不支,你们可把我绑了以后献给闯贼,到时你们可保富贵"。

正当所有人都认为周遇吉不会出城跟李自成谈判时,他却表示,自己正想出城借机"看贼情形",于是独自从城墙上缒城而下,前去与李自成会面。李自成亲自起身作揖,向周遇吉表达敬意,然而周遇吉大骂李自成是贼寇。李自成见劝降不成,便佯将周遇吉放走,又派十个人在他身后尾随,以便见机行事。

周遇吉猛回头,见人尾随,他搞不清楚李自成要干什么,于是拔出刀来将这十人全部砍死。这下李自成真的怒了,派大军将周遇吉包围,最终将其肢解。被杀害前,周遇吉对李自成说:"乘城击贼,皆我将令也,与人民无与也。"他希望拯救城内百姓的性命,然而李自成拒绝了他的请求,在心中已经下了屠城的决心。

周遇吉的妻子刘氏是蒙古女人,骁勇异常,能挽数百石强弓。然而如果认为刘氏只是个身材彪悍的蒙古女人,那就大错特错了,有记载,刘氏"容颜姣好"。刘氏和城内守军在城上目睹了周遇吉殉国的惨状,发誓一定要和李自成血战到底。

二月二十二日,李自成对宁武关发起总攻,被弓箭射死、被长矛刺死、爬到城头后被刀砍死的大顺军一个个倒在城下,但是城墙一角却因为禁不住连日炮击,最终坍塌了。大顺军蜂拥而入,刘氏率家童与李自成的大军巷战,"伏兵皆发,出没如流星"，使得大顺军每前进一步都要付出血的代价。在与大顺军的巷战中，刘氏等人刀剑都被砍断，箭镞都射光，最后时刻把仅剩的家人聚集在一起，点燃了火药，"火药齐发，光芒触天，声如迅雷，阖门无贵贱，少长者皆焚死"。

经过三天的防守，五千守军（其中只有两千是明军士兵，三千则是百姓自发参与守城）共杀死大顺军一万多人，恼羞成怒的李自成下令屠城。据乾隆《宁武县志》记载，"贼既陷宁武，恨其久不下，屠杀一尽，血流成波有声"。血洗宁武后，李自成也不禁感叹："宁武虽破，受创已深，自此达京，尚有大同兵十万，宣府兵十万，居庸兵二十万，阳和等镇兵合二十万，尽如宁武，讵有了遗哉？不若回陕休息，另走他途。"但此后的结果是大同的十万守军不战而降，宣府的十万守军也不战而降，居庸关根本没有二十万守军，仅有的八千守军也不战而降，阳和等地也压根没有二十万军队，明军几乎没抵抗而一路投降，再也没有周遇吉一样的守城虎将了。

宁武关失守后，李自成继续进军，至二月二十七日，京师形势已经十万火急。崇祯再次就调吴三桂进京勤王之事商议，陈演和魏藻德等人依旧反对，吏科都给事中吴麟征慷慨陈词："宁远是否应该放弃，应该是蓟辽总督王永吉、辽东总兵吴三桂与皇上秘密商议后，再由内阁首辅、兵部尚书与皇上讨论。现在放在大庭广众之下来讨论此事，今后宁远丢了，谁敢担责任？有人说放弃宁远不可，殊不知失去天下将士之心，进而失去天下更加不可。吴三桂是一员勇将，应该把他调来，不应该把他推给敌人。现在流寇旦夕将至，只要把吴三桂调来，就可将其打退，先解燃眉之急再说。"

陈演和魏藻德最后还是勉强同意了调吴三桂回援之事。崇祯下诏封吴三桂为平西伯,平贼将军左良玉为宁南伯,蓟镇总兵唐通为定西伯,凤庐总兵黄得功为靖南伯,对刘泽清、刘良佐、高杰各升官一级,调以上人等火速进京勤王。然而这些人中吴三桂由于要带着宁远五十万百姓南下,以免百姓为清军所掠,阵势犹如刘备携民渡江,只能日行数十里,三月十六日才到山海关,等吴三桂到丰润时北京已经陷落。刘泽清距离京城最近却拒绝奉召,他南下一通哄抢后逃了,各路勤王部队只有唐通带着八千人来到京城下,八千人抵挡李自成的百万大军可以说螳臂当车。

二月二十九日,李自成的北路军抵达大同城下,三月初一大同总兵姜瓖不战而降,大同失守。崇祯再下诏让各路军队进京勤王,然而城下依旧只有唐通的八千士兵。更令人愤懑的是,崇祯为了控制唐通,派太监杜之秩监军,杜之秩对唐通的军队颐指气使,不断索要银两,唐通说:"我不敌一奴才也!"至此,唐通也生异心,只等李自成大军一到便倒戈了。

各路勤王军队都到不了,三月初三,督师大学士李建泰提议南迁,然而魏藻德等多位大臣依然反对,崇祯大怒,说:"朕非亡国之君,诸臣皆亡国之臣!"(文秉《烈皇小识》卷八、计六奇《明季北略》卷二十、谈迁《国榷》卷一百均载此事)

由此,最后的南迁机会错过,大明又失去了一次免于灭亡的机会。三月初四崇祯召集众臣,让所有人毁家纾难,捐银子来募兵抗敌,只有太监曹化淳等三人各捐了五万两银子,其余官僚如同铁公鸡一样一毛不拔。魏藻德仅捐出五百两银子,陈演则哭穷："微臣一向清廉，从未向人索贿，因此家产分文没有。"崇祯的岳父周奎在崇祯一再催逼下才捐了一万两银子，崇祯让他至少拿出两万两，周奎就向女儿周皇后借，周皇后悄悄送给父亲五千两银子，周奎扣下两千两，只把三千两交给崇祯。总之，曹化淳等三个太监交了十五万两，剩下满朝文武才交了五万两，崇祯一共收到二十万两银子。

大臣们为了躲避捐助，纷纷在家门口贴上"此房亟兑"的条子，表示自己实在没钱了，现在必须把房子卖了才能换钱捐出，甚至有人公然在家大门写上"此处不留人，自有留人处"，以此表明崇祯不要自己的话，他们马上就投奔李自成了。

事实证明这些人并不是没有钱，李自成进京后对这些官僚严刑拷打，从周奎处搜出五十三万两银子，说自己分文没有的陈演也被搜出四万两银子，而李自成最终从满朝文武手里严刑拷打出七千万两银子，是崇祯收到的二十万两的350倍（数字据彭孙贻《平寇志》）。一方面说明这些官僚实在可恶，另一方面也可见崇祯失人心一至于此，几乎没有人把自己的荣辱与崇祯绑定在一起。

大臣之间由于崇祯乖张暴虐的性格而事事互相推诿，不愿卖命，举一个造船的例子便可知。崇祯十五年（1642）皇太极第五次大举南侵，崇祯召集群臣讨论究竟该怎么办，刚提拔不久的兵科都给事中鲁应遴向崇祯建议：立即建造兵船三千艘，用这些兵船载军队，从登州渡海到辽东半岛，直捣清军的后方，清军必然回师救援。这样，河北境内的清军就不战自退了。此为围魏救赵之计。

　　其实这个"妙计"完全不着边际，清军已经快兵临北京城下，三千艘战船何时能造出来？就算船造出来，渡海成功，真的能击败清军吗？所以这个计策根本不靠谱，有几个大臣听了，差一点笑出声来。但崇祯一听觉得有道理，这个计策很新颖别致，当即采纳，下令由工部尚书林欲楫来操办。

　　工部尚书林欲楫知道这个事不靠谱，但如果自己不接，必然被崇祯送去见朱元璋了，于是向崇祯报告说：造船固然是工部的本职工作，但依照朝廷惯例，凡是重大军事工程，都是工部和兵部联合，这次造船，照例也应该由工部和兵部共同承担。因此，他建议工部和兵部各建造一千五百艘。

　　崇祯一听觉得有道理，兵部尚书张国维当即表态：为国效力兵部万死不辞，但兵部的人只懂打仗，不懂造船，只要工部把造船图纸画出来，样船造出来一艘，兵部就可开工。

　　崇祯一听觉得有道理，同意了，开始造船，但拨款的事只字未提。当时一艘兵船的造价在白银两千两左右，造一千五百艘兵船，约需三百万两白银。工部没钱，又不敢找崇祯要，怎么办呢？工部尚书林欲楫向崇祯报告：河南开封等府，几年来因为工程积欠工部七百多万两白银，只要让他们还钱，一切就好办了。

　　崇祯一听觉得有道理，同意了，让开封府立即还钱，可是此时开封正在被李自成包围，显然还不了钱。于是工部和兵部都向崇祯提出找户部借钱，户部尚书傅永淳说：现在各地兵荒马乱，户部早就入不敷出，行政机构都难以维持正常运转，随时有瘫痪的可能，实在拿不出钱来。

　　工部、兵部、户部互相踢球，工部尚书林欲楫怕崇祯急了，便想出了一个金蝉脱壳之计，给崇祯上疏：造船的经费，已经筹集到了一些，可以开工造船，但京城地处北方，桐油、铁钉、木料等物，很难大量买到，工匠、技师、舵手也不容易找到，加上北方没有大规模的船厂，短时间内要造一千五百艘船困难很大。林欲楫建议把造船的任务承包给造船主事朱正色，他是一个造船专家，让他前往淮安船厂全权负责造船事宜。那里物料齐备，匠人众多。

崇祯一听觉得有道理，于是下旨令朱正色全权负责造船，林欲楫长长地松了一口气。朱正色接到任命后上奏说：臣谨遵上谕，臣是造船专家，可是臣以前所督造的船，是内河运粮的船，不是乘风破浪的海船。海船与内河船，板木不同，钉铁不同，式样不同，帆樯不同，缆索器械不同，操作驾驶方法不同，功用也不同。内河船不适应在海上航行，要造海船、兵船，必须用福建、广东的材料，聘请专造海船的技工，在海边的船厂里建造。臣建议皇上令福建、广东两地的最高长官承担这个任务。

崇祯一听觉得有道理，便把造船的任务交给两广总督和福建知府去办。就这样，在因为造船而互相推诿的过程中，时间已经到了崇祯十七年三月初八，李自成大军已经打到宣府（河北张家口东南），三千艘船一艘也没建成，明朝却快亡了。（造船事据戴笠《怀陵流寇始终录》卷十五）

崇祯十七年三月初八，李自成兵临城下，明朝驻守宣府的巡抚朱之冯准备死守城池，但是人心已散。朱之冯对手下说："为我开炮杀敌！"手下无一人响应，朱之冯只得亲自点火，可是身旁的士兵却拉他的胳膊肘，不让他开炮，朱之冯仰天大哭，说:"不想人心竟至于此!"就在他大哭之时，守军开门投降李自成，朱之冯自缢而死。

夺取宣府后，李自成继续进兵，三月十五日李自成北路军抵达居庸关，唐通率八千人不战而降，唯一的一支勤王部队投降了。

三月十六日，崇祯召集大臣讨论剿寇生财的问题，大臣黄国琦说:"当今之计首先是收拾人心，其次是用人。"

崇祯:"如何安人心?"

黄国琦:"安人心不难，只要皇上心安，人心自安。"

崇祯:"如何生财?"

黄国琦:"言生财者大多是加税，这样断不可行，陛下应该从内库拨出钱来以救急。"

谈话至此，还看不出有什么亡国之象。就在此时，内侍送来一份急报，崇祯看后脸色骤变，原来李自成已经攻破昌平，将明十二陵的享殿全都毁掉。这时，崇祯意识到，最后的日子到了。(《国榷》卷一百)

三月十七日，李自成的北路军抵达西直门外，从始至终都几乎没遇到什么像样抵抗的刘芳亮南路军抵达高碑店，两路大军一起炮轰北京城。崇祯照例上早朝，大臣一个个相对而泣，束手无策，崇祯在御案上写了十二个字给太监王之心看，日后王之心说，其中六个字是"文臣人人可杀"。(许重熙《明季甲乙两年汇略》)

守城士兵都是老弱病残和太监，毫无战斗力，连烧火做饭的人都跑了，守军一个个饥饿不堪，哪里挡得住李自成大军排山倒海般的攻势。一边是眼看就要彻底毁灭，一边是多年努力就要大功告成。当了十几年"流贼"的李自成大军眼看就要正名了，成者王侯败者寇，只要攻破北京，"流贼"瞬间就会变成开国者。剿贼十几年的崇祯皇帝再过几十个小时就要退出历史舞台，成为亡国之君。明军在阵地上布满了巨炮、铁蒺藜、鹿角等障碍物，但是身穿黄色衣甲的李自成造反大军势如潮涌，志在必得，明军的一切抵抗都是徒劳，一切防守在实战中都被李自成大军视若无物。

崇祯十七年三月十八日（1644 年 4 月 24 日），北京内外狂风裹着草木，卷着尘土，夹着碎石和沙子，盘旋于大街小巷，呼呼山响，黄沙弥漫，天昏地暗，使整个京城笼罩在一片飞沙走石的迷茫中。忽然，一道闪电刺穿压城的黑云，片刻，一声炸雷，天降暴雨，俄而，强劲的雨点变成密集的冰雹，冰雹借着风势，沉重、急骤地砸下来。

李自成毕竟出身驿站小史，深知自己根基不稳，即便是兵临城下，内心还是希望已经存在了 276 年的大明朝能承认自己的，于是他提出两个条件：明朝割让西北给自己，封自己为国王；犒赏自己的百万大军。只要答应这两个条件，李自成就退守河南，不染指华北，并为朝廷镇压其他贼寇，且可以抗清。（《小腆纪年附考》）对于城下之盟，李自成提出的条件并不苛刻。崇祯自然是很想答应，便让魏藻德草拟圣旨接受条件。老奸巨猾的魏藻德就是不写，深知今后崇祯一旦反悔，自己就会被开刀。最终崇祯彻底绝望，答复李自成说"朕定计，另有旨"，知道魏藻德太不靠谱，于是亲自写了一道御驾亲征的诏书，说了一堆自己也不相信的梦话，什么"朕今亲率六师以往，国家重务悉委太子"等。

李自成派在宣府投降的明朝太监杜勋前来谈判,崇祯怒斥了杜勋一顿,关死了谈判的大门。杜勋知道崇祯杀人不眨眼,赶忙跪下说:"奴才愚昧无知,哪里知道天理大义,只是唯恐圣上有个三长两短,所以刚才跟您胡说八道。今闻圣谕,豁然开朗,我回去后就跟闯贼说城中还有精兵十万,各地勤王军队指日可待,届时内外夹攻不在话下。料想闯贼闻听此言,肯定会吓个半死,到时必然退兵,凭奴才这张嘴,保证可让京城转危为安。"

崇祯听了杜勋的话,仿佛抓住了救命稻草,说:"尔等尽力去办,倘能吓退贼兵,将来援军抵达,社稷转危为安,尔功在国家,朕必封尔为侯。"最忠于崇祯的大太监王承恩知道杜勋不靠谱,主张把他扣下,但是崇祯还是把最后一线希望寄托在杜勋身上,下令放他回去。杜勋临下城前,京城内几个早已跟李自成约定好开城门的太监问他,情况如何。杜勋说:"我们的富贵跑不了。"说罢就匆匆缒城而出。太监们心中的石头落地,就等着李自成攻城时打开城门了。

杜勋回到李自成大营,迅速变卦,把城内的空虚和不堪一击跟李自成汇报,还添油加醋说了崇祯拒绝条件的事。李自成见条件都被崇祯拒绝,于是下令攻城。守城太监曹化淳事先已经与李自成有密约,开彰义门投降,与此同时德胜门也被开启,李自成大军蜂拥而入,北京外城全部沦陷。

得知外城沦陷的消息后,崇祯最后一次召集群臣上朝,此时能来的大臣已经没几个了,众臣作鸟兽散。崇祯问:"诸位爱卿知道外城已经被攻破了吗?"

魏藻德:"不知。"

崇祯："事情已急，现在该怎么办？"

魏藻德的回答更是自欺欺人："陛下洪福齐天自可无虞，如有不测，臣等巷战抗敌，一定报效国家。"（《明季北略》卷20）事实上"臣等巷战"成了一句空话，守卫宣武门的太监王相尧、守卫正阳门的兵部尚书张缙彦都不战而降，整个过程没有发生任何巷战。

三月十八日夜，北京内外所有城门都被攻破，炮声顿时停息，李自成大军已经控制了除故宫、煤山（景山）以外的整个北京城。崇祯此时身边只有大太监王承恩了，带着王承恩来到煤山四处瞭望，只见城下火光冲天，知道内城已经陷落，一切都晚了，也一切都完了。崇祯远眺从北京通往辽东的官道在一片莽林中消失，天际飘动的浮云也在悠悠游弋后散去，留下一个空落落的浩天广宇。崇祯明白，吴三桂的关宁铁骑不会来了，大明的最后希望破灭了，含泪的惨笑浮现在崇祯瘦削的脸上……

崇祯绝望地回到乾清宫，寒风凄冷，一阵阵啼哭声从宫中传来，他召来周皇后、袁贵妃一起饮酒，这是最后的晚餐！北京城外忽而黄沙遮天，忽而凄风苦雨，忽而冰雹雷电。崇祯早有预感，早晚会有农民军打进来的灾难的一天。灾难，也许谁都可以抗拒，然而那先于未至的灾难传到的由衷的惧怕，则足以摧垮你，让你疯狂而又无望，正因如此，当灾难降临时崇祯反而感到无限轻松、快慰。

崇祯说："事已至此，只有一死！"看到崇祯眼中的凶光，美丽的袁贵妃心中感到恐惧。在崇祯的刀剑逼迫下，袁贵妃被迫自缢。踢倒凳子后的袁贵妃脸色憋得通红，黛眉紧蹙。而她的双眼仍然渴求地望着崇祯，小嘴张得圆圆的，纤腰娇媚地来回扭动，似乎还指望崇祯会回心转意。崇祯坚定的目光让她明白，自己的命运已无法挽回。袁贵妃不甘心地摇晃着蟠首，插在发髻上的金步摇脱落了，满头青丝披散开来，蛱蝶交领被双手的抓挠弄开了，露出精致的锁骨，淋漓香汗沾湿了衣裳。袁贵妃的蟠蛴粉颈在白绫的绞缢下愈加修长，双手攥紧衣角，柳腰扭动，玉足徒劳踩踏着空气。她的肤色在白绫勒紧处分成截然不同的两种，面颊被绞成淡紫色，而脖颈以下还是凝脂般白嫩。

正在袁贵妃马上要被缢死之时，意外发生了。由于她平日待人宽厚，宫女为她准备的白绫是半朽的，所以白绫断了，她没死，掉下来。袁贵妃让宫女为自己重新绑好白绫，但宫女们都跪在地上围着她哭，谁也不肯听话。此时崇祯进来，见袁贵妃还没死，上去一刀就砍伤她左臂，袁贵妃倒在血泊中。崇祯以为她死了，就走了，去找周皇后。实际上袁贵妃没死，十年后去世。

崇祯来到坤宁宫对周皇后说："大势已去，你是天下之母，应当死!"周皇后伤心痛哭："臣妾跟随陛下十八年了，可是我说的话没有一句你能听进去，要是早南迁的话何以至此？今日同死社稷，亦复何恨？"

崇祯听了凄怆不已，他下令将太子朱慈烺、三子朱慈焕、四子朱慈灿召来，让他们把皇子的衣服脱掉，为他们穿上平民的旧衣服，告诫道："你等过去是太子，现在城破，就是小民了，各自逃生去吧!不必想我，朕必死社稷，时到今日还有何面目见祖宗于地下？尔等且要谨慎小心，遇到当官的，老者当称呼老爷，年轻的当称呼相公，若遇到平民，老者当称呼老爹，年轻的当称呼老兄，或叫作兄长，见文人当称呼先生，见军人当称呼长官。万一你们得以生还，别忘了为父母报仇，别忘了朕今日的告诫！"临别时崇祯大声说道："你们三人为何不幸生在我家？"说到此崇祯已经泣不成声，周围的所有侍从被这生离死别的场景都感动得失声痛哭，此时能留在崇祯身边的，都是对大明朝、对崇祯最忠心耿耿的忠臣义士。人之将死其言也善，崇祯对几个儿子的临终遗言说的都是对各种人如何称呼的做人最基本道理，崇祯让孩子们无论见到任何人都要嘴甜，由此可见，崇祯对自己也有反省。他的失败原因很大程度上就在于他对于自己的臣子太不尊重了，动不动就大开杀戒，最终导致无人愿意与自己共甘苦。（以上崇祯的话记载在郑达《野史无文》卷四、冯梦龙《甲申纪事》卷一、吴伟业《绥寇纪略》。）

崇祯让王承恩带路，自己带着三个皇子去周皇后的父亲家暂避，走到门前，听到里面的奏乐声，敲门半晌，出来一个人对崇祯说："今日国丈八十大寿，任何人不得入内，任何事不得通报！"要是放在平时，敢这么跟崇祯说话，早就叫刀斧手了，但现在崇祯的威权彻底丧尽，最后只好把三个儿子托付给田贵妃的父亲，让他带他们出城，崇祯则与王承恩返回紫禁城。

与此同时，三十三岁的周皇后与三个儿子诀别后，便痛哭着返回坤宁宫，想到自己生得出众的美貌，浑身皮肤光洁嫩白，堪称玉体，担心贼人进宫后尸身会遭污辱，所以在上吊前命一个宫女用丝线将衣裙的开口缝牢。之后她来到一棵树前，将粉颈探入白绫,蹬开垫脚的红漆描金独圆凳,直挺挺地悬在梁上。她莲靥涨红,柳眉紧锁,杏眼圆睁,绛唇微微张开,额头渗出粉汗,衣裙间飘出阵阵幽香,双腿如走路般踢荡,套着绣花鞋的玉足一下一下地徒劳够着地面,简直与那个娴静优雅、举止得体的周皇后判若云泥。几滴清泪从周皇后的眼角流淌,红润的舌尖从贝齿中挤出,嘴角淌着涎水,脸颊呈现出淡雅的紫色,倾国倾城的美貌因为绞缢而平添些许凄楚。随着时间的流逝,周皇后的嘴巴大大地张开了,窒息的感觉愈来愈强烈,不自觉抬起双手扳着脖子上的白绫,双手乱抓乱挠;脚背使劲弓起,双腿伸直乱蹬,试图寻找那不可能触及的地面。突然间临死前的回光返照让周皇后全身一下子僵硬,脸部原本痛苦的表情瞬间恢复平和清丽,清澈的眸子失去了光泽。

崇祯来到坤宁宫,见长长的白绫下悬着周皇后一袭盛装宫罗裙,头上凤冠倾斜着,头发也散了,连声说:"好!好!"周皇后犹自直挺挺地吊着,随风悠悠荡荡。青丝凌乱,蟾首歪斜,美目上翻,香舌微吐,表情中自有千种幽冤、万般哀怨。

十六岁的女儿长平公主在一旁痛哭不已,崇祯见状,说:"你何故生在我家?"说罢挥剑砍向女儿,公主用胳膊挡了一下,被砍掉一只胳膊,血流不止而昏厥,崇祯以为她死了,便匆匆离去。其实公主没死,五天后醒过来。日后清军入关,长平公主向多尔衮提出出家为尼,多尔衮不许,多尔衮命她与崇祯生前选定的驸马结婚,转年长平公主病死,年仅十八岁。

崇祯有两个女儿,长平公主被砍后,崇祯来到乾清宫去找自己的小女儿昭仁公主,昭仁公主还不到六岁,长得十分好看,活泼可爱。见崇祯来了,小公主用十分可爱的稚嫩的声音说道："父皇万岁！"她的话音刚落，崇祯拔出剑来手起刀落，小公主来不及哭喊一声，就倒在血泊中了。

崇祯离开乾清宫，来到仁寿殿，逼张太后（崇祯的哥哥明熹宗的皇后张嫣）自缢，时年三十八岁的张嫣风韵犹在，纪晓岚《明懿安皇后外传》记载："（张嫣）体颀秀丰整，面如观音，眼似秋波，色若朝霞映雪，又如芙蓉出水；发如春云，眼同秋水，口如朱樱，鼻如悬胆，皓牙细洁。丰硕广额，倩辅宜人，颈白而长，肩圆而正，背厚而平。行步如轻云之出远岫，吐音如白石之过幽泉。"

曾经艳压群芳的张嫣把脖子探入白绫，闭上眼睛深吸了一口气，这可能就是她最后一次吸到人间的空气了。踢倒凳子后，张嫣张大了嘴努力地呼吸却得不到一丝的空气，有些后悔了，本来以为死是一件很容易的事，却没想到竟然会这样痛苦，乱踢乱蹬之间将一双绣鞋甩落，轻盈的绸缎紧紧包裹着纤秀的玉足，绷直的足弓在洁白的丝绸上撑起一条诱人的曲线。白绸袜袜口露出的纤细脚踝上一条隆起的跟腱仿佛就要撑破那比丝绸还要柔滑的皮肤。就在张嫣即将缢死之际，一个宫女闯入，将她救下，送入侧室，几个时辰后张嫣在侧室自缢，然而就在此时李自成的先头部队攻入皇宫，将张嫣救下，张嫣逐渐苏醒。李自成手下大将李岩知张嫣仁德，便向她行九拜之礼。当晚，张嫣自缢，这回真死了。

崇祯在看着亲人都死后，来到煤山。一个晚上过去了，此时已经是三月十九日凌晨，每日凌晨五鼓，正是鸣钟上朝时，崇祯亲手执钟杵，使劲将景阳钟敲了一场，又拿起鼓槌，将旁边的大鼓打得震天响。崇祯左等右等，满朝文武没有一个人前来，身边还一直都是王承恩一个人。想到万历皇帝二十年不上朝，却依旧在享尽荣华富贵后得以善终，而自己十七年来每天上朝，却得到这个下场，崇祯不禁悲从中来。

突然，南面紫禁城白家巷墙头上已经悬挂起三盏白色信号灯，崇祯不知道，这是大顺军提前约定好的内城城破的信号。但崇祯知道的是，自己的时间不多了，他咬破手指，用血写成遗诏，遗诏中说："朕自登基以来，十有七年，东人三侵内地，逆贼直逼京师。虽朕薄德匪躬，上干天咎，然皆诸臣之误朕也。朕无颜见先皇于地下，任贼分裂朕尸，可将文官尽行杀死，勿坏陵寝，勿伤我百姓一人。"他认为是众臣误了自己，"君非亡国之君，臣皆亡国之臣"，就这样使明朝亡在自己手里。写罢遗诏，崇祯清醒地意识到大势已去，然而似乎又不甘心，没想到这个堂堂276年的帝都竟如此轻而易举地落在李自成这个"草寇"手里。他不禁扪心自问，自己登基以来，日理万机，励精图治，无一日敢懈怠，可是越呕心沥血，越奋发图强，就越事与愿违。他所做的一切似乎都是在给明朝这头骆驼加稻草。曾几何时，自己的父亲泰昌帝和哥哥天启帝是那样荒淫无度、骄奢淫逸，可他们都没成为亡国之君，而自己如此勤俭节约，如此盼望国家富强，却亡国了，这究竟是为什么？十七年来他一次次试图扑灭李自成烧起的烈焰，可这烈焰就像挥之不去的鬼火一般，越扑火越壮，终成燎原之势，并最终烧毁了存在276年的明王朝，这究竟是为什么？为什么？

崇祯是个节俭的人，他的衣服、袜子都打了补丁，可是他依然穿。崇祯工作勤奋，每天工作14～16个小时，只睡五六个小时，然而就是这样，江山居然丢了！这是为什么？崇祯怕是到死也想不明白了，局势已经不容他多想了。他走到寿皇亭边的一棵大树下，解下身上的鸾带，连凳子都来不及找了，身手矫健的他爬着栏杆把鸾带系在粗树杈上，自缢而死，随后王承恩也在一旁吊死。（以上据文秉《烈皇小识》卷八、赵士锦《甲申纪事》、冯梦龙《甲申纪事》卷一与卷四、戴笠《流寇长编》卷十七。）

以上就是崇祯殉国的甲申国殇记录。值得一提的是，正是在甲申年，在世界另一端的英国，克伦威尔率领着国会军在马斯顿荒原战役中取得决定性胜利，这次战役是英国资产阶级革命走向成功的转折点，五年后，英国斯图亚特王朝的查理一世走上了断头台。五年之内，东方老大帝国和西方老大帝国的君主都走向死亡，可他们的死亡带来了截然不同的结果：西方资产阶级以崭新的面貌登上世界历史舞台，中国却又无非是一个专制政权取代了另一个专制政权。

第二章

因为爱情：冲冠一怒为红颜

崇祯十七年（1644）三月十九日下午，驻扎在阜成门外的李自成部队举行了盛大的入城式。李自成没有从阜成门入城，而是一路向东北方向，从明朝皇帝每次出征北伐所走的城门德胜门入城。按照战争中胜利入城的规矩，李自成不乘法驾，不用卤簿，戎衣毡笠，身着淡青色龙袍，帽前缀一块蓝色宝玉，表示他是"水德应运"，以水灭大明朝的明亮之火。李自成骑马入城，而迎驾的文武官员骑马立于德胜门内街道两旁，不用俯伏街边。刘宗敏因为在大顺朝位居文武百官之首，所以单独立马前边，然后按照唐宋以来习惯，文东武西。文臣是先按衙门次序，再按品级次序，即按照俗话所说"按部就班"的传统规矩骑马肃立在大街的东边；武将们按照权将军、制将军、威武将军、果毅将军、游击将军等官阶顺序，骑马肃立在大街西边。

如果按照两点之间直线最短的原则，李自成应该走地安门进入皇城，再经玄武门进入紫禁城，但是新皇帝一不能走后门，二不能走偏门，必须走皇城的向正南的大门，即当时的大明门。李自成由文武百官和御营亲军前后扈从，进德胜门后一直向南走，然后从西单牌楼向东，转上西长安街。所经之处，家家闭门，在门外摆一香案，案上有黄纸牌位，上写"永昌皇帝万岁万万岁"。门头上贴有黄纸或红纸，上写"顺民"二字。

李自成一路骑马来到正阳门①，而后再进入大明门②。穿过大明门后李自成继续北进，到达承天门。李自成骑马从中间的白玉桥上走过去，在桥边说："我只要能射中承天门牌匾的'天'字就能得天下。"

众将说："闯王膂力过人，是有名的神箭手！"

在众将赞许与期待声中李自成拈弓搭箭，嗖的一声利箭飞出，却没有射中"天"字，而是射到了天字下边。李自成的部下都慌了，觉得这不是吉兆，李自成的笑容也瞬间消失。此时宰相牛金星来解围，他说："我主大喜，恭喜大王！"

李自成不解地看着他。"您射中了天字的下边不正说明您能得天下吗？"众将欢呼。

李自成入城转天，三月二十日，崇祯的内阁首辅魏藻德和内阁次辅陈演前来拜见李自成。魏藻德说："微臣为官三年，忝任宰相，主上不听臣言，致有今日。"

---

① 正阳门的总设计师阮安是个越南太监。朱棣派张辅征伐越南，开启越南第四次北属时期，明军在越南阉割了一大批人，押入北京，听候使用，阮安就是其中之一。朱棣时期北京草创，九个城门只有门洞，箭楼和瓮城都是阮安在明英宗时主持修建的，正阳也是那一时期的产物。

② 按照中国建筑风水学的传统，皇帝面南为君，皇城正南门要以国号命名，所以承天门（天安门）以南是大明门。李自成在北京只停留了42天，根本没时间去换大明门的牌匾，多尔衮入关时，本着实用主义、拿来主义的原则，把大明门的牌子翻过来，写上"大清门"，于是大清门的牌子就这样用了268年。中华民国成立后，袁世凯本想把大清门的牌子翻过来，写上"中华门"就可以用了，但是翻过来一看，是"大明门"，于是只得找牌子另做。南京国民政府成立后，首都定在南京，南京市南门由聚宝门改名为中华门，而北京中华门1954年在苏联专家建议下拆除。

魏藻德随即遭到了李自成的训斥："三年时间你就当上宰相，崇祯对你恩重如山，你早该死社稷，为什么还苟且偷生？"

魏藻德："主公乃旷世明君，微臣早有意辅佐。"

李自成："你个没廉耻的混蛋，来人，押入大牢！"（谈迁《国榷》卷一百）

魏藻德被关押在李自成大将刘宗敏处，对刘宗敏说："如果用我为官，就把我放出来，别把我关在这儿。"刘宗敏上去就给他一嘴巴："崇祯待你不薄，你就是一白眼狼。"随后刘宗敏用夹棍夹断魏藻德十个手指，魏藻德大呼："我愿把我女儿送给将军为妾。"刘宗敏把魏藻德的女儿找来，当魏藻德面强奸，随后把这个女人送到军营慰安，最后刘宗敏用枷锁夹住魏藻德的脑袋，魏藻德脑浆被挤出来而死。魏藻德是崇祯十三年的状元，他也是中国有史以来死得最惨的状元。（彭孙贻《平寇志》）

像魏藻德这样投降李自成的官员还有一千二百多人，陈济生《再生纪略》记载，这些当官的"平日老成者，环巧者，负文名才名者，呶呶利口舌者，昂昂负气者，至是皆缩首低眉，直立如木偶，任兵卒侮谑，不敢出声。亦有削发为僧，帕首作病，种种丑态，笔下不尽绘"。李自成对负责处理投降官员的宰相牛金星说："明朝官员在城破之日能死社稷便是忠臣，不死者留他怎的？"牛金星对这一千二百多人逐一问话，选出九十多个可用之人为新政权服务，剩下的则被送到刘宗敏那里等候处分。这一千一百多人被送到刘宗敏处，此时刘宗敏正"挟妓欢呼"，自然无暇顾及。这些官僚一天下来饥肠辘辕，只得拾起大顺军士兵丢弃的食物往嘴里塞，其场景狼狈不堪。

这一千一百多人在李自成眼里如同插标卖首一样，随时等待杀头，真正被李自成看中的是崇祯的三个儿子。李自成贴出悬赏令，重金悬赏捉拿崇祯的三个儿子，负责藏匿皇子的太监见钱眼开，自然将太子和另外两个皇子交出。李自成见到太子后厉声问道："你父皇何在？"

太子平静地说："崩于南宫。"

李自成："你家为何失天下？你父皇何以至此？"

太子："我哪知道？这应该问那些官僚！"

李自成见太子谈吐不俗，丝毫不惧，于是口气也软了下来："如果你父亲还健在的话，我一定尊养他，你不用担心。"

太子见李自成软了下来，便试探着强硬地说："你为什么不杀我？"

李自成："你无罪，我岂能妄杀？"

太子："既然这样，请听我一言，一不可惊动祖宗陵寝，二迅速以礼葬我父皇母后，三不可杀我百姓。"（此段对话记载在谈迁《国榷》卷一百，《流寇长编》卷十七，《明季北略》卷二十）事实证明，李自成的确做到了前两点，而第三点，李自成就做得很差了。

与这一千二百多个投降苟活者相比，以下衮衮诸公才是真正值得敬佩的。内阁辅臣中只有一个殉难者，就是范景文。三月十七日他说："身为大臣不能仗剑为天子击贼，虽死犹负国！"他自缢于妻子灵前，很快被家人救下，于是他又赋诗："谁言信国（文天祥）非男子，延息移时何所为？"随后投井。

大臣倪元璐在城破时说："身为大臣，不能报国，臣之罪也！"而后拜别母亲，再祭拜关羽，弟子问他："为何不举兵以图光复？"倪元璐说："身为大臣，国事至此，即吾侥幸生还，有何面目见关公？"说罢自缢而死。李自成进城后得知此事，下令："忠义之门，勿行骚扰。"于是倪元璐家人得以保全。

殉国者名垂青史，活下来的人就惨了。李自成大将刘宗敏下令：一品官必须每人上交一万两银子，以下必须交上千两，否则大刑伺候。被牛金星送到刘宗敏这里的一千一百多个官员一时间有被挑筋的、被挖眼的、被割断肠子的，李自成也觉得有些过分，问刘宗敏："你为何不帮助朕做个好皇帝？"刘宗敏说："皇帝之权归你，拷问之权归我，你别废话！"李自成默然，可见此时局势已经失控。

李自成其他各部队见刘宗敏诸营捞了不少，而李自成的许多老部下却只得用粗米马豆当粮食，这些人于是遍入民间房舍奸淫。仅安福胡同（此地后来成为段祺瑞皖系的活动地，所以段祺瑞内阁也叫安福内阁）一地，一夜间被奸污致死的妇女就有三百多人。在北京的大顺军以皇宫中精美巨大的宫窑花缸做马槽，拆木门窗烧火为炊。看见内库中有珍稀的犀牛角杯，士兵们把大的用于捣蒜，小的注入豆油当灯用，大量珍宝化为灰烬。明亡清兴之际在中国的意大利传教士卫匡国在《鞑靼战纪》中说："李自成完全扯下曾经迷惑百姓的怜悯和仁慈的面纱，暴露出真面目来，他下令逮捕所有明朝官吏，很多人被酷刑致死，他敢于让士兵抢掠北京，使他们犯下许多丑恶罪行，令人无法描述，正因为他这种可怕的残酷和暴虐，使他丢掉了国家。"

李自成的这些表现，让我们不禁想起了黄巢。清朝史学家赵翼《廿二史札记》总结李自成与黄巢有六点相似处：

1. 黄巢跟随王仙芝起义，王仙芝战死，黄巢为贼首；李自成跟随高迎祥起义，高迎祥战死，李自成为贼首。

2. 黄巢攻陷长安，称帝；李自成攻陷北京，称帝。

3. 黄巢进长安前锐不可当，一进长安一败涂地；李自成从襄阳杀到北京，所向无敌，当皇帝后一败涂地。

4. 黄巢的谋士尚让是举人，没考上进士，所以黄巢采纳尚让的建议，举人都是好人，不能杀，所有进士都要杀；李自成的谋士牛金星是举人，没考上进士，所以李自成采纳牛金星的建议，举人都是好人，不能杀，所有进士都要杀。

5. 黄巢进长安，三品以上罢官，三品以下留任；李自成进北京，三品以上罢官，三品以下留任。总之，大官都是坏人，小官则可以作为技术官僚留用。

6. 黄巢被林言所杀，民间说他没死，而是出家当了和尚；李自成被金二狗所杀，民间说他没死，而是出家当了和尚。

话休烦絮，我们再把镜头回到崇祯。崇祯的死亡地点可以说是非常诡秘的，三月十九日凌晨崇祯上吊自杀，可是李自成的大军到二十二日才找到崇祯的遗体。李自成派人给崇祯和周皇后买两口棺材，太监以土块当枕头，安放帝后遗体，旁边有两个和尚念经，四五个太监守卫。明朝大臣来哭丧的只有二三十个，不少昔日信誓旦旦效忠皇帝的大臣此时已经改换门庭，在崇祯的遗体旁策马而过，不屑一顾。相比之下，李自成比这帮人强多了，他下令按照帝王礼仪为崇祯的梓宫（皇帝的棺材称作梓宫)刷上红色漆,为周皇后的棺材刷上黑色漆,并为崇祯更换崭新的帝王服装。在崇祯出殡那天,李自成还亲自来到祭坛,向崇祯和周皇后的棺材四拜垂泪。(《明季北略》)

虽然李自成都亲自到祭坛了,但前明文武百官几乎没有人来参加崇祯的葬礼,因为他们都忙着为李自成登基做准备。庶吉士周钟为李自成写了一篇劝进表,说李自成"比尧舜更多武功,较汤武尤无惭德",对崇祯之死则称为"独夫授首,四海归心"。这些无廉耻的话足以遗臭万年,前明几个大臣却在争这句话的发明权,魏学濂和龚鼎孳两个人都说这句话"出吾手",周钟"想不到此"。

在 1644 年明亡清兴的大变局中,三个地点最值得我们重视:北京、山海关、沈阳。北京的前明遗臣丑态百出,那么山海关的吴三桂和沈阳的多尔衮在干什么呢?我们先说吴三桂。

吴三桂,万历四十年(1612)出生于辽宁绥中。祖籍为杏花春雨江南的江苏高邮,他本人却是在寒风刺骨的辽东长大,因此他在性格上既有江南男人的特点,也有东北大汉豪迈英武的风格。刘健《庭闻录》卷六记载吴三桂大耳朵,高鼻梁,虽然没胡子,但是很有威严。他精神十足,每天半夜才睡,但白天毫不疲倦。吴三桂凭借着父亲的荫功和自己的战功,在军队中一步步快速晋升。每次与清军作战时,大批明朝将领都会战死,而死神却总是躲着吴三桂走,于是他晋升非常快。崇祯十四年(1641)松锦之战中,洪承畴几乎全军覆没,最后降清,锦州守将祖大寿也降清了,于是宁远成了关外的孤城,而守宁远的年仅 29 岁的吴三桂成了辽东关宁铁骑的总指挥。

　　崇祯十五年（1642）皇太极第五次南侵明朝，打到北京城下，崇祯调吴三桂勤王，吴三桂率军前来，清军最终撤退。这次吴三桂进京述职，田贵妃的父亲田弘遇为了结外援，请吴三桂来家吃饭。宴席正酣，田弘遇让一群歌姬浓妆艳抹出来，伴着悠扬的丝竹声，吴三桂仿佛进入仙境。陆文龙《吴三桂演义》记载，在歌姬中为首有一美女，天生丽质，先唱起来。她眼如秋水一泓，眉似春山八字。面不脂而桃花飞，腰不弯而杨柳舞。盘龙髻好，衬来两鬓花香；落雁容娇，掷下半天风韵。衣衫飘曳，香风则习习怡人；裙带轻拖，响铃则叮叮入韵。低垂粉颈，羞态翩翩；乍启朱唇，娇声滴滴。若非洛水仙姬下降，定疑巫山神女归来。

　　这位美女就是陈圆圆。然而以清朝一部演义的描写来作为陈圆圆颜值的记录，是不是太不严谨了呢？由于那个年代没有照片，最真实的陈圆圆颜值已经无法评估。没有照片的话画像也行，看清朝宫廷画像，无论是画皇帝还是画妃子，都借鉴了许多西洋油画技法，非常写实，然而遗憾的是现在流传至今的陈圆圆画像都是在陈圆圆死后画的，为她画像者没有见过她本人。作为间接改变大明、大清、大顺三方强弱的关键女性，她的颜值还是有必要搞清楚的。

　　虽然流传至今的画作都是没见过陈圆圆的人画的，但的确有在陈圆圆生前为她画像的，只不过那幅画没流传下来。吴镜如所作《圆圆像》就是当着陈圆圆的面画的写生作品，这幅画清末柴萼见过，只不过到民国时因为兵燹才失传了。柴萼在《梵天庐丛录》中说，自己见过的画家吴镜如所作的《圆圆像》中，陈圆圆"髻挽倭坠，长袖轻裙，颧甚高，上唇左有一黑子，鼻梁中陷"。就是说，陈圆圆颧骨很高，上嘴唇左边有一颗黑痣，鼻梁塌陷。很显然，陈圆圆并不漂亮。

如果说柴萼见过的这一幅画不够写实，那么我们还能找到其他旁证。民国学者何秉智在《滇南拾遗·天风阁随笔》中写道："或又谓圆圆貌实非美，鲒埼亭主人全谢山尝亲见其最真确之小影，乃恒述以告人，其言固宜若可信也。"鲒埼亭主人全谢山就是后来为黄宗羲的《宋元学案》续写的清初大师全祖望。明清之际许多人全祖望都见过，这个大时代中相当一批名人都在全祖望朋友圈内，因此他完全能见到真正的陈圆圆画像，他也说不好看。

既然陈圆圆长得不好看，那么为何又能让吴三桂冲冠一怒为红颜呢？冒辟疆在《影梅庵忆语》中这样描述陈圆圆："其人澹而韵，盈盈冉冉，衣椒茧，时背顾湘裙，真如孤鸾之在云雾。是日演弋阳腔《红梅》，以燕俗之剧，咿呀啁折之调乃出自陈姬身口，如云出岫，如玉在盘，令人欲仙欲死。"看来冒辟疆的描写只有陈圆圆的歌舞极美，气质极佳，却没有颜值的描述，很显然，陈圆圆是艺在色上，她的迷人的歌舞掩盖了相貌的不足，她不是个色艺双绝的女子。

陈圆圆是靠出色的演技，通过读书提升气质，估计不短于一小时的化妆，在没有图像处理技术的时代从各个方面弥补自己相貌的不足。吴三桂在关外整天看到的是金戈铁马、烽火狼烟，听到的是战鼓擂起、号角吹响，但在这远离关外的京师繁华地，一看到陈圆圆，听到与军号完全不同的江南靡靡之音，一下子动心也不足为奇。就是1642年吴三桂在北京结识了陈圆圆，娶其为妾，之后火速赶回山海关，继续在前线与清军对峙。

崇祯十七年清军围攻宁远三个月，宁远告急，就在此时李自成围攻北京，崇祯调驻守宁远的吴三桂进京勤王，吴三桂正好得以名正言顺地杀出来。为什么说名正言顺呢？因为如果他要在没有崇祯命令的前提下放弃宁远就会承担丢失边防重镇的罪责，想想崇祯是怎样杀大臣的吧。

从宁远到山海关，距离是一百二十公里。按正常行军速度，两天内可以到达。虽然吴三桂是带着宁远等关外四城五十万人民一起撤离的，但是吴三桂可以把五万关宁铁骑中的一万人用来保护百姓，自己先率四万人星夜兼程赶回北京勤王。然而吴三桂的选择是用一部兵力在后保护百姓往关内撤退，自己率主力慢腾腾地把两天的路程走了八天，最终三月十六日才到山海关。而此时李自成已经到昌平了，等吴三桂赶到丰润时，北京已经陷落。那么吴三桂究竟为何要这么做呢？对此谜团，张宏杰在《大明王朝的七张面孔》中解释道："吴三桂选择了这样一个最佳方案：拖延。他摆出一副对朝廷尽职尽责的姿态，在行进的路上等待着大明朝的灭亡。等到明朝的灭亡已经成了既成事实，他的效忠对象已经不存在之后，他就有了道义上的行动自由。"

随后吴三桂的行动在史学界就众说纷纭了，有说先投降李自成后降清的，有说直接降清的。那么真相究竟如何呢？《明季北略》和《平寇志》记载，李自成派投降自己的前明将领唐通携带犒劳关宁铁骑的四万两白银和吴襄的手书去见吴三桂，一起来的使者还有李甲、陈乙二人。吴襄在信中说："今尔徒饰军容，逊懦观望，使李兵长驱深入，既无批亢捣虚之谋，复无形格势禁之力。事机已失，天命难回；吾君已矣，尔父须臾！呜呼！识时势者，可以知变计矣。……我为尔计，及今早降，不失封侯之位，而犹全孝子之名。万一徒恃骄愤，全无节制，主客之势既殊，众寡之形不敌，顿甲坚城，一朝歼尽，使尔父无辜受戮，身名既丧，臣子俱失，不亦大可痛哉！"

城府极深的吴三桂屏退左右接待唐通一行，他看过信后没有说话，但表面的波澜不惊掩盖不了内心的潮起潮落，盯着唐通的眼睛问道："我父亲和太子现在情况如何？"唐通说："新主（李自成）对老总兵（吴襄）十分优待，专等将军共图大业，以作开国元勋，届时新主将封将军为归命侯。太子现在也毫发无损。"

在吴三桂看来，历史上忠君殉节的臣子要么是愚蠢到顶的傻子，要么是沽名钓誉的骗子，对吴三桂而言，改朝换代不过是一个飞黄腾达的机会。如果投降李自成，历史可能会给自己臭骂，现实给自己的是实实在在的权力。现实是有血有肉的，而历史呢？不过是一页页发霉的冰冷的废纸，而在这些废纸上书写历史的是胜利者，只要自己是胜利者，那么今后想怎么写历史全凭自己说了算。想到这里，吴三桂下定决心投降李自成，说："只要我看见太子，就归降新主（得东宫即降）。"

吴三桂决定投降李自成后，下一步就是搞定自己的部下了。老谋深算的吴三桂知道，多年来在孙承宗和袁崇焕打造下，关宁铁骑以忠义为本，此时突然投降贼寇，是很有可能发生兵变的。为了试探部下，吴三桂召开秘密军事会议，先说了几句不痛不痒的话："都城失守，先帝宾天，三桂受国厚恩，当以死报国，然而非借将士之力，不能破敌，各位将领意下如何？"

众人不说话，吴三桂接连三次让各位将领表态，都无人敢发言，毕竟大家都搞不清吴三桂的态度，他杀人如麻，万一嘴比脑子快的话就会人头落地。

吴三桂见众人不表态，已知自己有足够威信，大家都等待自己一锤定音，便说："闯王势大（这是吴三桂第一次将李自成称为闯王，此前一直叫闯贼），唐通、姜瓖都投降了，我孤军不能自立，现在闯王的使者来了，我们应该是斩杀他还是迎接他呢？"

吴三桂的话依然很巧妙，他不说已决定投降，而是在说其他各路将领都已经做出投降李自成的选择后来征求大家的意见，这样如果众人表示要与李自成血战到底，那么吴三桂依旧给自己留有了余地。众人纷纷表态："今日死生，惟将军命！"这样，吴三桂才最终宣布要投降李自成的决定。（以上对话见彭孙贻《平寇志》卷十一。）

吴三桂将山海关交给唐通带来的农民军，自己率关宁铁骑入关，准备到北京向李自成投降。四月初五他来到永平以西，这时突遇赶来的一个仆人。吴三桂问："我家人如何？"

仆人："李自成在北京逼所有大臣交出银两，老总兵也未能幸免，将军全家三十八口都被李自成软禁。"

听到此，吴三桂不禁勃然大怒，但与自己的父亲相比，吴三桂更惦念自己的爱妾："我的爱妾陈圆圆呢？"

"已经被李自成大将刘宗敏据为己有了。"

想到自己的圆圆那婀娜的身姿、细嫩的肌肤、迷人的一颦一笑、缠绵缱绻的温柔,现在却正在被一群叛军蹂躏,吴三桂大怒,拔剑将面前的桌案劈成两半,说:"大丈夫不能保一女子,还有何面目见人?逆贼如此无礼,我吴三桂堂堂丈夫,岂肯向这样的狗子投降,受万世唾骂!此时忠孝不能两全,我当先报先帝之仇!"

吴三桂与李自成决裂的这段故事出自陆采《虞初广志》卷十一、沙定峰《陈圆圆传》、《明季北略》卷二十、《甲申传信录》,就是"冲冠一怒为红颜"说法的由来。但是吴三桂之所以与李自成撕破脸,可绝非单纯是为了一个女人。如果这样说的话,也太低估吴三桂的政治智慧了。

吴三桂知道,只要自己此时跟李自成撕破脸,他的父亲吴襄就必死无疑,于是他先写了一封信给父亲作为永诀:

> 不肖男三桂,泣血百拜,上父亲大人膝下。儿以父荫,熟闻义训,得待罪戎行,日夜励志,冀得一当,以酬圣眷。属边警方急,宁远巨镇,为国门户,沦陷几尽,儿方力图恢复,以为李贼猖獗,不久即当扑灭,恐往复道路,两失事机,致尔暂稽时日,不意我国无人,望风而靡。吾父督理御营,势非小弱,巍巍百雉,何致一二日内,便已失坠,使儿卷甲赴关,事已后期,可悲可恨。侧闻圣主晏驾,臣民戮辱,不胜眦裂。犹意吾父,素负忠义,大势虽去,犹当奋椎一击,誓不俱生,不则刎颈阙下,以殉国难,使儿缟素号恸,仗甲复仇,不济则以死继之,岂非忠孝媲美乎?父既不能为忠臣,儿亦安能为孝子乎?儿与父诀,请自今日。父不早图贼,虽置父鼎俎之

旁，以诱三桂，不顾也。男三桂再百拜。(《明季北略》)

写完与父亲的绝笔信后，吴三桂还起草了讨伐李自成的檄文，正式亮出旗帜与"闯贼"势不两立："闯贼李自成，以幺麽小丑纠喝草寇长驱犯阙，荡秽神京，弑我帝后，禁我太子，刑我缙绅，淫我子女，掠我财物，戮我士民，豺狼突于宗社，犬豕踞于朝廷，赤县丘墟，黔黎涂炭，妖氛吐焰，日月无光……""桂等智不足以致谋，愤何辞以即死！呜呼！自有乾坤，鲜兹祸乱之惨，凡为臣子，谁无忠义之心。""汉德可思，周命未改，忠诚所感，明能克逆，义旗所向，一以当十。请观今日之域中，仍是朱家之天下。"(《小腆纪年附考》)

吴三桂的檄文最后一句明显是借鉴骆宾王起草的讨伐武则天檄文中的"请看今日之域中，竟是谁家之天下"，但结果不同之处在于武则天看了骆宾王的檄文后大为赞赏，深为没能把这个人才拉到自己这边而感到遗憾，而李自成看到吴三桂的檄文后除了破口大骂外再没有别的反应。

一封信件、一篇檄文，两篇文章写完后吴三桂感到的不是轻松，而是沉重。自从得知陈圆圆被侮辱的那一刻起，吴三桂就在思忖自己的未来，摆在自己面前的有两条路：

1. 自己率五万关宁铁骑杀回北京城下，与李自成的几十万大军决战，最终自己全军覆没，落得跟孙传庭、卢象升一样的下场。

2. 忍辱负重，唾面自干，依然回到北京与李自成等人把盏言欢，从此作为昔日"闯贼"手下的一员。

这是两种截然不同的选择，王朝改朝换代，你不想做忠臣就只能选择做贰臣，不做杀身成仁的君子就只能做苟且偷生的小人，不做壮烈殉国的天使就只能做辜负君恩的魔鬼，不因战死沙场而进入圣坛就只能叛国投敌而被钉在历史的耻辱柱上。这里，只有道德教条的严酷压力，没有为现实人性的软弱和不完美预留一点弹性空间。在这种情况下，死亡是最简单最轻松的选择，而活下来，却需要勇气。多年来在关外出生入死的吴三桂不会这么容易就选择死亡，这也是不负责任的做法，自己手下毕竟有五万左右的关宁铁骑，一旦自己一朝身死，这五万人的前途将有极大变数，对于大明朝的最后一支有强悍战斗力的部队，无论是满洲还是李自成，都是不会放心的。想到此，吴三桂突然想到了第三种可能，先杀回山海关，与清朝零距离接触，然后联合多尔衮击败李自成，报君父之仇！

对，就是这样！不容自己再犹豫了，吴三桂调转马头杀回山海关，全歼李自成派来接收山海关的军队，将与唐通一起来的使者李甲斩杀，用其头颅祭旗，将陈乙割掉双耳后放归，让他向李自成报信。李自成得知吴三桂回师山海关后，派投降自己的前明将领白广恩救援山海关，但白广恩部被吴三桂打得全军覆没。

重新占领山海关后，吴三桂对亲信部下说道："我已经派人探知，北朝（满洲）正在集中兵力。想来他们获知北京失陷，必会倾巢出动。倘若闯贼（李自成）来到山海关与我们决战，我们只要坚持数日，北朝人马将从某个长城缺口直捣北京。彼时北京城内空虚，闯贼必定仓皇退兵。而西边既有清兵拦头痛击，东边又有我军追赶，流贼岂能不败？即使北朝不从长城缺口南下，而在长城以外驻扎，我们也可差人前去借兵。

历史上向外人借兵的事并不少见。古人有一个申包胥，伍子胥率领吴国军队灭了楚国后，他就向秦国借兵，结果把吴国打败，楚国又恢复了。难道我吴三桂就不能做申包胥么？何况我有数万精兵在手，比申包胥孤身一人前去哭秦廷强百倍。只要有北朝出兵，我们定可驱逐流贼，恢复明室。事后也不过以金银报答北朝罢了。所以无论如何，我们都可立于不败之地，只等李自成前来自投罗网。"

可见吴三桂降清并非只是"冲冠一怒为红颜"那么简单，他的考虑还是联合清政权来灭李自成。然而难道吴三桂没想到将清军引入关后就不可能再走了吗？难道吴三桂没想到自己的举动是引狼入室吗？事实上，吴三桂还是低估了多尔衮，他把多尔衮当作了皇太极。1642年皇太极在给朝鲜国王的信中说："彼（明朝）既请和，朕意欲成和事，共享太平之福。……昔大金曾亦一统，今安在哉？"皇太极那时还没有入主中原的打算，吴三桂就认为多尔衮跟皇太极一样，出兵北京一带后抢掠一番就走了，于是这才请清军入关，没想到多尔衮有入主中原的打算。本来皇太极刚死后清廷由多尔衮与济尔哈朗辅政，但很快多尔衮将济尔哈朗逼退，大权独揽，济尔哈朗没有多尔衮这样的大志，有他牵制的话前途未可知，而多尔衮大权独揽下，入主中原只差一个机会。

吴三桂写信给多尔衮，要求借兵，多尔衮答应了出兵的要求，吴三桂引狼入室。当时在北京的李自成农民军并不知道吴三桂已经联合多尔衮，但他们都已知道闯王与吴三桂决裂，吴三桂要率关宁铁骑而来的消息了。关宁铁骑的战斗力农民军都领教过，昔日明军大将曹文诏就拿一千关宁铁骑加上两千普通士兵与山西的二十多万农民军交战，最终将二十万农民军斩杀将近十万。而袁崇焕时代关宁铁骑更是创下九千人击败八旗军四万人的奇迹。

《平寇志》记载："贼闻关东兵至，咸涕泣思归，无有斗志。有客行市上，触贼刀背，遂为牵去。群起问之：'能作字乎？'曰：'能。'出瓦砚败笔，争拉之曰：'我辈不能作字者，为我代书。我辈父母、妻子在陕，生死未可知，聊寄家书以慰之。作贼不过多得财，得亦无由寄，从征辛苦，何以为家？悔为李闯所误。闻吴三桂入关，且急，我等哪能敌？'"

北京的大顺军已然惶惶不可终日，在此情况下李自成决定派刘宗敏和李过率军攻灭山海关的吴三桂，只要灭了吴三桂，自然人心安定。然而刘宗敏和李过"耽乐已久，殊无斗志"。四月初九，李自成、刘宗敏、李过率大顺军押解太子与两位皇子出征，四月十二日抵达山海关。关于李自成率领的参加山海关之战（一片石之战）的兵力数额，由于明亡清兴的扑朔迷离，各书记载截然不同。《清世祖实录》卷四、《八旗通志》卷一百四十、《明史》卷三百〇九、《小腆纪年附考》卷五、《明通鉴》卷九十记载都是二十多万，《平寇志》卷十二记载是五万，《明史纪事本末》卷七十八、《罪惟录》卷三十一记载是六万，《甲申朝事小记》卷三记载是八十万，《明季北略》卷二十记载是四十万。《甲申朝事小记》和《明季北略》的数字完全不靠谱，而记载五六万的说法如果征诸山海关之战的实情，也站不住脚。如果是五六万农民军与五万关宁铁骑作战，吴三桂还用得着借满洲兵吗？自己就足能打赢。因此说李自成带着二十多万人参加山海关之战的说法最靠谱，本书即取此说。

就在李自成率军抵达山海关下的当天，二十多万大顺军对五万关宁铁骑据守的山海关发起猛攻。从四月十二日至二十一日，吴三桂苦战十天，依旧坚守着山海关，而多尔衮则不紧不慢，稳扎稳打，率八旗军十几万人从沈阳出发。这次大清可谓倾巢出动，多铎、阿济格、洪承畴、祖大寿、孔有德、尚可喜等满汉将领全部跟随多尔衮入关，他们已经从心理和实力上做好了接收北京的准备。八旗军于四月二十一日来到山海关外欢喜岭后，就不再前进。吴三桂知道，多尔衮老谋深算，不见兔子不撒鹰，于是便亲自杀出山海关与多尔衮会见。

多尔衮说："明朝文臣素来无信义，元帅要建立盖世功业，俺国家虽然多灾多难，但依然全军来相助，但恐成功之后不知元帅安身何地？"

吴三桂说："我父子受朝廷厚恩，今日贼兵弑君，士民切齿，人神共愤，天地不容。我听说勇士不会怕死而保全自己的名声，忠臣不会先考虑自身而后考虑君主。现在帝后都遇难，我吴三桂食君俸禄，岂能坐视不管？三桂现在誓死报国，虽肝脑涂地在所不辞，安问其他？"

多尔衮没有说别的，只是说明日再议。吴三桂知道，如果自己不做出能彻底让清军信服的行动，多尔衮这个老狐狸是不会轻易出手的。（此段多尔衮与吴三桂对话据葫芦道人《鳓闯小史》卷一、计六奇《明季北略》卷二十。）

四月二十二日凌晨，在双方的谈判中，多尔衮终于露出了狐狸尾巴。他说："闯贼兵多，关宁铁骑的长相服装跟闯贼差不多，你们必须剃发，跟满洲兵一样的头型，打起仗来才不容易误伤。"

　　吴三桂确实没想到这一招,不过,他没有犹豫片刻。自从他决定拖延对崇祯的救援时,就已经抛弃了帝国;自从他给吴襄写绝笔信后,就已经抛弃了父亲;自从他一开始决定向李自成投降时,就已经抛弃了名誉;此时不就是再抛弃头发吗? 于是吴三桂欣然答应:"我绝不害怕闯贼,只是我的军队只有几千(把自己的军队往少处说,以便让多尔衮能派大军来抵挡李自成),我要是有万人骑兵的话,内可以制贼寇,外犹可以制辽沈,我还向你们借兵干什么?"

　　听到这,多尔衮以为就要谈崩了,然而吴三桂突然话锋一转:"现在我军的确是兵少,但制胜之道则是我军剃发。"(以上对话据《甲申传信录》卷八。)

　　余一元《山海关志》记载,多尔衮在得到吴三桂同意剃发的答复后说:"你们要为故主报仇,大义可嘉,我领兵前来就是为了成全你们。之前的事在今日不必言,也不忍言,我只说一点,昔日我们是敌国,从今往后我们是一家。我军入关后若动人一株草、一颗粒,定以军法处死。你们回去告诉大小居民,不要因我军入关而惊慌。"在得到多尔衮不拿群众一针一线的保证后,吴三桂率全军剃发。

　　心理学家说,外表的变化对一个人的心理有着重要的影响。八旗铁骑之所以坚决要求被征服者剃发改服,就是为了要一种心理上的彻底屈从。这绝不仅仅是一种简单的形式上的改变,这实际上是为精神举行的葬礼。

　　剃头师傅只有几十人,而关宁铁骑有五万,显然不够用,于是多尔衮允诺折中,吴三桂麾下所有将领必须剃发,普通士兵可胳膊上缠一块白布作为自己人的记号，当时白布不够用，许多人从自己的白袜子上撕下一块缠在胳膊上。

吴三桂剃发后，与多尔衮等人一起开军事会议，商讨对李自成的作战方案。洪承畴用兵打仗一向稳重，松锦大战的失败完全是因为崇祯的死催，他提出了最稳妥方案，说："现在闯贼大军来到山海关前，京城必然空虚，如果我军一部兵力避开闯贼兵锋，绕道居庸关去进攻北京，逼闯贼回援，届时两军夹击疲于奔命的闯贼军队，可保万无一失。"

自从松锦大战后，吴三桂与洪承畴已经三年没见，本来吴三桂以为自己与老长官会永别，不想今日同样在新主子麾下，同样只得夹起尾巴做人，同样都是带着贰臣、汉奸、叛徒的名号，同样都是既不被同胞信任，也不被异族信任，此情此景，让吴三桂唏嘘不已。洪承畴曾经是吴三桂最真心敬重的读书人，对于读书人吴三桂一向心里很矛盾，一方面大明官吏中的读书人嘴上貌似高深的大道理总让文化程度不高的吴三桂云里雾里，另一方面这些人的表里不一更让吴三桂惊讶。这些大明的读书人满嘴仁义道德，一肚子男盗女娼；嘴上说"重其义不谋其利，明其道不计其功"，捞起钱来比谁都不含糊，吴三桂认为大明江山就是被这帮人祸害了。然而洪承畴可谓是大明官吏读书人中的异类，文能提笔安天下，进士出身，武能骑马定乾坤，打得李自成十八骑败走商洛，比那些上炕认识媳妇、下炕认识鞋的武夫强多了。然而就是这样，洪承畴居然降清了。由此，吴三桂心里对于背叛大明的负罪感大大减轻，他知道，跟着清廷才是最明智的选择。

片刻的走神之后，吴三桂把思绪重新拉回战局，他认为洪承畴太高估李自成的实力了，也太费事了，说："关内人民望大军如云霓，如果像洪大帅这样，会耽误很多天，失去民望，现在我大军就应该趁着锐气，驱逐逆闯。而且王爷您以顺讨逆，更应该堂堂正正，何必用诡谋搞奇袭呢？贼兵虽多，都是乌合之众，王爷带来的八旗军个个英雄，三桂不才，愿打头阵!"

多尔衮:"好，就依你之计!"

商议定后，吴三桂率关宁铁骑向大顺军发起冲锋，两军交锋地点为山海关内的一片石（今河北秦皇岛市抚宁县东北）。彭孙贻《平寇志》记载了吴三桂的勇猛:"三桂左右奋击，杀贼数千。贼多数鳞次相搏，前者死，后者复进，贼众（三桂）兵寡，三面围之。自成挟太子登庙岗观战，关宁兵东西驰突，贼以其旗左萦而右拂之，阵数十交，围开复合。"

四月二十一日，吴三桂率军与大顺军作战。当夜至四月二十二日凌晨，吴三桂先与多尔衮谈判，再组织剃发，而后又与多尔衮、洪承畴等人商议作战事宜，一天一夜未眠的吴三桂居然在打仗时能如此勇猛，看来此前皇太极所说"吴三桂是好汉子! 我家若得此人，何忧天下"绝非妄言。千军万马厮杀正酣，弓弦响处惨呼绝叫，炮弹落处血肉横飞，人喊、马嘶、枪响、炮炸，惊天动地的激烈混战令人心头为之一振! 关宁铁骑与大顺军从二十二日上午八点一直打到中午，不分胜负，多铎、阿济格等人不断催促多尔衮出战，多尔衮说:"我军三次包围大明都城，都不能克。李自成一举破之，其智勇必有大过人之处，因此我军还是当谨慎行事。"（《明季北略》）但当作战到下午六点时，吴三桂的关宁铁骑渐渐不支。多尔衮知道，让吴三桂全军覆没对自己没有好处，通过李自成适当削弱吴三桂即可，今后入关打天下还要靠关宁铁骑。于是阿济格两万人为左翼，多铎两万人为右翼，随着多尔衮一声令下，冲向了大顺军，四万人的冲锋使得战场刮起了大风。

李自成见大风过处，飞尘四散，霎时尘开沙散，他看清了无数红顶花翎的士兵冲来，大喊一声："鞑子来了!"从马上栽了下来，被旁人救起，李自成所部在清军凌厉的攻势下崩溃了。刘宗敏中箭负重伤。多尔衮与吴三桂把李自成的大顺军逼向海边，"一食之顷，战场空虚，积尸相枕，弥满大野，骑贼之奔北者，追逐二十里，至城东海口，尽为斩杀之，投水溺死者，亦不知其几矣"。（《沈馆录》卷七）

王玮庆《一片石》一诗形象地再现了此战："烽火连天明社屋，国亡家破仇谁复。忽闻美人亦被收，多情转效秦廷哭。恸哭上书为请兵，数行血泪啼鹃声。素练系肩衣如雪，负弩前驱玉关行。关内蚁贼二十万，横海列阵来酣战。狂风飞瓦尘蔽天，咫尺敌人不相见。我师先作壁上观，两军进出刀光寒。觜篥声催阵云黑，鹳鹅队舞夕阳残。忽讶神兵来天上，长弓大剑辽东将。马上健儿齐丧胆，纷纷遁走凯歌唱。只缘红粉定燕京，箫鼓重逢倍有情。怪底将军多反覆，君亲恩不及倾城。"

李自成惨败后，派人与吴三桂议和。吴三桂提出只要交出太子就停战，于是李自成派人把太子给吴三桂送来。吴三桂得到太子后又说，李自成必须退出京城才能停战。与此同时吴三桂亲率关宁铁骑向北京杀来。

李自成在一片石之战惨败后，逃回北京，对牛金星说："鞑子势头来得急，城中人心未定，我等不可在此长久驻扎。

陕西是我的故乡，富贵必还乡，即使十个北京也比不了一个西安!"可见李自成做的不是整个中国皇帝的梦，而是陕西的土皇帝梦。(《馘闯小史》卷一)但牛金星力劝李自成在北京称帝后再回陕西，李自成最终同意。

四月二十八日，吴三桂率关宁铁骑包围北京城，李自成命令把吴襄押上城墙对吴三桂喊话。大顺军士兵对吴三桂高喊:"吴三桂，你的父亲就在城上，现在只要你退兵，你的全家安全就有保障，不然，定让你全家在城上血流成河!"

吴三桂的父亲吴襄在城上哀求道:"你莫非连爹娘都不管吗?你身从何而来?今日爹娘因为你一人就要死于刀下，你于心何忍?"

自从写给父亲绝笔信后，吴三桂就早已准备接受悲剧结局。他大声说道:"父母深恩，儿非不知，但儿与闯贼势不两立，今日有儿无闯，有闯无儿。如果父亲大人遇害，儿誓把闯贼生擒活剥，来为父报仇，言尽于此，来生再见。放箭!"凌厉的箭镞射向城上的大顺军，这是对李自成最好的回答。

城上守军大怒，将吴襄等吴家三十八人全部在城上斩首，人头从城墙上扔下来，此情此景与曹操进攻袁绍大本营邺城时，守将审配将已经降曹的辛毗一家几十口砍头后把人头从城墙扔下一模一样。吴三桂青筋暴起，看着落下的三十八颗人头，父母的遇难早在他预料之中，他唯一的担心就是怕与陈圆圆永别。当他发现没有陈圆圆的人头时，他脸上的青筋舒缓了下来，长舒一口气，而后大喝一声:"攻城!"关宁铁骑向北京城发起了冲锋，但当天没有攻下。

四月二十九日，李自成在武英殿称帝。四月三十日李自成逃出北京，临撤退时下令火烧明皇宫，紫禁城内各宫殿基本被烧为平地，皇极殿（太和殿）、中极殿（中和殿）、文华殿、乾清宫、养心殿等都被烧毁，仅有建极殿（今保和殿）、武英殿、南薰殿、钦安殿、皇极门（今太和门位置）、四隅角楼，及御花园里的万春亭、御景亭等几座亭子幸免。随清军入关的朝鲜世子及陪臣记载："宫殿悉皆烧尽，惟武英殿岿然独存，内外禁川玉石桥亦宛然无缺。烧屋之燕，蔽天而飞"，"是年五月多尔衮入皇城，是时明亡仅阅月，而我国从人见武英殿龙墀，只有蝙蝠矢（屎），相视流涕"。一套《永乐大典》也在这次纵火中被焚毁。李自成还下令将对前明官员严刑拷打后得到的金银全部熔化，铸成大饼的形状，每个饼千金，大约上万个饼，用骡子车来拉。

从三月十九日入主北京，到四月三十日逃出北京，李自成仅仅做了四十二天皇帝梦，而且还是陕西的土皇帝梦。李自成在北京的表现正是他这个聪明的顺应潮流的投机者与真正历史伟人间的差别，也是注定他不能成大器的证明。他这样的人，在历史的缝隙里可以游刃有余，可以一时得势，但不可能创造历史。当李自成在北京的做法和更多的人的利益针锋相对时，他只剩一条路，离开北京，撤退！

当李自成撤出北京城，吴三桂要率关宁铁骑进城时，多尔衮的传令兵赶到，令吴三桂不许进入北京城，向西追击李自成，不许护送太子进京。吴三桂不得已把太子送入太监高起潜处藏匿。吴三桂的五万关宁铁骑无论如何都是打不过多尔衮带来的十几万八旗铁骑的，事已至此，没有了山海关的屏障，在平原上绝无可能将八旗军赶走，请神容易送神难，清军入关后，他们就不会再走了。吴三桂虽然没能进入北京城，但他的爱妾陈圆圆则从北京逃出，与吴三桂相见，二人重新团聚。原来陈圆圆对李自成说:只要把自己留下，就可以劝吴三桂不再追击。李自成当时早已昏了头，且本身就"不好酒色"，于是答应把陈圆圆留下来，这才有二人的重逢。多尔衮封吴三桂为平西王，短短两个月时间，吴三桂由大明平西伯升级为大顺归命侯，再升级为大清平西王，爵位分为王、公、侯、伯、子、男，吴三桂由伯到王仅用了两个月，这也算明清易代时期最快的爵位升迁之一了。

吴三桂不被允许进入北京，而北京城不能长期是真空状态，五月三日，多尔衮率十几万八旗军进入北京城，随后讨论迁都北京的问题。阿济格表示反对:"现在应趁此兵威，在北京大开杀戒，然后留一个王爷镇守北京，我大军主力要么退回沈阳，要么退回山海关，可无后患。"

多尔衮有雄才大略，不像阿济格小家子气。他说:"燕京形胜，是自古兴王业之地，前明首都，现在蒙苍天庇佑，皇上当迁都于此，以定天下。"多尔衮的意见得到了多铎等人的响应，最终确定了清廷从沈阳迁都北京的计划。此外，多尔衮看明朝故宫不错，下令保留，在原址翻修成新皇朝宫殿，改变了历次改朝换代时一把火焚烧旧王朝宫殿的做法，从这一点看，多尔衮也算对保护中华文化有功了。

五月十五日，多尔衮发布了对北京市民的告示:"天下者非一人之天下，军民者非一人之军民，有德者主之。我今居此，为你们明朝雪君父之仇，破釜沉舟，一贼不灭誓不返辙。所过州县能削发投顺开城纳款者，即予爵禄，世守富贵;如违抗不尊，大兵一到，尽行屠戮。"此外多尔衮还下令允许北京人民为崇祯哭陵三日，以表示自己是为大明报仇的，为大明讨贼的，所以自己具有合法性。

清军进入北京，大批此前投降大顺的前明官员都来投奔。对于不来投的重要官员，多尔衮派人劝降，明朝兵部右侍郎金之俊对来劝降的人说："我有十件事，你要都能听我的，我就投降。"多尔衮把他叫来，问他有哪十件事，金之俊说："这些事对满洲而言没有任何损害，但是对汉人而言，这样做了他们就会很高兴，只要摄政王都采纳，拿下江南不难。"多尔衮："愿闻其详。"金之俊："对于明朝的臣子，男人来投降即可，不必让女人也表忠心。对于活着的人让其投降即可，死者的墓碑不要动。当官的必须投降，但是对于底下的隶属人员，不必勉强。成年人都要投降，但是对于孩子不要这样做。对于儒生必须让其投降，但是对于和尚道士则听其自便。娼妓应该让其投降，但是戏子则不用。当官的要投降，但是其家属女眷不必。国号都按大清，但是明朝官员的官名不必改。对于前明百姓，该征税就征税，但是语言文字上不可强制推行满语。"多尔衮一听，觉得有理，于是十件事都采纳了。总之，所有参与大清国政治生活的阶级和阶层都必须要投降，要表忠心，而与从上到下的政治生活完全无关的人则都可以不表态投降。多尔衮采纳金之俊的建议，对于清朝入关后兵不血刃解决许多问题，产生了巨大帮助。若不是日后推行强制剃发而引发惨案，那么清军入关杀人数量可以说就历次改朝换代而言算是很低的。

多尔衮进入北京城后，他最着急的便是找到太子，下令搜寻崇祯的太子朱慈烺、三子朱慈焕、四子朱慈灿。太监高起潜将朱慈烺交出,多尔衮将朱慈烺处死。

崇祯四子朱慈灿,在多尔衮进北京后一路南逃,在湖南出家当了和尚,康熙十八年被抓获,此时,他已经流亡三十六年了。康熙查实他是真的,依旧不肯放过,借口北京城陷时朱慈灿年少,不可能逃脱,于是以"伪皇子"名义处死。

崇祯三子朱慈焕最为扑朔迷离,在他身上有著名的朱三太子案。清朝时有许多起朱三太子案,咱们只说这个真的。康熙四十七年(1708),清廷找到了崇祯帝唯一幸存的儿子朱慈焕。李方远《张先生传》(载于魏声和《鸡林旧闻录》)记载了朱三太子案的详情。朱慈焕自称张先生,所以这部书叫《张先生传》。康熙四十七年四月初三,"张先生"被抓获,他坦白交代了,说:"我乃先朝皇子定王朱慈焕。崇祯十七年流贼破北京,先帝把我交给王内官。城破后,王内官把我交与闯贼领赏。不久,吴三桂与清兵杀败流贼,乱军之中,我被贼军中一姓毛的将军带往河南。不久,由于大清捕查流贼很紧,毛将军弃我而逃。当时我十三岁,自己就往南走,行至安徽凤阳,遇见一王姓乡绅,我一开始隐姓埋名,但最终还是被他看破。我把自己的情况和盘托出后,他就收留我在家,我遂改姓王。过了几年,王先生病故,我就出家了。后来我云游至浙江,在古刹中遇见一位姓胡的人,他叹赏我的才学,就把我请回家中,让我还俗,并把女儿嫁给我。再后来,我又改姓张,以逃祸患。"

清朝主审的钦差和两江总督问:"现在江南有两处叛逆造反案,皆称扶立你为君,恢复明朝,你知罪吗?"

　　朱慈焕很会说话："大清于明朝，有三大恩：第一，诛灭流贼，为我朱家复仇；第二，善保明朝宗室，从不杀害（这句话是昧着良心说的）；第三，当今圣上亲自祭奠我家祖宗（朱元璋），命人扫墓。有此三大恩，我怎能造反呢？况且，我今年已经七十多岁了，血气已衰，须发皆白，我不在三藩作乱时造反，而在如今太平盛世造反，于理于情说不通。况且，如果造反，一定会占据城池，积蓄屯粮，招买兵马，打造盔甲，而我并无做一件类似事情。还有，我曾在山东教书度日，那里距京师很近，如果我有反心，怎敢待在那里？"

　　最终，此案由康熙定夺："朱某虽无谋反之事，未尝无谋反之心，满门处斩！其本人假冒前明皇子，判凌迟。"朱慈焕家在余姚，有一妻二子三女一媳，皆被康熙派人绞死在家中。

　　从崇祯殉国到康熙四十七年，经过六十五年，小皇子由昔日的十二岁孩童已成为七十七岁老人，而康熙依然把他凌迟处死。多尔衮在清军刚入关时杀崇祯太子可以理解，毕竟这样可以断绝人望，而此时清军已经入关六十五年，江山早已稳定，康熙却依然将朱三太子灭族。随着朱三太子之死，崇祯的直系凤子龙孙彻底退出历史舞台。

第三章

奇葩弘光：兵临城下忙选妃

崇祯十七年三月十八日崇祯殉国，明朝灭亡，邸报发行中断，崇祯殉国的消息只能沿着运河线以最原始的方式传播。据日本学者岸本美绪的研究，此消息于四月十二日至十四日传到南京。明朝中国最高行政单位有两套班子，北京和南京各一套，南京的六部非常完整，此外都察院、翰林院也都齐装满员。之所以大明有北京和南京两套完全一样的班子，就是朱棣当初靖难之役后所留下。南京六部和北京六部官员级别相同，但没事干。这种尸位素餐、在其位不谋其政的职位看起来很爽，但实际上就不是那么回事了。南京的官员有品级，有职位，但就是没事干，每天上班无非是东拉西扯、天南海北地胡侃，说一些秦淮八艳、哪家苏州评弹的女子好看、哪家酒楼的狮子头好吃、哪里的江浙本帮菜最开胃。南京六部官员身居高位，却没权力，根据马斯洛的需求理论，这些人基本上是憋屈死了。一个人只有有明确的奋斗目标，才不是行尸走肉，才能活得有动力，才能每临大事有静气。如果天天闲得难受，一旦遇到大事，往往会惊慌失措。在明亡清兴的转折点，正是这些没经过大风大浪的南京官员最终葬送了大明的残局。

当然，南京六部官员再不济，崇祯殉国后拥立新君总该是必做的。在绰号"胎里红"的太监卢九德串联下，凤阳总督马士英，驻守徐州、泗州的高杰，驻守凤阳、寿州的刘良佐，驻守淮安、扬州的刘泽清，驻守滁州、和州的黄得功一起拥立福王朱由崧为帝，五月三日，朱由崧在南京监国，五月十五日正式继位，至于年号问题，朱由崧的大臣们拟定了两个，弘光和定武。朱由崧拿不准用哪个好，于是就做了两个阄，分别写上弘光和定武字样，写完后祷告苍天，最后抽出来的是弘光，就这样以明年为弘光元年，故而朱由崧史称弘光帝。

南明弘光政权初立，从此开始，一直到十月，清军一直跟李自成的大顺军作战，根本无法顾及江南的态势。当时，大顺军余部在山东、河北等地，仍旧保有数十万大军，这些军队在跟清军做最后的抵抗。此时的南明政权，在经济、地理、军事方面，皆有极其有利态势。明末以来，华北遭李自成蹂躏，华中遭张献忠荼毒，东北遭后金践踏，但是东南地区一直比较平稳，农业、商业、手工业发达，是明朝最大的赋税来源，仅税收方面，江南就占全国税收的将近一半，因此，南明政权在财政上绝无问题。

南明弘光帝的都城南京，北面是长江，守江必守淮，当时淮河流域还在明军控制下，只要弘光帝像宋高宗那样，在淮河建立防线，然后在淮河与长江之间布置几个机动兵团，在长江再摆第二道防线，那么守住是绝无问题的。有人问，南明有那么多兵吗？当然，武汉左良玉有八十万人，高杰、刘良佐、黄得功、刘泽清江北四镇共有十二万人，南京京城有六万人，其余南方八镇共十二万人，总共有一百一十万人（数字据李清《三垣笔记》）。除这一百一十万人以外，郑成功之父郑芝龙在东南沿海的军队有二十万人，而云南的沐氏家庭，一直对明王朝忠心耿耿,其手下又多骁勇敢战的云南少数民族士兵(云南少数民族一贯对中国向心力强,日后抗日战争中滇军中的少数民族战功赫赫)。江南一百一十万军队,加上郑芝龙二十万人、云南明军,这就一百四十万人左右了,对付十八万清军,看起来绰绰有余。

此时的南明政权,比起北宋灭亡之后的南宋政权,无论天时、地利还是人和,都要比赵构初创的时期拥有更多的复国条件。依据常理推断,南明新朝廷再怎么不行,也能与清朝划江而治。南明保存江南半壁,应该完全不成问题。那么南明究竟为何彻底灭亡呢?咱们把弘光帝与宋高宗赵构进行一下比较,就可以得出南宋保存半壁江山一百五十年与南明迅速覆灭的原因了。

靖康之乱后赵构在河南商丘登基,他迅速做出战略部署抵挡女真兵锋,命韩世忠率军自彭城(江苏徐州)推进至东平(山东东平),张俊从开封移往开德府(河南濮阳),阻击金军东路军南下,马扩为河北应援使,率河北军民策应韩世忠、张俊作战,宋高宗还做了最坏打算,万一金军打到扬州的话,他就让扬州宋军加固城防;在陕西方面,他让延安知府王庶和将领曲端做好战备。

甲申事变后,弘光帝没有做出任何抗清的应对措施,相反,一直想着借大清的力量来剿灭李自成,谁是朋友,谁是敌人,这个最基本问题都还没搞清。

宋高宗赵构弓马娴熟,他作为亲王出使金国军营时,金国大将完颜宗望(斡离不)指着自己的铁胎宝弓说:"这张弓在大金国内除了我没人能把它拉开。"赵构说:"我不信,我来试一下。"赵构神色自若地把弓拉满，完颜宗望大惊，便说："你敢跟我比试射箭吗？"赵构说："有何不敢？"完颜宗望立了一个箭靶，说咱俩一人射三箭，看谁射得准。斡离不先射，他第一箭高于靶心一寸，第二箭正中靶心，第三箭低于靶心一寸，三箭在一条线上。射罢，他将弓递给赵构，赵构拈弓搭箭，连发三箭，围着靶心成品字形排列。

宋高宗生活简朴，他刚到临安时每顿饭只吃面饼、馒头和煎肉，等到局势不那么紧张后伙食才好起来，而且不喜欢奢侈品，曾下令"毁弃螺钿淫巧之物，不可留"。有人送来当年开封宫中的几斗珍珠，都被宋高宗投入河中。《西湖志余》记载，宋高宗吃饭时，每次都要准备两副碗筷，自己想要吃的菜，就单独夹出一份，饭也单独用调羹盛一碗，而且每次夹出来的饭菜都会吃得干干净净。吴皇后问他为什么这样做，他说："另外一份饭菜是要留给宫人吃的，朕吃不了多少东西，不能浪费，但又不想让宫人吃朕剩下的，所以单独盛出一份来自己吃。"如此体贴的言语，谁敢相信居然出自杀害岳飞的元凶之口呢？

那么弘光帝呢？他继位后短短数月竟然在南京建造兴宁宫和慈禧殿两大建筑，然后派宦官四处选淑女，并弄来成吨的麻雀和癞蛤蟆到宫中，挖出麻雀的脑子和癞蛤蟆身上的蟾酥，配制春药，于是得到"蛤蟆天子"的称号。此外他还喜欢斗蛐蛐，因此得到"蟋蟀皇帝"的称号，假如贾似道跟他一个朝代，也算"君臣相得"了。（王应奎《柳南续笔》卷一，《鹿樵纪闻》亦载此。）

弘光帝既然有了宫殿，有了好房子，就该让女人充满房子了，于是四处搜罗江南美女，致使民间有不少妇女自尽相拒。当然大部分人还是想保全女儿性命的，于是江南一带人家不分昼夜地拉郎配，"昼夜嫁娶，贫富、良贱、美丑、老少俱错，合城若狂，行路挤塞"。此时的江南家家有喜事，处处是洞房，日日寻男子，夜夜有新娘，这也是中国国破家亡史上的一个奇葩。

弘光帝荒淫无道，内阁首辅马士英、兵部尚书阮大铖也不闲着，谁只要给钱，就立刻有官做，以至于民间歌谣说："中书随地有，都督满街走，纪监多如羊，职方贱如狗。相公只爱钱，皇帝但吃酒。扫尽江南钱，难填马家口（马士英）。"（《鹿樵纪闻》）当时有人作《西江月》来讽刺马士英、阮大铖："有福自然论着，没钱不能安排。满街都督没人抬，遍地职方无赖。本事何如世事，多才不如多财。门前悬挂虎头牌，大小官儿出卖！"还有人说："南都（南京）之政，幅员愈小则官愈大，郡县愈少则官愈多，财富愈贫则官愈富，斯之谓三反。三反之政，乌乎不亡？"

顺治二年（1645 年，弘光元年）① 除夕之夜，弘光帝很郁闷，太监问道："皇上似乎心中有事，难道是思念皇考（老福王）和先帝崇祯爷？"弘光帝过了半晌才说："朕未暇虑此，所忧者，梨园子弟无一佳者。意欲广选良家，以充掖庭，惟诸卿早行之耳。"太监无语，心说，我还高看皇上了。（抱阳生《甲申朝事小纪》初编卷八"弘光失德"条目，吴伟业《鹿樵

---

① 1644 年清军入关，南明弘光帝荒淫亘古未有，此后年号以清朝为正朔，先书清朝年号，括号内书公历年份和南明年号。

纪闻》也有此记载。）此等君主统治下，南明焉有不亡之理？正如张岱所说，弘光帝是"汉献之孱弱，刘禅之痴呆，杨广之荒淫，合并而成一人"。

当然，弘光帝也不是一无是处，他倒算个孝子，在自己醉生梦死的同时，给母亲邹氏也修建宫殿。邹氏的宫殿被弘光帝起名为慈禧殿，南明亡于大清，大清亡于慈禧（恭亲王奕䜣说："大清之亡，实亡于方家园。"方家园就是慈禧出生地的说法之一），而弘光帝现在修建的宫殿名字却叫慈禧殿，真是造化弄人。

除了君主无比奇葩外，弘光政权在战略上也完全没有搞清敌友，由于是李自成围攻北京而导致崇祯殉国，吴三桂借清兵来报仇，南明政权把李自成作为头号敌人，把清军则看作一同为先帝报仇的友军，南明朝廷定下了"借虏灭寇"的战略，也就是借清兵来灭李自成。多尔衮觉得南明政权真是一脑子糨糊，于是崇祯十七年七月二十七日，令南明降将以自己的口吻写信给史可法，劝南明清醒点，别拿大清当友军，还是应该拿大清当主子。南北战乱相隔，这封信直到九月份南明朝廷才收到，史可法与众人商量后，最终还是定下了不与清军为敌，依旧借清兵来剿灭李自成的方针。在史可法眼中，一味想的是报君父之仇，而完全没有从战略上考虑到此时大清实力最强，一旦李自成被彻底剿灭，南明将直接面对大清兵锋。南明君臣面对的是同北宋南宋一样的局面，北宋徽宗时因为想要收复幽云十六州而联合金国灭辽，最终辽国灭亡后北宋反而被金国所灭，南宋因为与金国是世仇，便联合蒙古灭金，金国灭亡后南宋反而被蒙古所灭。这次大清扮演了跟金国、蒙古相同的角色，但不同的是，大清完全用不着跟南明联合，一己之力就能同时对付李自成和南明。然而就是这样的实力差距，都没能让南明政权警醒。

南明草创之时，在多尔衮总指挥下，大清军队豪格攻入四川与张献忠鏖战，阿济格歼灭李自成，多铎、孔有德、耿仲明、尚可喜兵锋指向南明，而在武汉拥兵八十万的左良玉在阉党和东林党的内斗中被逼急了，他打着清君侧的旗号从武汉顺江东下进攻南京，在内讧中八十万人损失六十万，残余二十万人降清。南明的窝里斗一刻不停，"大悲和尚案""伪太子案""童妃案"，奇案迭出，左良玉八十万人灰飞烟灭，更雪上加霜的是，南明四镇将领高杰、刘泽清、刘良佐、黄得功各怀鬼胎，钩心斗角，高杰被部下许定国所杀，许定国杀高杰后投降清廷。刘泽清投降清廷后被多铎处死，刘良佐也投降了多铎。四镇将领只有黄得功坚决抵抗，刘良佐降清后在阵前劝黄得功投降，黄得功怒叱他，忽然被箭射中其咽喉左边，黄得功拔出箭后死去，其妻也自缢而死。

江北四镇就这样完了，顺治二年（1645 年，弘光元年）四月十八日，多铎十五万大军齐集扬州城下，很快攻破了扬州城。意大利传教士马丁诺（汉名卫匡国）《鞑靼战纪》："他们（清军）的攻势如闪电一样，用不了多久就占领它，除非那是一座武装防卫的城市。这些地方中有一座城市英勇地抗拒了鞑靼的反复进攻，那就是扬州城。一个鞑靼王子死于这座城下。一个叫史阁部（史可法）的忠诚的内阁大臣守卫扬州，它虽然有强大的守卫部队，最后还是失败了，全城遭到了洗劫，百姓和士兵被杀。鞑靼人怕大量的死尸污染空气造成瘟疫，便把尸体堆在房上，城市烧成灰烬，使这里全部变成废墟。"此番扬州屠杀使得自宋朝以来就繁华无比的扬州城一蹶不振，而记载此次屠城的《扬州十日记》后被康熙下令禁毁，但被日本人保存了下来，直到清末，梁启超在《清代学术概论》中说，1897 年他与谭嗣同、唐才常等人主持湖南时务学堂时，曾向学生宣扬民权思想，抨击科举失政，并"窃印《明夷待访录》《扬州十日记》等书，加以案语，秘密分布"，这才让《扬州十日记》重新传回国内。

扬州失守后，南明内阁首辅马士英召集大臣讨论防御之事。由于意见不合，马士英与姚思孝等人在殿上大打出手。弘光帝看大臣打得都要出人命了之后，大喝一声："住手！"众臣以为皇上要发表意见，纷纷侧耳倾听，不成想弘光帝一句话把所有大臣都震住了："诸位爱卿不要动手，朕的选妃之事进展如何？"于是，马士英等人加紧替他选秀女近二百人，最终挑出三个送入宫内。大军压境，忙着选妃，弘光政权不亡，天理何在？

清军的确高看南明了，多铎认为南京城防坚固，火力猛烈，于是想先诱使南明军浪费炮弹。顺治二年（1645 年，弘光元年）五月初九，夜间大雾弥漫，清军在瓜洲江面上放了无数临时编束的门板、桌椅，上面点燃蜡烛，然后放号炮，吸引明军，无数漂浮物乘流而下。明军以为是清军渡江，开炮还击，浪费无数弹药。而江防的明军将领、郑成功的叔叔郑鸿逵当天过生日，张灯大宴，并无任何准备。

很快，清军自瓜洲渡江，攻陷镇江，兵临南京城。弘光帝问计于马士英，马士英说："请陛下赐臣一支笔。"弘光帝给他一支笔,马士英写了一个字,弘光帝一看,气乐了,上面写着:逃!

弘光帝很听话,带着亲兵就跑,清军进入不设防的南京城。南京沦陷后,周在浚作《台城晚眺》一词云:"纵步且闲游,禾黍离离满目秋。玄武湖中风浪起,嗖嗖,虎踞龙盘一夕休。江水不知愁,犹自滔滔日夜流。更有无情天畔月,悠悠,曾照降幡出石头。"南京,本来被寄希望为恢复中原的中心,很快变成苟且偷安的场所,现在,苟且偷安的机会都没了,江山依旧,物是人非。

弘光帝跑到半截,亲兵遭截击,部下田雄叛变,背上弘光帝就走。另一个叛将马得功在身后用双手牢牢抱紧弘光帝双脚。弘光帝哭了,哀求二人放他走。田雄笑了,说:"陛下,你就是我等的功名,怎能放你?"弘光帝一看,好,你不放我,别怪朕不客气了,朕打不过你,还咬不死你吗?于是弘光帝一口咬住田雄的脖子。马得功在后面死命地打才使得弘光帝松口。(原文为"弘光恨,啮田雄项肉,流血渍衣",此事据郑迏《野史无文》卷十一。)

已经降清的南明四镇将领之刘良佐在见到弘光帝后,上表多铎,写道"敬献皇帝一枚",弘光帝,无非是"一枚"皇帝尔。

弘光帝被清军押送回北京。一路之上,弘光帝以油扇遮面,沿途百姓知是弘光帝,夹道骂街,不少人扔砖头打他。途中,多铎下令每天供应他美酒二十壶、菜肴二十品。但清军怕他逃跑,用竹筒把他两只胳膊牢牢束起,让他从前的两个妃子喂饭,但实际上弘光帝根本吃不着东西。每次食物上来,负责押送的清兵立刻抢走，最多给弘光帝剩下些残羹冷炙。多铎非常看不起弘光帝，在见到弘光帝后连续问了他三个问题："汝先帝自有子，汝不奉遗诏，擅自称尊何为？""汝既擅立，不遣一兵讨贼，于义何居？""先帝太子逃难远来，汝既不让位，又辗转磨灭之何为？"弘光帝瞠目结舌，无言以对。被押解到北京后，弘光帝被清廷处决。

恶贯满盈的弘光帝死了，那么弘光政权两大奸臣马士英和阮大铖下场如何呢？马士英逃到杭州拥戴潞王朱常淓任"监国"。很快潞王在多铎兵锋下投降，湖州、嘉兴、绍兴、宁波等地不战而降，江南大部，沦于清军之手。潞王朱常淓被带到北京，被多尔衮下令斩杀。马士英去投奔鲁王朱以海，但鲁王嫌他名声太坏，拒而不纳。马士英派兵去收复杭州，但战败。马士英还想提残兵入闽，却遭唐王的拒绝。绝望之下，马士英仍旧不投降，跑入台州野寺中削发为僧。后来，他被家仆出卖，清军出兵抓人，把他斩于延平城闹市，然后剥皮示众。马士英虽然其人奸佞，但于真正民族大义无亏。计六奇《明季南略》、徐鼒《小腆纪年附考》、张岱《石匮书后集》、邵廷寀《东南纪事》、温睿临《南疆逸史》、徐芳烈《浙东纪略》都记载马士英降清，这些书籍的作者基本上都是东林党人或其后裔，我们就能明白，这些记载多为编造。而记载马士英抗清的书如《清世祖实录》《东华录》《明史》都是清朝官方史料，从清朝角度，不可能把投降的马士英虚构成坚决抗战的马士英，因为全无必要。而东林党人一贯自私自利，成事不足败事有余，虚构马士英降清情节。马士英同时代人沈士柱在《祭阮大司马文》中歌颂马士英的晚节，而学界公认的研究南明史成就最高的学者、北京师范大学的顾诚在《南明史》里也得出结论，马士英没有降清，故从之。

马士英就说到这儿，下面说阮大铖，吴伟业所撰《绥寇纪略》（原名《鹿樵纪闻》）记载了阮大铖之死。阮大铖在南京城破后降清，跟随清军南下，打到浙江金华，对当初拒不接纳他的金华展开报复，大肆屠城。江南兵荒马乱，清军供应匮乏，唯独阮大铖长袖善舞，常常邀清军将领到他府宅，变戏法一样拿出各种珍馐美味，让清军文武官员大快朵颐。众人纷纷赞叹阮大铖有本事，阮大铖说："这不过是我日常吃的，我这人用兵打仗也是百计多端，到时候一定露一手，让诸公刮目相看！"

阮大铖此贼精力充沛，不仅白天在清军各军营乱蹿，夜间也蹿入诸将官的营帐中与人闲聊，清军将领白天打仗疲惫不堪，晚上再听阮大铖讲各种段子，自然昏昏欲睡。转天一大早，清军高级将领们还正熟睡，晚睡早起的阮大铖又来了，讲他的那些故事会，最终让清军将领苦恼不已。清军将官们没少吃阮大铖带来的好吃的，所以不好明说，只能婉言相劝："阮先生您精力充沛，确超常人。不过，鞍马劳累，您能否休息一下，不要太过费神。"

阮大铖："我平生从不知疲倦，六十年来如一日。"

清军夺取浙江，将要进军福建时，阮大铖脸肿得跟猪头一样，病了。清军高官们终于长吁一口气，对阮大铖的仆人说："阮先生恐怕得什么病了，你对他说一声，让他暂住衢州，等我们平定闽地，必派人来迎。"

阮大铖得知后，立即说："我有什么病？我年虽六十，能挽强弓，我视八闽如在掌握中。我仇人多，一定有东林党奸人背后散布我坏话，不让我随军！"

清军带上阮大铖一同进军福建，在上仙霞关时，清军一个个骑马上山，阮大铖为显示自己身体矫健，下马步行，边爬边喊："看我精力，超过你们这些年轻人十倍！"没多久，六十岁的阮大铖已不见踪影。过了许久，有人见到了阮大铖。他直挺挺地躺在一块大石头上，众人连呼"阮先生"，阮大铖没反应，一个清兵用马鞭挑他经剪成满人模样的大辫子，又用脚轻轻踢他。原来阮大铖已经死了，估计是跑得太快心脏病突发。阮大铖死后，仙霞关附近买不到棺材，他的属下在他死了三天后才搞到一块门板，此时"尸骸悉溃烂，虫出矣"。(《清朝野史大观》卷五)

阮大铖其人大奸大恶，但确有文才，在中国文学史上亦不容否定。张岱在《自为墓志铭》中说自己"少为纨绔子弟，极爱繁华，好精舍，好美婢，好娈童，好鲜衣，好美食，好骏马，好华灯，好烟火，好梨园，好鼓吹，好古董，好花鸟，兼以茶淫橘虐，书蠹诗魔，劳碌半生，皆成梦幻"。而阮大铖的人生某种程度上也适合这番话，他的爱好与张岱几乎一模一样。张岱在他的《陶庵梦忆》中，盛赞阮大铖的戏曲"本本出色，脚脚出色，出出出色，句句出色，字字出色"。张岱平生还从未这么夸过人。

看一首《减字木兰花》就知道阮大铖文笔如何了："春光渐老，流莺不管人烦恼。细雨窗纱，深巷清晨卖杏花。眉峰双蹙，画中有个人如玉。小立檐前，待燕归来始下帘。"他有《春灯谜》《牟尼合》《双金榜》《燕子笺》四部戏曲传世，他的戏曲具有曲折的故事性和浓郁的喜剧性,结构严整细密,排场关目巧妙,曲词典雅优美,富有诗的意境。

阮大铖不但能写,而且是一个能导、能演、能唱的全才。正因为他熟悉戏曲的唱腔、角色的身段、表演的技巧,所以写的剧本与一般文人填词般写出的剧本不一样,他创作的剧本当然就会有更好的舞台效果。不仅如此,阮大铖编的剧本还相当讲究艺术的悬念,能吊足观众的胃口。所以,他的剧本一出手,就被当年的戏班子争相上演,每一出戏都"倾动一时"。

马士英与阮大铖,一个大奸臣爱国者,一个文学家卖国贼,两个奇葩与奇葩皇帝弘光帝交相辉映,为南明史的趣味性增色不少。

南京城破,马士英最终保全了自己人生最后的名节,阮大铖则彻底被钉在历史耻辱柱上,而钱谦益的抉择却一言难尽。钱谦益的爱妾柳如是劝他为明朝尽忠殉国,钱谦益拗不过,只得答应,跳水后,很快爬上来,说:"湖水太冷,不好死,等等再说……"而柳如是则纵身跳入水中,结果被钱谦益捞上来了。(江熙《扫轨闲谈》:"柳如是劝宗伯(钱谦益)死,宗伯佯应之。于是载酒尚湖,遍语亲知,谓将效屈子沉渊之高节。及日暮,旁皇凝西山风景,探水中曰,冷极奈何!遂不死。")而后在清军入城式中,钱谦益在城门口跪迎清军。不仅如此,他还亲笔操刀,帮清廷起草文件,然而愿为清军做马前卒的钱谦益却在不久被打入死牢,多亏爱妾柳如是长袖善舞,才被捞出来。

第四章
根除谢顶：各民族剃头攻略

　　"留头不留发，留发不留头"，已经成为清军入关后最重要的口号。大家都知道汉族、满族在清朝要剪辫子，那么回族、藏族、蒙古族、维吾尔族、苗族在清朝是否需要剃发，他们的发型如何呢？哪怕专业做清史研究的学者，也未必能说得清楚。清朝入关后的剃发政策使得平头百姓在汉族中就不容易出现了，因为没有人有可能留平头了。不过清朝这种金钱鼠尾辫的好处就在于任何男人无论如何谢顶，也根本显不出来，在清朝只有"半岛"，绝对不会有"地中海"。青年人剃成这样的发型，看起来很丑，但是对谢顶者而言，这个发型却是一剃遮百秃。

　　顺治二年（1645）六月十五日，多尔衮以顺治的名义颁布剃发令，下令"留头不留发，留发不留头"，由此酿成了惨剧，南方多地人民拒绝剃发，因为以家族宗法儒学为源的中国人，或许能把朝代兴迭看成天道循环，但如果有人要在衣冠相貌上强迫施行历史性的倒退，改变几千年的华夏装束，这是一种精神阉割，绝不会被接受。当然，既然不剃发，那就只能被杀头，于是清军在多地进行大屠杀，如在江苏镇江大屠杀时清朝曾下令："一人不剃发全家斩，一家不剃发全村斩！"

　　其实一开始清廷并不打算颁布剃发令，就在多尔衮率军刚进北京时,就下令:"予前因归顺之民,无所分别。故令其薙发,以别顺逆。今闻甚拂民愿,反非予以文教定民之本心矣。自兹以后,天下臣民,照旧束发,悉从其便。"顺治二年五月九日清军攻陷南京时,豫王多铎对率先剃发献媚的明朝都御史李乔唾骂,五月二十五日多铎颁布告示:"剃头之事,本国相沿成俗。今大兵所到,剃武不剃文,剃兵不剃民,尔等毋得不遵法度,自行剃之。前有无耻官员,先剃求见,本国已经唾骂。特示。"可见多铎对剃发的汉人持蔑视态度。

那么为何最终清廷要求汉族人都剃发呢?一切都要从孙之獬说起。此人人品低下,反复无常,一直郁郁不得志。清军入关后,他求官心切,是第一批投降清廷的汉官,并当上了礼部侍郎。孙之獬自己没什么真本事,于是剑走偏锋,主动剃发。

孙之獬把头发剃了,后面也留个大辫子,一上朝,汉族官员见他是满人装束,不愿与他为伍,满族官员因为自己是征服民族,不愿跟孙之獬为伍,孙之獬是猪八戒照镜子——里外不是人。孙之獬下了朝后就上一道奏章,向顺治建议在全境范围内给汉人剃发。当时顺治才七岁,多尔衮说了算,他看见奏折中有这么一句话:"陛下平定中原,万事鼎新,而衣冠束发之制独存汉旧,此乃陛下从中国,非中国之从陛下也!"多尔衮甚觉有理,于是最终下了剃发令。千万汉人遭到荼毒,当然,孙之獬也没好下场,三年后,因为受人钱财卖官,被罢官遣返老家淄川。天道好还,他恰好赶上山东谢迁等人起义。义军攻入淄川城,孙之獬一家上下男女老幼百口被愤怒的民众一并杀死。孙之獬本人被五花大绑,最终被义军凌迟砍死。

现在的清宫戏中,从努尔哈赤一直到宣统时期,发型都一样，实则不然。在努尔哈赤、皇太极时代的满人，顺治和康熙早期的汉人，四周头发全部剃去，仅留头顶中心的头发，其形状一如金钱，而中心部分的头发，则结辫下垂，形如鼠尾，通过穿过铜钱的方孔才算合格，否则就要再接着剃，故名为金钱鼠尾辫。到康熙中期，汉人的头发越蓄越多，满人为了好看，保留的头发也越来越多，于是金钱鼠尾辫逐渐变成了清宫戏里的头发样式：前半部分剃掉，后半部分编成发辫。

值得一提的是，除汉族外，漠南蒙古，也要剃成满族发式，比如科尔沁亲王僧格林沁就是剃发的，电视剧《一生为奴》中王刚演僧格林沁，那里面的装束就是对的。漠南蒙古要剃发，但喀尔喀蒙古和康熙中期以后才归附的漠西蒙古（和硕特部、杜尔伯特部、土尔扈特部）则不需要剃发。因为漠南蒙古被大清朝视作自己家人，就是蒙古八旗，既然是八旗自己人，那就必须剃发，而漠北蒙古与清朝统治者其实更接近联盟关系，既然是联盟，那你是何种发型清朝就管不了了。而漠西蒙古因为在乾隆年间才完全归化，被清朝视为外藩，外藩自然不用像自己子民一样剃发。

蒙古族剃发的事说完了，鄂伦春族、达斡尔族、鄂温克族、锡伯族因为本来都是满八旗成员，所以要剃发。但朝鲜人不用，无论是朝鲜国还是东北的朝鲜人，这是皇太极两次打朝鲜后与朝鲜做的交易，你对我表示服从，坚决在我朝贡体系内，然后就可以保持自己的衣冠了。

就穆斯林各族而言，维吾尔族只有三品四品的伯克需要剃成满人发式，其他所有百姓都不用，五品及其以下的官员也不用。哈萨克族、塔吉克族、布鲁特人（在外为吉尔吉斯人，在中国国内即柯尔克孜族)、乌孜别克族的情况与维吾尔族一样，不赘述。至于回族，则必须都剃发，因为清朝时将各穆斯林分为汉回和缠回，汉回就是汉人中的穆斯林，缠回则是头上缠着头巾或者戴着小白帽的新疆甘肃宁夏穆斯林民族。缠回除了维吾尔族、哈萨克族、塔吉克族、布鲁特人、乌孜别克族外，保安族、东乡族、撒拉族、塔塔尔族完全不用剃发，因为他们就几乎没有当清朝官员的。清朝将现在的回族人视作汉人，故而清朝回族人必须剃发。

北方各少数民族说完了，该南方少数民族了。藏人只有藏军需要剃成满族发式，普通百姓和藏族喇嘛们都不用。许多人认为张勋辫子军是中国最后一支留辫子的军人，实则不然。根据廖立《中国藏军》的记载，1951年西藏和平解放，编入中国人民解放军的藏军依然留着清朝的大辫子，直到1959年藏军被撤销建制，这批中国最后留清朝式大辫子的人才剪掉辫子。壮族、苗族等是否剃发就要看他们在清廷眼中的文明程度了，这些少数民族都被分成生番和熟番，生番不用剃发，现在流传至今的各种《百苗图》里面的生番都是不剃发的，而熟番百姓不用剃发，被任命的官员则需要以剃发表明归化。

总之，剃发是清廷要求臣民效忠、表示认同的外观体现，也是内外有别的体现。漠西蒙古和朝鲜人，因为是外藩，属于朝贡体系的一部分，所以不用剃发。喀尔喀蒙古人因为实质上与清朝统治者是结盟的关系，所以不用剃发。满人、漠南蒙古、汉人、藏军、维吾尔族伯克因为属于大清官僚团队、军队或缴纳赋税的子民，故而都必须剃发。所有清朝统治下需要缴纳赋税的民族都要剃发，而所有缴纳贡品的则无须剃发。至于各族生番和绝大多数熟番、新疆缠回，清廷则认为他们不开化，压根不配成为自己的子民，故而不用他们剃发。这就是清朝各民族剃发的一定之规，是否剃发完全取决于大清秘传心法，不足为外人道也。

关于各族是否剃发，主要记载在明清时期朝鲜人来华的资料集《燕行录》当中。这些从朝鲜来北京的使臣、文人用心观察清朝的一切风土人情，将各种见闻写进自己的文集或笔记，为我们留下了丰富的史料。

清朝跟此前历代少数民族政权的很大不同就在于强制推行本民族发型到汉人身上。此前入主中原的各北方民族，鲜卑人和契丹人发型一样，都是把头顶剃光，四周的头发作为鬓角的装饰或垂在耳边。北魏等鲜卑人政权和辽国都没有强制推行本民族发型到汉族，相反的是拓跋宏开始改鲜卑人发型为汉人发型。西夏发型是把后脑勺和两侧剃光，脑门上留着厚厚的刘海，这种发型 1033 年李元昊下令推行到西夏全国，西夏境内的汉人也必须是这样的发型，此为史上第一次汉人被强制剃发。元朝蒙古人的发型是头发在头顶中间分成两份，把后面剃光了，两侧的头发结成环，垂在肩膀上。元朝的政策是只要我军攻城时你投降，然后你爱干什么干什么，不干涉任何被征服民族的发型。女真人的金国与日后他们的子孙发型近似，但不完全一样，清朝满人的发型是梳一根辫子，女真人则是梳两根辫子，金兀术、阿骨打等历史人物都是两根辫子。1127 年金国攻陷开封后，开始下令让华北汉人"削去头发，短巾左衽"（《大金吊伐录》），违令者处死，但是遭到汉人强烈抵制，最终到绍兴第一次议和时，金国便实质上取消了强迫汉人剃发的政策，所以金国统治下的汉人发型跟南宋是一样的，秦桧等人在金国时也并未剃发。总之，清朝之前曾强迫汉人剃发的只有西夏和金国，但真正成功的只有西夏。

剃发的事就说到这儿。南明弘光政权灭亡，国不可一日无君，顺治二年（1645）闰六月七日唐王朱聿键（朱元璋第二十二子的九世孙）在南明诸人拥立下于福建建瓯称帝，年号隆武，史称隆武帝。朱聿键的爷爷老唐王因为朱聿键的父亲（唐王世子）嘴唇上长瘤子，对这个儿子很看不顺眼，于是他把朱聿键父子关押，这时朱聿键才12岁，从12岁到28岁朱聿键都是在牢房里度过的，有个小官张书堂经常把四书五经、经史子集等送来，才使得朱聿键没有浪费大好光阴。朱聿键28岁那年，他的叔叔，也就是一直想夺占唐王世子之位的那个人，利用朱聿键之父治好嘴上肉瘤心切的心理，送来药，说喝下去可以消除肿瘤，朱聿键的父亲毫不怀疑，喝下去后就被毒死了。朱聿键的爷爷想借机立自己小妾的儿子，也就是朱聿键的叔叔为世子，但此时朱聿键之父不明不白的死已经闹得沸沸扬扬，朱聿键的爷爷怕生出大事端，最终没敢立小妾的儿子为世子，而是直接立朱聿键为世孙。三年后，朱聿键的爷爷病死，朱聿键继承王位，1636年朱聿键利用机会毒死了自己的叔叔，为父报仇。是年赶上皇太极第三次南侵，朱聿键立功心切，竟不顾朱棣定下的"藩王不掌兵"的国策，招兵买马，率兵从南阳北上，前去勤王，没有遇到清军，却中途遇上李自成的部队，跟李自成打个平手。明朝规定，藩王只要不去碰枪杆子，没有兵权，做什么都可以，可以醉生梦死，可以胡作非为，而朱聿键这次却恰恰干了不该干的事。崇祯得知后大怒，将朱聿键关押到监狱。由于朱聿键已经有 16 年的坐牢经验，这次坐牢对他而言打击不大。1644 年崇祯殉国，弘光帝继位，大赦天下，朱聿键又被放出，至此，43 岁的朱聿键有二十四年都在监狱里度过。（隆武帝早年故事据陈燕翼《思文大纪》。）

二十四年的监狱生涯，使隆武帝有远超常人的毅力，多年的狱中苦读也使隆武帝掌握了治国理政的基本道理，然而作为一个政治家，最关键的是实践能力，是如何用人、如何驾驭人。在监狱里朱聿键与世隔绝，第一次坐牢只有父亲跟他在一起，第二次坐牢则是自己住单间，严重缺乏跟人打交道的经验，这是隆武帝的致命伤。

隆武帝登基大典那天，大风雾起，拔木扬沙，掌玺官的坐骑受惊，玉玺摔落，碰坏一角，时人皆认为不是吉兆，这也预示着隆武帝悲剧的命运。

刚继位的隆武帝和此前弘光帝迥然不同，他乐于纳谏，主张招降李自成余部，以共同抵抗清军。同时，针对南明军杀害剃发的平民一事，他也予以阻止："兵行所至，不可妄杀。有发为顺民，无发为难民。"这一谕旨使得百姓欢呼鼓舞，纷纷来投。

面对来投奔的各方，隆武帝说："自允监国之后，若一日孝陵未见，一日西北赤子未援，一统旧疆未复，即是孤负祖负民，如剑在心，如汤沃背，断不与寇盗并立于天壤。"隆武帝的意思是只要一天不收复南京这朱元璋明孝陵所在之地，一天不恢复大明的旧疆土，自己就好像剑插心脏、热水烫身一样难受，以此来明心智。有史家说，假如历史能把隆武帝与弘光帝换位的话，历史发展或许会截然不同，然而事实上隆武政权为大海盗郑芝龙（郑成功之父）把持，隆武帝根本施展不开。此外，哪怕隆武帝能掌实权也无济于事，纵观中国历史，只要长江天险被突破，南方政权的灭亡就只是时间问题了。

在隆武帝政权鸣锣开张21天后，闰六月二十八日鲁王朱以海（朱元璋第十子的九世孙）在绍兴称监国，于是南明同时存在两个政权。多尔衮有一统中国之志，绝不会坐视南明出现一位大有为之君，他以多铎为总指挥，进军江南，多铎派汉人降将李成栋对嘉定（今上海嘉定）用兵，满洲大将博洛对江阴用兵。嘉定这一路，李成栋嘉定三屠共杀十万人，而江阴这一路清军则遇到了剃发令颁布以来所未有的劲敌。

清军将领博洛直扑江阴，由刘良佐直接负责对江阴的进攻。顺治二年（1645年，隆武元年）闰六月二十一日，清兵包围江阴，守城的是典史阎应元，其官阶大致上也就是个正科级的县公安局长，却指挥明军抵抗清军八十天。经过八十天苦战，江阴这座孤岛最终还是被清军的汪洋大海所淹没，八月二十一日江阴城破，阎应元遇害。阎应元率城内九万七千人，面对二十四万清军，苦战八十一天，杀敌七万五千人。阎应元遇害后清军在江阴进行了大屠杀，导致城内仅存五十三人，被杀九万七千人，城外被杀七万五千人（据许重熙《江阴守城记》、韩葵《江阴城守纪》）。

在清军进攻江阴时，南明继鲁王朱以海和唐王朱聿键后，又同时出现了第三个政权——靖江王朱亨嘉。朱亨嘉于顺治二年（1645年，隆武元年）八月初三在桂林自任监国。朱亨嘉完全是个笑柄，谁当皇帝也轮不到他，他是朱元璋的哥哥的后代，跟朱元璋论关系都已经捅到明朝以前了，这在很看重血统的中国古代无异于开玩笑。朱亨嘉因为自己跟明朝宗室关系太远，于是直接用朱元璋的洪武年号，他继位的这年叫洪武二百七十八年，吓死人不偿命。南明广西重臣瞿式耜得知朱亨嘉的闹剧后，于八月二十五日率军攻入靖江王府，生擒朱亨嘉，而后把他献给隆武帝，最终朱亨嘉被杀，一出闹剧结束。

攻陷江阴后，清军进行休整，毕竟长期作战谁也受不了。博洛一直休整到顺治三年（1646年，隆武二年）五月，才率军将兵锋对准浙江绍兴的鲁王朱以海。五月二十七日，清军博洛从杭州向朱以海的部队进攻，来到钱塘江边，清军无船，可是一向水深浪急的钱塘江突遇数十年不遇的大旱，江中许多地方都干了，于是清军铁骑得过钱塘江，此景与当年元朝在钱塘江边接受南宋投降时颇为类似。六月一日清军攻陷绍兴，朱以海逃到海上避难。

此后清军在江苏、浙江、安徽进行地毯式攻掠，至顺治三年（1646年，隆武二年）八月，清军全部控制江南一带。扬州十日、嘉定三屠、江阴保卫战、清军对江南的血腥屠杀，凡此种种，不一而足，夏完淳、陈子龙等一批民族英雄皆出自江浙。有许多学者据此认为江浙一带抗清举动最多，遭到的屠杀也最重，这种看法只对了一半，的确江浙一带抗清举动最多，而其遭到的屠杀其实是最少的。为什么这么说呢？江浙一带抗清事迹留下如此丰富的记载，本身就能说明江浙的士大夫精英没有被屠灭。正因为如此，在清朝文字狱如此严密的情况下，这么多江浙抗清事迹才能传下来。清朝的屠杀，在辽东一带连个伤亡数字都没能留下，只能靠葛剑雄、曹树基、何炳棣、杜车别等人深入爬梳史料来推理，才能得出大约的数字。在陕西、河南等地，留下的只是伤亡数字，很少有细节记载，只有在江浙才能保存如此完整的集体记忆，本身就说明了精英在屠杀下的幸存。江浙从五代十国一直到 1949 年，除了被太平天国打得死掉一半多人口外，其人口在历次大动乱中的损失都不会超过三分之一，而这已经是全中国损失最小的地区了。

此前拙作《大清棋局》写到李自成、张献忠大军所经之处的屠杀，细心的读者会发现，李自成和张献忠自始至终都无法打进江浙，最东打到安徽凤阳，就无法继续前进了。而河南、陕西、河北、山东的人民，在明亡清兴的战争中要么如同两脚羊一样被屠杀，要么参与流民起义而去屠杀别人。究其原因，在于江浙一带有发达的士绅自治，而华北地区只有碎片化小农。明清时期的碎片化小农在和平年代不懂礼义廉耻，在战争时期则残忍好杀，以至于王夫之在《读通鉴论》中多次表示要把华北地区的小农开除出华夏民族。华北地区从靖康之乱以来，直到抗日战争，在战争过程中没有任何抵抗能力，历来都是大面积沦陷。

只有江浙一带的士绅可以用大笔钱来兴办乡学、办教育，有发达的地方教育，才能培养出一批考中科举的学子，有一批考中科举的学子才能走仕途去当官，官员在任期间为家乡说话，充当老家在朝廷的代理人，告老还乡后在家乡兴办水利和公共事务，一旦发生战争，告老还乡的高官振臂一呼，在家乡就能办起团练，抵御外敌。这就是江浙士绅的良性循环，而陕西、河南、山东、河北则不然，本身出不了多少进士，明朝自洪武四年（1371）至万历四十四年（1616）出的状元、榜眼、探花、会元（第四名）共计 244 人，其中南方 215 人，占88%，北方 29 人，只占 12%，而南方内又以江浙占半壁江山（据陈正祥《中国文化地理》）。清朝 200 多年科举总共出过114 个状元，其中陕西、河南、四川、顺天（北京）各一人，湖南、贵州各两人，湖北、江西、福建、广东、直隶、满洲八旗各 3 人，广西 4 人，山东 6 人，安徽 9 人，浙江 20 人，江苏 49 人，总共 114 人中江浙占到 69 人，而山西、甘肃、云南、奉天等省则从未出过状元（据吴建华《状元的命运》）。徐中约《中国近代史》记载，有清一朝共有进士 26747 名，其中江苏省 2920 人，浙江省 2808 人，江苏省内最厉害的苏州府出了 785 名进士，浙江省内最厉害的杭州府出了 1004 名进士。

越富有的人必然会定居在风景越好的地方，明乎此，上有天堂，下有苏杭，便顺理成章。而华北各省，因为经济落后，教育不发达，出不了几个当官的，好不容易出来精英，入朝为官，但其退休后一定是绝不愿意回老家的，最终只能导致周公的家乡陕西和孔子的家乡山东从北宋末年开始，每逢改朝换代便沦为流寇的乐园。李自成、张献忠皆出自陕西，梁山好汉等皆出自山东。

第五章

顺治初政：鞭尸皇父为哪般

毫无疑问，一个历史学家的目的不应该是用一系列激动人心的轶事来讨读者的欢心，不应该把当初也许说过的话编造出来作为自己的目标，也不应该像悲剧作家那样详尽琢磨戏剧效果。反之，他的职责在于不管事实上说过和做过的有多么平庸，他首先得忠实地把它们记录下来。尽管历史与戏剧在目的上各异。戏剧的目的是尽可能在实质上用真实的话来打动观众并给予他们享受，而历史却是以真实的话和行为来指导和说服读者为目的。

——古希腊伯罗奔尼撒史学家波利比奥斯《通史》

顺治七年十二月初九（1650 年 12 月 31 日，永历四年十二月初九），多尔衮突然病死，顺治亲政。多尔衮执政时，清廷实行圈地、剃发、投充、逃人、屠城五大弊政残酷镇压百姓。除了这五大弊政外，多尔衮还首开清朝文字狱的先河。顺治五年（1648 年，永历二年），工人毛重倬为坊刻制艺所写的序文不书"顺治"年号，大学士刚林认为这是"目无本朝"，于是将毛重倬斩杀，并由此规定："自今闱中墨牍必经词臣造订，礼臣校阅，方许刊行，其余房社杂稿概行禁止。"从此诞生了清朝言论检查官，开始了清朝的出版审查制度。同年，多尔衮以顺治名义下令，在全国每个明伦堂（所有府学县学都有的建筑）里都立一块石碑，碑上刻有三条禁令：第一，生员（学生）不得言事；第二，不得立盟结社；第三，不得刊刻文字。

当然，多尔衮也有善政，一是不搞强拆，二是支持旗汉通婚。八旗的圈地运动在直隶省完全是草菅人命，但是在北京，却绝对不敢搞强拆。北京分为内外城，多尔衮要重新规划城市结构，满八旗和汉八旗居住在北京内城，即北城，汉人都居住在外城，也就是南城。顺治五年（1648）八月十九日，多尔衮以顺治名义下令："朕反复思维，迁移虽劳一时，然满汉各安，不相扰害，实为永便。除八旗充投汉人不令迁移外，凡汉官及商民等，尽徙南城居住，其原房或拆去另盖，或质卖取价，各从其便。朕重念迁移累民，著户工二部详查房屋间数，每间给银四两。此银不可发与该管官员人等给散，令各亲自赴户部衙门，当堂领取，务使迁徙之人得蒙实惠。"规定由工部查实每家房屋间数，每间给予四两银子的补偿。此银须由各拆迁户自己到户部衙门领取，不得让有关官员发放，以防止这些官员克扣、吞没拆迁补偿款。多尔衮在圣旨里还说："凡应迁徙之人，先给赏银，听其择便，定限半岁，岁终搬尽。"对拆迁户，先给银子，什么时候搬迁，悉听其便，只要在半年以内迁走就行，多尔衮对拆迁户还是很尊重的，不搞强拆。

除了不搞强拆外，多尔衮做的为数不多的好事就是支持旗汉通婚。1644年刚入关时，是只允许满人和汉八旗通婚，不允许满人和汉八旗以外的汉人通婚，换言之，只允许旗内通婚，不允许旗汉通婚。顺治五年（1648年，永历二年）多尔衮下令："方今天下一家，满汉官民皆朕臣子，欲其各相亲睦，莫若使之缔结婚姻，自后满汉官民有欲联姻好者，听之。"（《清世祖实录》卷40）可是，随后，多尔衮对于满汉通婚做了进一步规定：凡希望嫁给汉人的满族官员之女需呈明户部，登记户口；希望嫁给满人的汉族官员之女也需报户部登记；普通人家听其自便。多尔衮虽然允许旗汉通婚，但事实上顺治时期基本没有旗汉通婚的事情发生，主要是因为旗汉通婚的最大阻力来自满八旗。大规模的旗汉通婚会使大量汉人混入满洲八旗，就血统纯洁性、满人特权而言，显然是不利的，所以1650年多尔衮死后，允许旗汉通婚就成为多尔衮的一条罪状，从而被认定为不合法。一直到光绪年间，政府都一直没有废除旗汉通婚的禁令，但是这个禁令一直是形同虚设，旗汉通婚一直在进行，直至慈禧时才废除这道早已名存实亡的禁令。

旗汉通婚的事就说到这儿，接着回来说多尔衮。自从1640年与洪承畴的松锦大战中多尔衮负伤以来，身体就不太好，加上他生活起居无度，好打猎，出狩场面壮大，光是猎鹰就有一千多只。他的府第"翚飞鸟革，虎踞龙幡，不惟凌空挂斗，与帝座相同，而金碧辉煌，雕镂奇异，尤有过之者"。每天奢华无度的享受，纵情声色，使得多尔衮的身体素质日差。

日本人竹内藤《鞑靼漂流记》记载多尔衮"身材瘦长，留有美髯，是个皮肤微黑，面貌英俊，目光锐利的人。他是皇帝下面第一个有地位的人，其他各王和所有的臣下，都尊重他，上上下下都怕他。有什么事情都不能随便参见，趁他上街的时候，借机会参见。街上的行人都得匍匐在地，不许抬头仰视"。由于身体不好而大权在握，多尔衮非常容易发怒，所以人们找他上奏时都要趁他在途中时再借机参见。多尔衮身体不好，经常头晕目眩，而且还因为松锦大战时受重伤而失去了生育能力，没有亲生儿子（松锦大战前生过一个女儿）。权力越大的人越希望自己的权力能够传下去，这样才不至于人亡政息。大权在握的人却没有后代，其失落感可想而知。政治家往往树敌很多，有后代继承自己的权力可以让自己免于身后被鞭尸。如果没有后代，那么出于对身后事的恐惧，政治家会在执政过程中变本加厉地对政敌斩草除根，以绝后患，以防死灰复燃，多尔衮在清初制造这么多起惨绝人寰的大屠杀与此有着莫大关系。政治家如果有后代，为了后代能够稳定地执政，往往多会从事建设性工作，而如果无后，则往往破罐子破摔，利用大权去发泄因为没有后代的绝望而产生的破坏欲望。

多尔衮不仅无后，而且身体很差，因为怕自己过早撒手人寰导致事情半途而废，从而做一切事都感觉一万年太久，只争朝夕。他的八旗铁骑在短短六年时间进军神速，打下了大半个中国，到多尔衮死时，全国只剩新疆、西藏、云南、贵州、广西西南部、浙江舟山、福建沿海、海南、台湾还不属于清廷管辖，其余各地全部为清军控制。新疆、西藏是少数民族势力，云南、贵州在张献忠残部孙可望、李定国手中，此时已归附永历帝的南明政权，浙江舟山是南明监国鲁王朱以海的地盘，福建沿海则在郑成功手中。

多尔衮这种病态让他的行为极为乖张，他是个理智的人，知道自己一旦篡位就会使大清天下大乱，而自己又没有后代，死后铁定被清算，所以干脆生前就不顾身后事了。多尔衮经常欺辱顺治,连自己手下人也是如此。一次顺治出去打猎,随从中多尔衮的心腹有意把他引向险境。顺治不得已下马步行,身边的多尔衮亲信便一起嘲讽:"这么年轻就骑射水准这么差,这样的道路你就下马步行了?"顺治狼狈不堪。顺治感到自己不是在打猎,而是像被紧紧围在弓箭射程内的小动物一样,随时等着被猎杀,心中早已种下了有朝一日清算多尔衮的种子。

1644 年到 1647 年多尔衮赶上盛大场合还会向顺治象征性跪拜一下,顺治四年(1647 年,永历元年)十二月,多尔衮以"体有风疾,不能跪拜"为由,永远不向顺治下跪了,君臣之分已经荡然无存。与此同时多尔衮把皇帝的玉玺也收在自己手里,随意使用,顺治形同虚设。

有一年,京城流行天花瘟疫,多尔衮怕顺治染病,派了七八十人冲进宫中把顺治架出来,带到关外,因为关外没有天花。本来此事应该是多尔衮向顺治奏报移驾,顺治批准,然后皇帝率大队人马出京,但是多尔衮觉得顺治就是个十岁的孩子,自己也是为他好,怕他染上瘟疫,于是如同绑架一样就把顺治绑出来。经过此事,顺治开始数着日子等多尔衮暴毙,然后就可以报仇雪恨了。

多尔衮在各方面都非常出格,他"于八旗选美女入伊府,并于新服喀尔喀部索取有夫之妇",搞得喀尔喀蒙古差点反叛。他还逼娶朝鲜李氏王朝公主,可是朝鲜公主才两岁,在多尔衮淫威之下,国王在宗室子女里挑了一番,挑出一个十六岁女孩嫁给多尔衮,并把朝廷重臣的女儿作为侍女陪同前往。多尔衮借打猎为名,骑快马出山海关,在辽西走廊迎接李朝公主。最初几天多尔衮很满意,等到了北京,他就始乱终弃,让李朝再选公主前来，搞得李朝朝野大怨。但是毕竟有过皇太极两次东征朝鲜的故事，国王只得忍气吞声，又选了一批美女。顺治七年（1650 年，永历四年）多尔衮在一次打猎中从马上栽下来，受了重伤，十二月初九多尔衮暴毙于喀喇城（河北承德滦平），时年 38 岁。这天这批女子正在通往摄政王府的路上，多尔衮一死，她们就重获自由了。

多尔衮同父同母的兄弟只有多铎（满语意为"胎盘"）和阿济格（满语意为"老疙瘩"）。多铎其人，比起同父同母的哥哥多尔衮差之远矣。他"服色奇异，耽于享乐"，1632 年皇太极远征察哈尔蒙古时，在途中居然因为想念一个妓女而想提前班师。1638 年多尔衮率军侵略大明的战争中，皇太极亲自送他出征，多铎以躲避天花为名不来送，"且私携妓女，弦管欢歌，披优人之衣，学傅粉之态"。1639 年皇太极进攻锦州时，多铎在援助济尔哈朗的途中被明军截击，若换作皇太极的其他兄弟，一定会把截击的明军打残，而多铎却"惊慌失措，率众远遁，弃阵亡军士骸骨"。

多尔衮临死前招阿济格交代后事，阿济格派三百铁骑疾驰京师。北京的大学士刚林怕有变，下令关闭北京九门，并在德胜门布重兵。多尔衮灵柩从喀喇城运往北京，行至石门时，阿济格令部下大张旗帜，环丧车而行。顺治帝亲率诸王、大臣迎柩车于德胜门外，阿济格父子居首而坐。济尔哈朗等见阿济格身带佩刀，举动叵测，派兵冲向阿济格，将其三百铁骑全部杀死，生擒阿济格。阿济格最终被赐死。

搞定阿济格后，顺治还是稳重行事，为多尔衮修建了豪华的陵墓，并追尊多尔衮为"懋德修道广业定功安民立政诚敬义皇帝"。顺治假惺惺下诏:"太宗文皇帝升遐之时,诸王大臣拥戴皇父摄政王,坚持推让,拥立朕躬。又平定中原,统一天下,至德丰功,千古无两。不幸于顺治七年十二月初九日戊时以疾上宾,朕心摧痛,中外丧仪,合依帝礼。呜呼!恩义兼隆,莫报如天之德;荣哀备至,式符薄海之心。"

但众人都看出,皇帝只是缺少一个台阶,毕竟自己是不好直接对"皇父摄政王"开刀的。多尔衮死后,墙倒众人推。在生前,朝臣找多尔衮奏事时都要在他上朝途中进行,生怕惹怒他,既然如此,死后就别怪大家不客气了,苏克萨哈等人联名上奏多尔衮生前就要谋反,顺治顺水推舟,于顺治八年(1651年,永历五年)二月二十一日将多尔衮罪行昭示中外,下令追夺多尔衮爵位,鞭尸。意大利传教士卫匡国《鞑靼战纪》记载"顺治皇帝将多尔衮华丽的陵墓毁掉,他们把尸体挖出来,用棍子打,用鞭子抽,砍掉脑袋,暴尸示众"。多尔衮豪华的王府也被毁掉。

此后很长一段时间,多尔衮对大清的贡献成为一个禁区,直到"好管闲事"、爱读历史的乾隆继位后,此事才有所改观。通过对清初史料的阅读,乾隆认为,多尔衮才是大清入关一统中国的头号功臣,于是乾隆四十三年(1778),乾隆下诏为多尔衮平反,大清朝这才重新正视多尔衮的功绩。

多尔衮之死,标志着大清多尔衮时代结束,顺治时代开始。《清世祖章皇帝实录》卷一记载:"上生而神灵,聪明英睿,志量非常,天日之表,龙凤之姿,仪范端凝,见者慑服。稍长颖敏轶伦,六龄即嗜观书史,尝曰:'父皇自幼读书,予亦欲读书。'每披览所及,一目辄数行下,不由师授解悟,旁通博于经籍。"这段话对顺治相貌的描写，结合顺治画像来看还是靠谱的，但说顺治六岁就开始读书，则于史不符了。据木陈忞和尚的《弘觉忞禅师北游集》记载，顺治曾说："朕极不幸，五岁时先太宗早已晏驾，皇太后生朕一身，又极娇养，无人教训，坐失此学，年至十四，九王（多尔衮）薨，方始亲政。阅诸臣奏章，茫然不解，由是发愤读书。每晨牌至午理军国大事外，即读至晚。然玩心尚在，多不能记。遂五更起读，天宇空明，始能背诵。计前后诸书，读了九年，曾经呕血。"这段记载非常真实，顺治在多尔衮暴卒之前，基本上没怎么读过书，因此亲政后都看不懂奏折，于是发愤图学，日后顺治在二十四岁就去世，与他如此拼命学习汉文化、过度透支身体有很大关系。

顺治皇帝的汉学功底虽然远不如他的儿子孙子，但是在同时代满人里已经算最优秀的了，不止如此，他还擅长绘画。《清朝野史大观》卷一记载："世祖勤政之暇，尤喜绘事。曾赐宋商邱冢宰，手指螺文画渡水牛图，意态生动，虽戴嵩莫过焉。王文简（士祯）曾记以诗。""康熙丁未上元夜，于礼部尚书王公（王崇简）青箱堂，恭睹世祖御笔山水小幅。写林峦向背、水石明晦之状，真得宋元人三昧。上以武功定天下，万几之余，游艺翰墨，时以奎藻颁赐部院大臣，而胸中丘壑，又有荆、关、倪、黄辈所不到者，真天纵也。"遗憾的是，现在保留下来的顺治的画作少之又少，其《祇树顽石图》保留至今，作品左下方，是错落有致的石头，紧挨着的，是两棵发了芽的树，一高一矮，树上三四个被虫子蚀过的洞都清晰可见。

顺治皇帝能书善画，那么其施政风格如何呢？顺治十年（1653 年，永历七年）顺治帝下诏："近来言官条奏，多系细务，未见有规切朕躬者。朕一日万机，岂无未合天意、未顺人心之事？尔诸臣得无畏惮忌讳而不敢进谏者？朕虽不德，于古帝王纳言容直每怀欣慕。朕躬如有过失，尔诸臣须直谏无隐，即偶有隔阂，不妨再三开陈，庶得者改误失，力行正道，希臻至平。进言切当者，必加旌奖，言之过者，亦不谴责。内三院即传与大小诸臣，卑咸悉朕意。"顺治皇帝的意思是希望臣下给自己提出意见，而且希望不要净说些琐碎的具体事务，要直接指出自己施政的不当之处，倘若我一时接受不了，也应该再三陈述，说对了有奖，言辞过激也不会怪罪你们。

看起来顺治很开明，那么他是怎么做的呢？在这封诏书发布没几天后，大臣李呈祥上奏建议各部院衙门裁去满官，专任汉人，理由是满官大多文化水平很低，不能胜任各部院的工作。顺治览奏大怒，说："朕不分满汉，对尔等同等眷顾，尔等汉官奈何反生异心？本来按照常理，满洲优先才对！尔等大多数都是明末之臣，所以有此妄言！"顺治将李呈祥斩杀后暴尸。

德国传教士汤若望长期跟顺治打交道，很了解他，说："他（顺治）内心会忽然间起一种狂妄的计划，而以一种青年人的固执心肠坚决执行，如果没有一位警告的人加以谏止的话，一件小小的事情，也会激起他的暴怒来，竟致他的举动如同发疯发狂的人一般，一个有这样权威、这样性格的青年，自然会做出令人可怕的祸害，因为谁要敢来向这位火烈急暴的年轻人劝阻，他略一暗示，就足以让进谏者丧命。"（据魏特

《汤若望传》)

努尔哈赤曾规定宫女不得有汉人，但顺治于顺治十二年（1655年，永历九年）派内监去江南召女子入宫，弄得江南人心惶惶，许多人提前嫁女，兵科给事中季开生上奏劝顺治不要这样做。此时顺治却装起了好人，说绝无此事，然后把季开生流放。

不过顺治这两次拿大臣开刀，其实也都是事出有因，一次是涉及清朝立国本位政策，另一次则是涉及顺治的清誉，除此之外，顺治的确还是很少拿大臣开刀的，他也确实有爱民之心，尽管是在作秀。

为了"了解"农时，"熟悉"节令，显示对农业生产的重视，顺治皇帝在中南海划出了一块土地，每年在这里"演试亲耕"，世代沿袭，他人不得改用，这块地恰好一亩三分，于是人们便称个人利益或个人势力范围为"一亩三分地"，顺治皇帝是中国第一个拥有"一亩三分地"的人。

此外，顺治在位期间设立内务府，由满洲贵族王公大臣担任，宫廷内的事务都归内务府管，内务府尽收宦官权力，杜绝了明朝宦官专权的祸根。

总之，多尔衮死后，顺治亲政，非但没有酿成主少国疑的局面，还将清朝基业推进得更为稳固，既调整了多尔衮的弊政，又继续执行清朝本位的密传心法。

第六章

扁舟跨海：施琅郑成功决裂

　　顺治八年（1651 年，永历五年）二月，郑成功从厦门出发，率领舰队进攻清军控制的广州，途经惠州附近的盐州岛时，强劲的风大声呼啸着，将海面掀起高高的波浪，如同触怒了一群魔鬼，这群魔鬼齐将狰狞的手臂高高举起，对郑军每艘战船进行撞击、摇晃，发出地动山摇、令人恐怖的嘶叫声。巨浪蜂拥似的向郑成功舰队扑来，疯狂地对其进行居心叵测的推搡、摇撼，每艘船都东倒西歪、摇摇晃晃。风暴不仅使海面上的战舰摇摇欲坠，还使得整个海天连成一条黑线，海面上黑浪滚滚，海天间黑风呼啸，天空中黑云翻动，连云彩仿佛都被撕裂。在暴风雨里，郑成功的海军战士除了因战船被掀翻而随船沉没，就是东躲西藏，能够在暴风雨里逍遥自在的只有海燕，它们在黑云翻动的天空穿梭，接着又倏地跌落下来。

　　翻腾咆哮的波浪不断冲击着不远处由清军驻守的盐州岛上黑色的礁石，浑浊的海水卷着泥沙、海草、树枝、碎木板，还有在上边的一层灰白色泡沫凶猛地摔到岸上，然后又从岸上卷起一层泥沙碎石再退到海里去，无休止重复这一阴森恐怖的动作。暴雨像开了闸门的洪水一样倾泻下来，不只是暴雨，天上的云彩一块块互相碰撞，一道道闪电劈头射下来，仿佛要把天劈成两半，闪电有的像狡猾的火蛇一样，一头从天空里蹿出来，劈到海里，在海面上激出一个大火球，也有的直接劈到船上，在郑军士兵脚底下爆炸，一团橘红色火焰闪过之后，一个个鲜活的生命和战船一起不复存在。暴雨淋得连在舱内的郑成功都无法忍受，雷电炸得郑军死伤惨重，冰雹砸得郑军健儿鼻青脸肿。大自然丧心病狂地发威肆虐，把从夏天起淤积下来的毁灭的能量毫无保留地释放出来，释放到郑军战舰上，这是郑成功一生遭遇的最大海难。

郑成功，名森，字明俨，天启四年七月十四日（1624 年 8 月 27 日）生于日本长崎，就是二战中被美国扔过一颗名叫"胖子"的原子弹的城市。实际上"郑成功"这个名字是清朝对他的贬称，南明一般称呼他为朱成功，他自称"国姓成功"，文书中自称"招讨大将军罪臣国姓"，南明辖境一般称他为"国姓爷""延平王"。"郑成功"的叫法始于清代官方文书中的"海贼郑成功"（《清世祖实录》卷八十七）、"逆贼郑成功"（《清世祖实录》卷一百二十）、"海寇郑成功"（《清世祖实录》卷一百三十六）。清朝剪灭郑氏之后，时间一久，就无人知道这叫法最初是贬称了。拙作为让大家看着习惯，故而沿用郑成功的称呼。郑成功的家庭很乱，他的母亲田川氏是日本人，父亲郑芝龙接受过洗礼，是天主教徒，教名叫尼古拉斯·加拉巴德，郑成功的弟弟叫田川七左卫门，此外还有个葡萄牙妹夫。

郑成功文武兼备，"制艺之外，则舞剑驰射，楚辞章句，特余事耳"。黄宗羲称他"丰采掩映，奕奕曜人"。郑成功的文笔连钱谦益都赞不绝口："声调清越，不染俗气。少年得此，诚天才也。"通过一首郑成功的诗词就知道钱谦益所言不虚，《无题》："破屋荒畦趁水湾，行人见有鸟声闲。偶迷沙路曾来处，始踏高岩常望山。樵户秋深知露冷，僧扉心静任云关。霜村犹爱新红好，更入风泉乱壑间。"郑成功早年诗词清新淡雅，到后期则苍凉悲壮，遗憾的是传世极少。

顺治二年（1645 年，隆武元年）郑成功得到南明朝廷隆武帝接见，隆武帝问他如何救国，他说："岳飞说文臣不爱财，武将不惜死则天下太平，依臣之见，这句话依然不过时。天下兴亡匹夫有责，热血男儿谁能旁观？"隆武帝拍拍他的肩膀说："难得的人才呀，可惜我没有女儿，不然的话，就招你为驸马了。你可一定要尽忠朱家，不忘故国呀！"这次接见后他被赐姓朱（明朝皇帝之姓），改名成功。

清军博洛率军攻入仙霞关，夺取福建时，郑芝龙降清。郑芝龙临行，清军得知其子郑成功深沉有大略，让郑芝龙与郑成功同去，借此机会一网打尽。郑成功拒绝前往，带自己的部队出外练兵，写信给父亲表明态度："大人不顾大义，不念宗祀，投身虎口，事未可知。唯大人努力自爱，勿以成功为念。从来父教子以忠，未闻教子以叛。今父亲不听儿言，后倘有不测，儿只有缟素而已。"郑成功之信，已经一语道破郑芝龙的下场。

郑芝龙一到清军军营，博洛亲自出迎，与他"折箭为誓"，欢饮三日。第四天，郑芝龙等人正在酣饮之时，博洛一声令下，大军冲入，将郑芝龙绑了，押送北京。临行前，博洛逼郑芝龙写信招降自己的部下，最终二十万郑芝龙的部队有十万被招降（郑芝龙三弟郑芝豹、大将施琅都在投降之列），其余的由郑芝龙的二弟郑鸿逵、儿子郑成功统辖，继续抗清。郑芝龙被关押在北京，多尔衮封他为"一等精奇尼哈番"（子爵），招降时许诺的"闽粤提督"之事终成黄粱一梦。此后的十五年郑芝龙就在此等死了，当然，这是后话。博洛对于郑芝龙的一切举动都是听多尔衮的布置，多尔衮在明亡清兴大变局中一直很英明，但是将郑芝龙关押则是走了一步臭棋。假如多尔衮暂时让郑芝龙当闽粤提督，郑芝龙必然卖命，为清廷效忠。可是多尔衮自以为擒贼先擒王，先把郑芝龙扣押就无事了，不成想郑芝龙之子郑成功有雄略，此后三十八年时间，郑成功家族一直让清廷头疼，直到1683年施琅跨海征战，才最终解决郑家残部的问题。

郑芝龙的部队与之前降清的左良玉的部队等，共六十万人被多尔衮编成了绿营兵（旗子是绿色的），此后清军的编制就有了两种，八旗和绿营。

郑芝龙降清的同时清军对福建进行攻掠，打进泉州，劫掠郑家，根据陈支平《郑氏史料辑补》，郑成功的母亲、日本女人田川氏被清兵俘获，郑芝龙得知后用赎金把她救了出来，但不久她就自缢而死。根据施琅《靖海纪事》、黄宗羲《赐姓始末》的记载，郑成功得知母亲自缢的消息后，"大恨，用夷法剖其母腹，出肠涤秽，重纳之以殓"。

郑成功自从父亲降清后就一直在海上漂着，没有稳固的根据地是最让他头疼的，一直为郑成功族兄郑彩、郑联占据的厦门、金门两岛映入了郑成功眼帘。

郑成功手下将领施琅（施琅在随郑芝龙降清后，因为不受重用，又倒戈重新投奔郑成功）说："郑联嗜酒无谋，不足为虑。藩主您先以四艘船寄泊在厦门鼓浪屿边上。对方见我们才四艘船，肯定不会起疑。而我们其余的船只，可以假扮为商船，在旁边各港停泊。然后，您登岸拜谒郑联，相机而动，此即吕蒙赚荆州之计！"

郑成功觉得施琅所说有理，但他还是有顾虑，"我想兵不血刃取二岛，不想落有杀兄之名"。

郑成功的叔叔郑芝莞说："兵不血刃想法很好，但恐其部卒不服。一定要杀掉郑联，才会断绝其部属之心。类似事件，古已有之，唐太宗杀李建成、李元吉，所以能成大事！"

郑成功最终卜定决心，让甘辉、施琅等人领精兵五百、船四只，驾船泊于鼓浪屿。这天是中秋节，郑联躲在钟乳石洞中饮酒大醉。他手下士兵想通报来袭的消息，却找不到郑联。于是，大家只能眼巴巴看着郑成功的五百士兵以及接应的兵船迅速占领全岛。转天一大早，郑联酒醒了，方才发觉厦门已被郑成功控制，他赶忙出来找郑成功，很快就被郑成功控制起来。其实，郑彩出发前，曾经警告过郑联，要他提防郑成功及其手下人会侵占二岛。郑联却说："大木（郑成功小名）少年乳臭，何足介意？"没想到，真的让郑彩说中了。

郑成功假意设宴招待郑联，为郑联压惊，酒宴结束后，派人送郑联回家，行至半路，郑成功派来的刺客将郑联斩杀。夺占厦门、金门，吞并了郑联的部队后，一直在外的郑彩算是识相，对郑成功派来招他回岛的信使讲："我年纪大了，郑家子弟能继志者，惟有大木一人！我愿全军解付于他。"于是，他和另外一个弟弟郑斌率残军归于郑成功。如此，郑成功彻底控制福建沿海全境。

就在郑成功刚有稳固的根据地后，传来多尔衮病死的消息，顺治刚亲政，郑成功觉得他是个十三岁孩子，清朝应该政局不稳，不趁此时进兵，更待何时？顺治八年（1651 年，永历五年）二月郑成功率军进攻清军占领的广州，郑军舰队于盐州港附近遭遇风暴，郑成功的旗舰险些被倾覆，几乎所有船上器具，包括鼎灶都在台风中被卷走。船上的食物都毁了，连郑成功本人都连饿两餐。直到隔天下午风雨渐歇，郑成功的主副座船才得以回到岸边与舰队会合，这就是本文篇头所写一幕。此乃郑成功本人于海上遭遇的最大一次凶险。

郑成功进攻广州前将防御厦门的重任交给自己的叔叔郑芝莞，再三嘱咐郑芝莞不要轻敌，否则军法处置，说："本藩铁面无私情，尔诸勋臣镇将，各宜努力，本藩赏罚无私，有罪虽亲不贷。"但郑芝莞对郑成功的话没当回事，认为厦门是小岛，清军不会重视，且清军不善水战，因此麻痹大意。清朝福建巡抚张学圣得知郑成功主力进攻广州后，令总兵马得功（就是他绑了弘光帝投降）偷袭厦门，马得功从厦门登陆。由于郑军无思想准备，一下子慌了手脚，郑芝莞开始不信清军登陆，等看见清军后又惊慌失措，忙带着财宝逃到金门，其部下群龙无首，损失惨重。郑成功得知厦门失守，迅速回师。马得功得知郑成功回师，忙率军撤退，到金门料罗湾时，守御金门的郑成功的叔叔郑鸿逵因马得功曾是自己的侍卫，就仿照关羽在华容道的做法，撤去防御，放了马得功。郑成功收复厦门后，为严明军纪，令刀斧手将自己的叔叔郑芝莞砍死。将士们见郑成功如此无情，在今后作战中更加卖命。

经过此次进攻广州失败，郑成功明白了，清廷的统治已经非常稳固，不会因为多尔衮之死而动摇，也不会因为十三岁孩子的亲政而有动荡，匡复大明任重道远。这次出兵郑成功的最大失误在于逼反了施琅。郑成功打广州时，让施琅留守厦门。

施琅因为厦门兵力少，估计无法守卫，但不敢直说，就说自己做了个梦，预示出师前景不利，望郑成功考虑。郑成功听出了弦外之音，认为他心存胆怯，于是撤了他左前锋的职务。清军进攻厦门，施琅率身边六十余人主动抵抗，勇不可当，杀死清军主将马得功之弟，马得功差点被生擒，率残兵败将仓皇逃离厦门。施琅满心认为这样做郑成功就能恢复自己的左前锋职务，可郑成功战后不许他官复原职，施琅大为不满。施琅这个人最大的缺点是喜怒形于色，他竟然向郑成功说自己心灰意冷，想去当和尚，借以试探郑成功对他的态度，但郑成功不为所动。施琅一气之下真的剃了光头，郑成功大怒。他们之间因此事已经有巨大的裂痕，不久之后的曾德事件让他们二人彻底翻脸。曾德原是郑成功部下，后归施琅节制，施琅被罢官后他觉得施琅难以官复原职，为了自己前途，就利用过去的关系投入郑成功营中，施琅大怒，杀了他。郑成功于是认为施琅反形已露，将施琅全家逮捕。

关押施琅的人也不清楚郑成功到底要如何处置施琅，施琅虽然性格有大缺陷，但是一贯好让领导下不来台，给部下打抱不平，因此郑成功的部队中有许多人都是施琅的粉丝。看守他的人就是，施琅看出来这一点，对看守他的人说："赐姓（郑成功）要我交两千金来赎罪，我这有一千多，再找个朋友借几百就够了。"看守他的人信以为真，便押着施琅去借钱，行到半途中，施琅坐在地上不起来。押着他的人觉得有诈，此时施琅猛一起身把身边几个人都打倒了，然后就跑了。

就在施琅逃走的这天晚上，郑成功派人暗害施琅，但是施琅已经逃走，于是下令在全岛搜查施琅。施琅躲在岛上的一块大岩石下的洞穴里，五天没吃东西，第六天施琅实在饿得不行了，从洞穴里爬出来，遇到一个樵夫，樵夫"错愕长跪"，"你不是施公吗？赐姓正在抓你，快跟我来！"樵夫把施琅带进自己家，招待一番，此后施琅在樵夫家藏匿数日，但终究觉得这不是办法，于是与樵夫告别，来投奔岛上自己的旧部苏茂。郑成功消息很灵通，很快就得知施琅逃到苏茂这里，派人来搜查，施琅藏进被子里（匿公床被中，茂妻坐其前，搜者视无有，乃去），就这样躲过一劫。这次逃过劫难后，施琅知道，如果不离开这里，早晚是死，当夜，苏茂让施琅乘一叶扁舟渡海逃走，施琅奇迹般的逃到了大陆，投奔了清军。郑成功得知施琅逃走后说："吾留一患与中原矣！"随后他将施琅的父亲、弟弟等一家72口斩杀，此外也把苏茂斩杀。施琅本来是明朝将领，随郑芝龙降清，后叛清而投奔郑成功，此次又背叛郑成功，这已经是他第三次叛变，其人反复无常，终究小人也。（施琅脱险的传奇故事据《碑传集》卷十五）

由于施琅先后三次反叛，他投奔清廷后也不受重用，未来一段时间施琅不会再出现，再出现时施琅将会脱胎换骨。施琅的事就说到这儿，在广州将郑成功打退后，顺治将兵锋对准浙江舟山。顺治八年（1651年，永历五年）清军攻陷浙江舟山，在舟山群岛逢人便杀，相约一直杀到鸡鸣为止。他们杀了舟山百姓一万八千多人，最后只剩下六户人家。清军杀到刘家呑时，忽然听到了公鸡的叫声，便停止了杀人。正是由于这一声鸡叫，才救了舟山的这最后六户人家，舟山人才得以繁衍下来。从此，这一纪念公鸡挽救人们性命而除夕不杀鸡的风俗就在舟山流传下来。

第七章
南京南京：郑成功功亏一篑

顺治十六年（1659 年，永历十三年）六月二十日，镇江城外，郑成功开始布阵，郑军头阵是手持长枪的士兵，后面跟着手拿团牌（盾牌）的士兵，第三层是倭铳队，高举从日本买来的火枪。每一队五十人，每队都有五色旗一面的队首。郑军各小队配有滚被手二人，他们双人拎着一张二寸厚的大棉被状物品，所以称为滚被手，棉被白天打仗使用，晚上把血擦干净后就当被子盖。"渴饮刀头血，困卧马中鞍"在郑成功麾下步兵身上变成了渴饮长江水，困卧血中被。

士兵一手拿大被子，另一手握刀。每逢清军射箭，滚被手便扬起被子阻挡箭雨。进攻之时，他们即持刀滚进，专砍人腿马腿。郑军前一队为五色旗，后面有蜈蚣旗、狼烟旗，倭铳队之后还有大刀队，最后压阵的是鼓手。郑军鼓声急则兵行亦急，鼓声缓则兵行亦缓。

清军多为骑兵，望见郑军步军排阵，内心轻视，毕竟入关以来清军骑兵打明军步兵始终是 2002 年世界杯德国踢沙特的阵势。清军根据以往作战经验，每每在进攻前后退数丈，然后加鞭策马突前，忽然冲击敌人步兵阵。只要对方阵脚稍动，清军骑兵就会举刀呐喊乘势杀入，对方步兵定会因为怯懦自相践踏。清军常常以此战法取胜。此战清军仍旧使用老战法，以一万骑兵突前。出乎意料的是，郑成功所部步兵严阵而待，屹然不动。他们高举团牌抵挡，纹丝不动。清将骑兵三次冲锋，均被郑军挡回，再无余技可施。正在此时，清军忽然望见郑军背后有黑烟冉冉升起。清军刚刚准备整马重新冲阵，忽然发现，郑军士兵疾走如飞，扔下团牌，发起攻击。郑军三人为一组，一名士兵以盾牌为二人遮蔽刀箭，一人砍马，一人砍人，往往一刀把清军铁甲兵挥为两段。郑军士兵大多使用倭刀，日本军刀锋利无比，一砍一个准。

此战过后，清军败回的士兵经常说："海贼厉害，一刀杀六段！"旁人问原因，清兵解释："我们三骑为一组，海贼（郑军）迎前，齐腰削来，我们的人被从中间断开，是为六段！"此番出兵郑成功连战连胜，兵临南京城下，然而最终他却因为自己过三十五岁生日，麻痹大意，失去大好战机，失去了南明最后一次的复国希望。

顺治十四年（1657年，永历十一年）永历帝封郑成功为延平王。顺治十五年（1658年，永历十二年），清廷以孙可望为向导，洪承畴为总指挥，吴三桂为前锋，大举进攻贵州，东南各部清军主力纷纷调往西南，此时，郑成功的机会来了。八月，郑成功、南明兵部侍郎张煌言率军北伐，进入长江，至羊山，突遇飓风，一千多艘战船有三分之一损毁，八千多将士溺死，郑成功的三个儿子也被溺死。郑成功于是撤军南下。

此次损兵折将，无功而返，郑成功给日本德川幕府将军写信，请求日本出兵相助，信中说："日国上将军麾下，伏以州同瞻部，就承以定东西，境接蓬莱，连三岛而蠆天地。域占为雷之位，光拂若木之华。道不拾遗，风俗追乎三代，人重然诺，俗犹敦乎四维。恭惟上将军麾下才控擎天，勋高俗日，铸六十五州之刀剑，雌雄为精；叛五百一郡之版图，砾沙皆宝。虽共临霍载，读奠共山河，成功生于日出，长而云从，一身系天下安危，且马嘶塞外，肃慎不数余凶，虏在目中，女真几无剩孽。缘征战未息，致玉帛久裂。仰止高山，宛泰安知在望，溯回秋水，怅沧海之太长。伏祈鉴照，元任翘瞻。"这是继鲁王朱以海派黄宗羲请日本发兵、周崔芝请日本发兵后，南明第三次请求日本发兵相助抗清，日本德川幕府决定派兵相助，中日海道总遭遇风暴，这次日本出兵刚一开始就遭遇飓风，"洋中忽遇狂风，舟不得前"，日军死于海难者不少，于是出兵之事告吹。

日本不靠谱，郑成功只得再次单干，顺治十六年（1659年，永历十三年）四月，郑成功与张煌言一起率千余艘战船，扬帆而来。此次出兵，郑成功下令允许携带女眷，《汉书·李广苏建传》云："军中有妇，士气不扬"，郑成功当然不会轻易违反这个军事原则。他这样做的原因是认定攻克南京、收取江南有必胜的把握，这无疑犯了轻敌的错误。徐孚远《北伐命偏裨皆携室行因歌之》诗云："浪激风帆高入云，相看一半石榴裙。箫声宛转鼓声起，江左人称娘子军。长江铁锁一时开，旌旆飞扬羯鼓催。既喜将军挥羽人，更看素女舞霓来。挥戈筑垒雨花台，左狎夫人右酒杯。笑指金陵佳丽地，只愁难带荔枝来。"无疑是对郑成功允许携带女眷的辛辣讽刺。早在朱元璋时期，他就下令将领出征不得携带家眷，这固然有扣留妻子为人质、防止将领叛变的意图，但对于将士在前线一心一意作战也能起到保障作用。清朝也继承了朱元璋的这个制度，刘献廷《广阳杂记》记载："清制：惟王行师可携妇人，贝勒、贝子、公皆有定数，公以下不得有。"

郑成功舰队载着火炮、士兵和女子，一路杀入长江，首战告捷，一举攻克定海。然后，郑军战船遮天蔽江北上。郑成功率领大小船只三千多艘，精兵十万余人杀向南京。计六奇《明季南略》一书详细记载了郑成功此次北伐的精彩故事。清朝在南京一带驻军薄弱，当时，大多数军队，不是留驻北京，就是去打贵州。清军在镇江至瓜洲的十里江面上以巨木筑坝方式拦截郑成功的水军。清军长坝宽三丈，外抹泥，内用木撑，左右两端建立木栅，其中有射击孔，可以在木栅里面驻派军人向坝上放射箭弩铳炮。清军往坝两边加放无数根直径逾尺的大木柱，用以堵截郑军海舟的冲撞，炮石盘铳，星列江心。然而，清军的防御大坝刚建成就被潮水冲垮了。清朝南京守臣郎廷佐把大批巨木沉江以阻潮水，重新修好堤坝。

六月十五日，郑成功率2300艘战舰齐泊焦山（镇江以东），准备大举进攻。郑成功先派出四只海船，外面蒙上白色棉絮，里面遍途乌泥，这样以棉絮和污泥作缓冲，箭矢炮石都无法伤害船只。此外，污泥也有防火作用。郑军每船仅载几个人，从容扬帆而上。清兵见郑军战舰，开炮轰击，炮声如雷，声闻三百里，开了五百炮，郑军的战舰一艘都没有受损。郑军操船手不慌不忙，倏忽往来，一会儿近坝，一会儿离坝，诱引清军不断放炮轰击，以消耗清军弹药。郑军船只里面的士兵每次接近水坝，都会去砍水坝下支撑的大木，循环数次后，清军拦截坝已经呈现松垮势头。

六月十六日，郑成功估计清军大炮弹药将用尽，指挥水师大军一举驶过镇江，冲破清军防线。十七日，郑成功军队从后寨攻上瓜洲。清军连忙在高岸上列马队，郑军步兵从两旁水田中忽然冲出，抢刀猛砍清军战马的马腿，大败清军。郑军二十人从江中游过来，持长刀乱砍清军，居然打得两千清军往另一侧岸边跑，结果刚好赶上郑军船只靠近这一侧岸边，一千人登陆，二十人加一千人，两下合击，将两千清军斩杀。然后，郑军猛轰镇江，在强大攻势下，清朝守将连连向南京告急。洪承畴派罗托来救援镇江，罗托很狂，说："这些海贼还不够我杀的。"此外洪承畴还派了几支兵马前来救援，加在一起一万五千人。

清军将领罗托所率的清朝京营军骄躁，着急找郑军交战。但是，郑军大船忽上忽下，在江上往来游移。见清军在南，他们就开船向北；见清军过北，他们又掉头向南，假装畏惧，实则诱敌。如此一来，清军随走随赶三日，一直未得喘息，个个累得虚脱。当时正值酷暑，连日多雨，雨过复热，热气蒸熏，尤其是穿铠甲的清军，铁盔甲经太阳一晒，人都要烧起来了。大暑天气，清兵没水喝，只好喝马蹄遗矢（《明季南略》原文如此，估计是马尿）。人渴了有马尿喝，战马更受罪，无草无水，奔驰既久，俱张口喘息。

镇江城清军派居民送饭给来援的清军，由于大暑奇热，士兵们说："谢谢你们，我们吃不下去。"还有士兵说："我们从前当贼寇时，军粮是用小牛肉干磨成的细粉，随身携带，临阵吃几撮，就不会饥饿。现在的军将不懂这些，让我们冒雨热来回奔忙，已经两天没饭吃了。"

郑成功部队之所以能在镇江城下连战连胜，究其原因，一是这支部队是以郑芝龙手下的海盗为原始积累，二是郑成功的个人风格。一头狮子带领的一群绵羊都是狮子，而一只绵羊带领的一群狮子都是绵羊。敢于蹈险出海之人，都是血性男儿。在海上天不收地不管的自由，又进一步强化了他们的野性和血性。这样一支如狼似虎的部队，面对清军八旗作战时爆发出惊人战斗力，是不奇怪的。

镇江城外，郑军与清军进行多次交锋，一次在与清军管效忠（名如其人，只管效忠清廷）所部激战中，郑军中忽有一将举白旗，顿时号炮声起。当时举白旗可不像现在，当时白旗并不是投降，没有特定意义。正在进攻的郑军士兵，闻炮忽然向两边散开，也有来不及散开的，也都立刻趴下，伏在地上不动。清军骑兵见状，以为郑军要撤退，可以趁势冲杀，纷纷拍马向前冲杀，还未冲出几步，郑军后阵中闪出炮队，引信点燃，施放大炮和倭铳，炸死清军一千多人。清军被炸得尸横遍野，血肉模糊。

郑军大呼："汉兵暂避！"听此呼声，清军中的绿营兵步卒赶紧跑了。郑军冲上去，把在最前面的五队清军骑兵包围，抡起倭刀就砍，砍死清军骑兵一千多人。清军将领管效忠多备战马，他的战马被砍后，飞身跨上旁边的第二匹战马，随后第二匹战马又被郑军砍死，又飞身跳上第三匹战马，第三匹战马又被郑军士兵砍死，又飞身跳上第四匹战马。郑军兵士见他身手敏捷，又穿着高级武将官服，很想活捉他报功，这才让他有了生还机会。管效忠败退至银山，仍然不放弃努力。他率残兵从山上冲下，实施反冲锋。郑军在山下布阵，清一色身穿铁甲胄，戴精铁面具，连腿上也有铁护套，只露出两脚。郑军迎着从山坡冲下的清军骑兵，挥长刀专砍马腿，锐不可当。由于郑军步兵铁甲全身，无下刀处，管效忠命令清军专门射郑军士兵没有遮护的双脚。郑军士兵脚被射中后，纷纷把箭镞拔出，仍旧用长刀接着砍人，最终清军崩溃。

清将管效忠不甘心，六月二十二日，他自提数千精骑，来到岸边准备与郑军决一雌雄。望见郑军战舰，管效忠大喊："从来只有马上皇帝，哪里有水上皇帝，有种的上来决战！"

少顷，郑军两艘大船泊岸，陆续下来两千士兵，在扬蓬山一带的菜园列阵。见状，管效忠派其麾下勇将王大厅率兵出战。郑军主将周都督（史无其名）大喝："你是管效忠吗？何不速速投降？"王大厅没理他，拈弓搭箭，一箭射来，正中周都督脚趾。

周都督拔箭的时候，王大厅又射出二箭，都射在周都督脚趾上。周都督大怒，他也不再拔另外两只箭，而是挺身大喝，持刀来战，一刀砍死了手里还在拿弓箭准备继续射的王大厅。

此时，郑军方阵开始移动，准备攻击。管效忠经验丰富，忙对手下清军兵士说："此八卦阵也，生门向江一面，应该从此攻入。"他挥旗命令清军攻入八卦阵"生门"。清军全部冲入后，郑军忽然变为长蛇阵，首尾呼应，把数千清军包围其中。管效忠手下清军被杀得落花流水，管效忠本人从执旗官手中抢得令旗，扛着令旗飞奔撤回。郑军一路追杀，管效忠手下四千清军精兵只剩三百人逃回。管效忠逃到南京城壕，被郑军追上，又有一百六十个清兵被砍死，最后四千精兵仅剩一百四十人逃回。管效忠逃回南京后，说："我自满洲入中国，身经十七战，从未遇如此劲敌！"

管效忠败走，其余诸将早已经带领各自的属下逃无踪影。郑军士兵赶到镇江城下大喊："速速献城投降，否则的话我们会尽屠城池，外来援兵已被杀尽，如有不信，请看扬蓬山上。"镇江守城兵士远望，只看见清军数以万计的尸体。清军守将高谦与太守戴可立不得不开城投降。收复镇江后，郑成功赋诗两首："春风得意马蹄轻，满目青归细柳营。横槊赋诗曹孟德，词锋先夺镇江城。""缟素临江誓灭胡，雄师十万气吞吴。试看天堑投鞭渡，不信中原不姓朱。"而后他发布檄文，率军直取南京，一时间清朝统治下的四府、三州、二十四县均派人表示要投降。

此时在北京的顺治手忙脚乱，据当时在顺治身边的传教士汤若望回忆，皇帝完全失去了他镇静的态度，而颇想逃回满洲。孝庄皇太后对他加以叱责：怎么可以轻易放弃列祖列宗的江山呢？他一听皇太后的话，便愤怒地拔出宝剑，说："朕要御驾亲征，或胜或死"，说罢，"他竟用剑把一座皇帝御座劈成碎块"。孝庄尝试着用言词来平复顺治的暴躁，另派顺治以前的奶妈到他面前进劝，可是这更增加了顺治的怒气。任何人都挡不住顺治，北京的各城门很快贴出了官方的布告，晓谕人民，皇上要亲自出征。大臣们万般无奈，最后只好搬出德高望重的汤若望出面劝驾。（据魏特《汤若望传》）

汤若望认为顺治一旦御驾亲征，会带来京师畿辅重地的混乱，中原多难对西方传教事业不利，汤若望决定劝说顺治改变主意。顺治是个极为情绪化的人，自从说出御驾亲征后没两天就后悔了，正愁找不到台阶下，一听汤若望的劝阻，他马上就坡下驴，不再御驾亲征，而就在这时，局势发生了戏剧性的变化。

康德在《历史理性批判文集》中认为，历史发展具有合目的性，历史是遵循趋利避害的原则，有理性地发展。然而，当我们深入历史细节中，会发现情况要复杂得多，历史是那样充满偶然性，站在历史的十字路口，历史的走向距离深思熟虑、见微知著、洞若观火甚远，历史的发展许多时候都是盲目而冲动的。在历史的发展中，没有人知道下一步会怎么样，顺治本来都想逃回满洲了，郑成功本来认为中兴有望了，但历史就爱跟人开玩笑，就像阿甘的母亲对阿甘说："人生就像巧克力，你永远无法知道下一块是什么味道。"尽管两点之间距离直线最短，但是世界没有一条河流是笔直的，哪怕是人工开凿的运河也没有一条是笔直的，历史没有先见之明，也不能选择捷径。康有为没有也不可能找到通往大同之路，而郑成功在沿着中兴大明的道路上前行过程中，也最终会被摔得粉碎。

七月初九，郑成功大军抵达南京仪凤门，管效忠派人对郑成功说："赐姓王师到此，即当开门延入。奈何我朝规矩，守城者坚守三十日，那么城破后罪不及妻孥。现在我和南京主将的妻儿老小都在北京，恳请赐姓宽限三十日，到八月初八自然开门迎降。"

郑成功说："本藩攻此孤城，不过用一个脚尖就能把城墙踢翻。既然来降，姑准其宽限，盖欲取信于天下也。若至期不降，我大军攻入之时，寸草不留。"

郑成功参军潘庚钟说："此乃缓兵之计，不可信，应该速速攻城。"

郑成功说："自舟山兴师至此，我军战必胜，攻必取，一个南京怎么会打不下？我知道清朝的这个规矩，尔勿多疑。"

潘庚钟说："《孙子兵法》有云：辞卑者，诈也；无约而请和者，谋也。欲降则降，怎么还说三十天宽限，一定是城中空虚。速为进兵攻之，乃为上策。"

郑成功说："古者攻城为下，攻心为上。今既来降，又准其约，若骤然攻之，彼心不服。等到他不履行约定投降时，我大军再攻，到时城内人心悦服，且使天下皆知我行仁义之师。况太祖皇陵在此，亦不宜震动也。"（以上对话据江日升《台湾外记》卷四）

郑成功并不是宋襄公，他之所以如此胸有成竹，是因为进军途中，清朝的松江总兵马进宝和崇明提督梁化凤皆暗中与他约降。实际上，马进宝是真心投降，梁化凤是虚与委蛇。梁化凤是顺治朝武举进士，是个彻头彻尾为清廷卖命的汉奸。此次郑成功北伐，他在郑成功进攻途中亲自拜见郑军大将马信，二人结为兄弟，对天盟誓，他要通过麻痹郑成功的举动在关键时刻对郑成功来个窝心一刺。

有梁化凤在城内，郑成功很放心，于是郑成功对南京城围而不打，花很多时间去拜谒明孝陵和庆祝自己的三十五岁生日。郑成功放松了警惕，上行下效，导致郑成功的部下警惕性也降低了，他们连续数日饮酒捕鱼为乐。就在此期间，顺治调兵遣将，局面对郑成功逐渐不利。郑成功轻易许诺一个月不攻城造成的结果是：清军逐渐对郑成功完成反包围，而郑成功孤军深入，本利在速战，城下空耗数日，锐气逐渐消磨。七月二十一日，郑成功意识到自己上当了，决定在七月二十五、二十六日对南京城发动总攻。可是，七月二十二日，郑军中有个林姓官员叛变，他对郎廷佐说："再过三天，郑军大举攻城，南京必不可守，二十三日，乃郑成功三十五岁生日，诸将定会卸甲饮酒庆贺，必不为备，可偷袭击破。"然后，他把郑军何地是实营，何地是虚营，都告诉清军。

七月二十二日夜晚，郎廷佐派梁化凤率军从南京的神策门出发。神策门本为已经用砖石堵死的废门，从城外看上去，由于芦苇野草满地，根本发现不了。清军在城内拆门，很快就把神策门拆毁冲了出来。郑军在神策门一带的主将是余新，当时他和郑军另外一个大将甘辉正在庆祝郑成功生日宴会上听戏饮酒，很快被清军生擒，此后郑成功大将甘辉在与清军激战中被杀。至此，坐镇指挥的郑成功心乱，但仍旧不发进攻命令。郑军大将林胜对士兵说："敌人虽胜两阵，但兵力不多，藩主（郑成功）不发号令让诸营联合反击，实误大事。"于是，不等郑成功命令，他率手下士兵向清将梁化凤所统骑兵发起攻击。真是不巧，林胜的军队刚刚冲出，恰遇东门清军忽然从城中出来加入战斗，与梁化凤的清军一起合击，将林胜部郑军全歼。

此时，郑成功对参军潘庚钟说："你在本王伞盖下替我坐镇指挥，不可去盖。我下山到水军大营，催军从后面掩杀。"郑军水军大营一直泊于江边，踞南京城二十多里。郎廷佐在郑军刚到之时，就派士兵假扮百姓，出城跟郑军做生意，把郑军水营的兵力部署摸得一清二楚，特别是郑军几只装满火药的大船，被清军死死盯上。此时，清军奸细拿着硝磺瓶，接近火药船后，点火抛入舱内。四只大船爆炸，所有火药全部报销，火势延烧到郑军大船数艘。见火药库爆炸，郑军军心大乱，清军铁骑发起冲锋，一下子把郑军士兵冲溃，把他们逼到江边。郑军士兵无一投降，全部投江而死。

清将梁化凤见观音山上有郑成功的伞盖，便率士兵猛攻，欲生擒郑成功，结果潘庚钟与属下士兵全部战死。至此，郑军彻底溃败。其实即便此时，郑军的人数依然是南京一带清军的两倍，然而，郑成功心灰意冷。张煌言闻郑军在南京败溃，立刻写信，要郑成功在民心可恃的基础上，再坚持一下，派出百艘战舰到长江上游与自己联兵，继续抗清。然而心灰意冷的郑成功归心似箭，弃镇江不守，顺流东下而去。临行前，郑军士兵大呼："尔等百姓可随我去，不然鞑子要杀尽你们！"一时间，城中如沸，妇女皆漫无目的狂逃，街上被踩踏至死者无算。孩童遍地，践踏如泥，最终郑成功撤至厦门，此次北伐前功尽弃。

这次郑成功北伐，走的路线跟日后鸦片战争时英军走的路线一样，但英军到镇江后派兵驻守，断绝京杭大运河交通，将清朝最重要的交通线切为两段，北京之兵不能南下，江南漕运不能北上，最终清军战败。而郑成功犯了轻敌冒进的大错，带着主力就奔着南京去了，未在镇江部署重兵。战略部署失误，战术上在南京城下空耗数日，延误时机，假如郑成功在发布檄文后一鼓作气拿下南京，局面会截然不同，南京是个政治意味极浓的城市，如果收复此地，不仅可以用朱元璋发祥地的优势号召全中国反清复明势力，还可以恃此虎踞龙盘之地，逐渐占领江南主要财赋地区，苏湖熟，天下足，然后，以财养兵，以地招民，李定国、刘文秀、白文选从云贵杀出，夔东十三家顺江东下，最起码南北朝的局面就有了。

后来施琅在跟李光地聊天时谈到郑成功此次北伐的用兵谋略，李光地说:"当时海寇(郑成功)如果不包围南京城，而是扬帆直上，天下岂不岌岌可危?"

施琅:"请问他(郑成功)向哪儿扬帆直上，进攻哪儿?"

李光地只是随口一说，自然一时语塞，但施琅得理不饶人，又接着问:"你说他应该向哪儿打?"

李光地:"从江淮直驱山东怎么样?"

施琅:"不怎么样。纵然他一路畅通无阻打到京师，本朝也能派精兵决一死战，那时我朝打天下那一辈的大将尚在，兵家用所长，不用所短。海寇短于陆战，人数不过万人，能以不擅长陆战的万人来打我朝精于陆战的几十万人吗?不过霎时便可让其无噍类。试看汉高祖、唐太宗、明太祖手下那么多谋臣勇将，依然不敢不顾形势而一味猛冲。须有一定打算，定有安身处，渐渐而去。"

李光地爽然自失，说:"那你说他该怎么打呢?"

施琅:"不管南京，逆江而上直取荆州、襄阳，以其声威，扬帆而过，绝没有能与之匹敌者。如果对方(此处指清军，因为施琅是站在郑成功立场上设想战局)闭城门不出，那我就置之不论。对方如果与我军联系，那我就一定羁縻之。遇小船则毁之，遇大船则带之。有清军将领率军来投降我，就把我军的部队给他带，然后把他自己的部队打散给我军各将来用，这样就可避免复叛。得到荆襄后，联系云南广东，三逆藩(就是指三藩之乱的三藩)与之联合，那么就真是天下大乱了!"(对话据《榕村语录续集》卷十一)

李光地对施琅提出的这种打法大为惊讶，说："老贼（李光地对施琅的戏称，其实二人私交很好）如此招数，真枭雄也！盖言言着实，如先辈作文字，侃侃凿凿，结结实实，说出几句话，果然有精彩，必非寻常。""施琅平时不多说话，言必一语中的，嘴巴也不大利索，辛辛苦苦说出一句，便有一句用处。"

其实，郑成功最大的问题在于私心自用，张名振、张煌言三入长江之役，前两次如果郑成功派大军前来，定能攻克南京，第三次郑成功磨磨唧唧派了一万五千人（郑成功当时总共十万军队），什么也没干，就把民族英雄张名振毒死了。直到此时清军主力去打贵州时，郑成功才出兵南京。可以很明确地看出，郑成功反清复明是以他自己为首的"明"，在西南永历朝廷明军兵势尚盛时，他决不肯出兵配合作战；他自以为最聪明的战略是西线明军败退已远，又还牵制着清军主力时大举出兵收取江南是最佳方案，如此他可作为大明再造元勋而独享大功。

对于此次郑成功长江之役，顺治震怒，加强了对在宁古塔的郑芝龙的迫害，但顺治还没完全死心，还想打郑芝龙这张牌，所以没杀郑芝龙。顺治十八年（1661年，永历十五年）十月初三，索尼、苏克萨哈、鳌拜、遏必隆辅政四大臣最终下定决心将郑芝龙全家在北京菜市口斩杀。历史惊人巧合，北京郑芝龙被杀之地就是文天祥就义的地方。民族叛徒与民族英雄就在同一地毁灭和涅槃。得知父亲一家被杀的消息后，郑成功顿足捶胸，面向北方大哭着说："若听儿言，何至杀身；然得以苟延至今日者，亦不幸之幸也。"他令文武百官都披麻戴孝。鳌拜等人不仅杀了郑芝龙，也把郑家在大陆的祖坟刨了，郑成功得知祖坟被刨的消息后，切齿而骂曰："生者有怨，死者何仇？逆胡胆敢如此跟我结下不共戴天之仇，倘再有一日我率军西进，不寸磔汝尸，枉作人间大丈夫！"

第八章

郑芝龙之死：清朝死刑犯的最后 24 小时

　　顺治十八年（1661 年，永历十五年）十月初三，索尼、苏克萨哈、鳌拜、遏必隆辅政四大臣以康熙名义，下令对郑芝龙处斩，让我们借助各方史料，还原郑芝龙人生的最后 24 小时。郑芝龙等人被关押在刑部大牢，即今人民大会堂南部区域。今天人民大会堂的位置在清朝时从北向南依次是銮仪卫、太常寺、都察院、刑部、大理寺，在明朝时这里从北向南依次是后军都督府、太常寺、通政司、锦衣卫。天安门广场西部区域在清朝时是各种胡同，在明朝时是国防部所在地，从北向南依次是中军都督府、左军都督府、右军都督府、前军都督府所在地。天安门广场东部区域从北向南依次是宗人府、吏部、户部、礼部，在明朝时也是如此。而中国国家博物馆的位置在清朝从北向南依次是兵部、工部、鸿胪寺、钦天监、太医院，也沿袭明朝的布局。今天来到中国国家博物馆参观的游人恐怕很少有人意识到，明清时期中国的军事执行、工程建设、天文检测机构和相当于 301 医院的最高级别医院就在自己徜徉文物间的脚下之地。

　　在刑部大牢关押数日的郑芝龙等待着朝审的结果，等待着命运的判决。陈恒庆《谏书稀庵笔记》（收录于《近代中国史料丛刊》）和朱友实《菜市口刑场》（收录于《北京往事谈》）

记载,朝审时,皇帝在死囚名字上如果画钩,表明要执行了,就是勾决。如果没有画钩,表示先不杀,这就是勾免。勾决的就要先押入死牢,再等待日子去菜市口行刑。而没有被勾决的则坐着囚车先出长安门,等候在长安右门外的犯人家属们预先买好用麻绳贯穿的山里红,见到自己的亲人,就说"您大喜啦!"然后把山里红挂在犯人脖子上。而郑芝龙等人显然不可能在脖子上挂山里红了。

中国古代执行死刑都是在冬至前,夏至以后,因而叫秋决,春夏不杀生,朝廷杀人要与万物生长时间相配,执行死刑北京人俗称"出大差"。汉朝和唐宋元明清都是秋决,只有秦朝,根据《睡虎地秦简》的记载,一年四季都可以执行死刑杀人。

对于郑芝龙等人,在执行前一天,监狱看守人员会对他们说:"你大喜啦,官司今天完了!"这就是要执行了。当天佩带武器的看守加紧戒备,防止有人劫狱,由专人给囚犯洗脸梳头,把家属送来的新衣服穿上,由监狱发给囚犯清油大饼一斤,酱肘子一包,俗称"烙饼卷盒子菜"。

清末在刑部任职的董康写道:对于死刑犯,监狱看守会为他们摆酒席,每次执行死刑都是一批人,每六个死刑犯一桌酒席,死刑犯吃着喝着的同时,监狱会找杂耍大鼓艺人来演唱,给死刑犯表演,让他们度过这最后的一晚。到第二天早晨,给死刑犯吃火锅。(据《董康法学文集》)而今北京也没有人在大早晨起来吃火锅,火锅店也没有经营早餐的,这也与死刑犯行刑日早晨吃火锅有关,当然,而今开火锅店的人是绝对想不到这一层的。

刑部从监狱东门提犯人就死不了，从西门提是死刑犯。吃完火锅，犯人被从西门洞提出来，到菜市口受刑。根据《帝国缩影：中国历史上的衙门》记载，监狱大门只为活人打开，囚徒收监、提审、释放、执行死刑都可以从大门进出。但如果囚徒在监狱中被打死或者病死，那尸体是不能从大门出去的，只能从监狱院落西侧墙上挖的一个拖尸洞拉出去。拖尸洞平时关闭，在有人死去后，用门板抬着尸体，对准洞口将尸体推出去，死者的亲属在洞外用门板接住抬走。没有亲属的尸体就直接拖到城外烧掉。有身份的囚犯如果在监狱里快死了，就要贿赂长官将奄奄一息的囚徒抬回家里等死。

如果囚犯已经死了，而囚徒家属不愿意尸体受到侮辱，就要贿赂狱卒，用"天秤"把尸体吊出来。死者的家属先在监狱围墙外竖立一根高杆子，高杆子绑着一根两头垂着绳索的横杆，把横杆的一头转到围墙里面。狱卒拉下横杆，把捆扎停当、裹上红被子的尸体吊在横杆上，墙外的人再用力把横杆拉下，转动横杆，把吊在横杆上的尸体转到墙外，再解下来用门板抬走。

《燕京访古录》记载，宣武门外箭楼下的吊桥以西立着一块石头，写着"后悔迟"三个大字。犯人们出宣武门到菜市口，只要见到"后悔迟"三个字，就是马上要到菜市口了。宣武门在城西，西方属金，金在五行中主死，故而宣武门属于死门。囚犯出刑部监狱后，可以沿途点名要哪个店铺的饭菜来吃，由刑部报销，也可以点名要某个绸缎店的衣服穿在身上上路。死囚临死前，准许家人来送饭，这顿饭叫"归阴酒""长休饭"。

张世明《法律、资源与时空建构:1644—1945 年的中国》第三卷第十一章"军事与法律:社会控制技术变革的资源"记载,囚车走到宣武门东一家叫破碗居的酒铺,囚犯照例在这里要酒喝,这家店铺专门为死囚准备了一种黄酒和白酒掺在一起的混合酒,称为迷魂汤,也叫金银汁。破碗居在门前放着长板凳,板凳上有大木盆,木盆里有酒,犯人来后,把木盆里的酒倒入大碗里喝。喝完,押解人员把碗一扔,碗当时破碎,这样才算吉利,否则杀人就不顺。

郑芝龙等人即将行刑的菜市口设在老药铺鹤年堂东侧。鹤年堂是严嵩的花园,"鹤年堂"牌匾三个字就是严嵩的书法。北京城是不会天天杀人的,多个犯人凑一堆来行刑,赶上转天要杀人,刑部会来通知鹤年堂,第二天要在门前的骑楼搭好席棚,摆好案几作监斩台,案头设朱笔、锡制笔架。老北京有句骂人的话叫"西鹤年堂去讨刀伤药"说的就是咒人去死。此外,鹤年堂也的确自制一种药叫鹤顶血,这是一种麻醉药,服用后会减轻死者的疼痛,当然,鹤顶血与鹤顶红没有任何关系。

郑芝龙等人被押到菜市口,监斩官在此之前就带着决囚队戎服佩刀、骑着大马,鸣锣开道抵达刑场,衣服上绣着"勇"字的士兵追随而来。监斩官升座之前,要进入鹤年堂喝一壶茶,临刑时,监斩官坐在席棚内,在官帽上罩着大红缎质风帽。从嘉庆年间开始,菜市口监斩官会戴着墨镜监斩,表示不忍看。此时中国已有眼镜,但还没有墨镜,电视剧《雍正王朝》中雍正经常戴着眼镜批奏折,当时许多观众认为穿越了,其实眼镜在明朝就已经比较常见,明朝人仇英绘制的《南都繁会图》中，永乐年间的南京人就已经有几个戴眼镜的了。张宁《方洲杂言》记载明朝的眼镜是双镜片的，大如铜钱，有镜架，可折叠，此时眼镜以老花镜为主，近视镜比较少，毕竟那时还没有因为玩电脑、手机而近视的人，明朝时眼镜价格昂贵，需要将近一匹马的钱才能买得起。到清初，眼镜的成本大为降低，清初叶梦珠《阅世编·食货六》记载，眼镜"顺治以后价渐贱，每副值银不过五六钱。近来苏杭人多制造之，遍地贩卖，人人可得，每副值银最贵者不过七八分，甚而四五分，直有二三分一副者，皆堪明目，一般用也"。

监斩官要在嘉庆年间才能戴着洋人从澳门传来的墨镜监斩，此时只能眼睁睁看着郑芝龙受刑。郑芝龙等人需面向东跪着受刑，因为东面有虎坊桥，意思是把死囚送入虎口。不过判处凌迟的人则要面向西下跪，因为这种人罪大恶极，连老虎都不吃他的魂魄。行刑的刽子手都忌讳别人叫自己刽子手，明清时期一般都叫他们刑部执事，就是给刑部执行死刑之事的人。

台湾民俗学家唐鲁孙说，明清时期在菜市口行刑的刽子手都姓姜，其中一个活到民国的刽子手曾对他说了缘故，燕王朱棣麾下有五个姓姜的侍卫，朱棣迁都北京后，这五个人专门负责在西市执行死刑，他们的后人到清朝时则迁到菜市口执行死刑（北京元朝执行死刑在柴市，即今东城区交道口，明朝在西市，即今西四牌楼）。这些刽子手每杀一个死刑犯，就能得到三两六的工资，此外死刑犯家属还要给"孝敬"，一给就是三五十两。

刽子手用的是鬼头刀，刀柄上雕刻有一个鬼头，刀前端又宽又重，刀后端又窄又轻，砍头时反手握刀柄，刀背跟小臂平行，把刀口对准死刑犯脊骨软门地方，以腕肘的力量把刀向前一推，就把人头砍下了。这种功夫必须经过学习，明清时期，实习刽子手要从"推豆腐"练起，用鬼头刀把豆腐推成一块块薄片，等推熟了，在豆腐上再画墨迹，用鬼头刀切有墨迹的地方，练刀功，这种刀功跟文思豆腐的刀功正好相反，文思豆腐切的是细密巧致，而鬼头刀刀功切的是力度，文思豆腐要切一千条丝，而鬼头刀则必须一刀两断。等准头练熟了，再在豆腐上加十个铜钱，一直练到一刀切过墨迹之地，豆腐片切好，而豆腐上的铜钱不动，就算练成了。

刽子手实习每天白天练切豆腐，晚上摸猴脖子，专门找猴子的第一和第二颈椎，因为人和猴子的骨骼很接近，搞清楚猴子的，就可以类推人的。不知明朝刽子手是否能意识到人是猴子变的。当然，因为当时在北京不好找猴子，所以刽子手师傅是决不允许徒弟们通过砍猴子的脖子来练习的，这些猴子大多能活到自然死亡。明清时期如果在北京看见猴子，不是要猴演杂技的，就是刽子手用来给徒弟训练熟悉人体结构的。

清朝对于罪大恶极的死刑犯，要把人头挂在桂兴斋点心铺示众，哪里有需要，哪里就有生意，菜市口东部的骡马市是北京棺材铺最多的地方，装郑芝龙全家尸体的棺材就是在此买的。

犯人跪下时，刽子手在犯人右肩膀一蹬，再一揪辫子，脖子立刻拉长，有经验的刽子手一刀下去，正好是颈椎骨的骨缝。因此清朝死刑犯所有被斩决的，所受痛苦往往比历代的要小，道理就在此。

郑芝龙的家人都在金门、厦门，没法打点，只能让他们自死自灭（没法自生自灭了），死刑犯家属如果花重金请最有经验的刽子手行刑，刽子手可以一刀切到喉管断时就收刀，使喉管前面还能皮肉相连，头不落地，照中国人的解释，这就算是留全尸了。一般行刑，都做不到这一点，人头落地后，有专门负责把死尸首级和尸身缝在一起的人，缝一个就几十两银子。这些人每次缝完后两手都是血。而刽子手其实通常不愿意身上溅血，每一刀落下后就用脚朝死刑犯身上一踢，使血向前溅，然后让人用剥了皮的馒头蘸血，这就是鲁迅《药》中的人血馒头。鲁迅的《药》流传很广，蒋介石和冯玉祥估计都看过。1927年四一二政变后，他们有一次在一起吃饭，冯玉祥只剥馒头皮吃，蒋介石好奇，问为什么，冯玉祥说："馒头瓤给你的弟子吃。"蒋介石再问，才知道黄埔子弟有人吃馒头不吃馒头皮，蒋介石为此下令，今后吃馒头必须连皮一起吃，否则枪毙。之所以蒋介石如此大发雷霆，原因一是痛恨浪费；二是只有蘸人血馒头的人才不吃馒头皮，故而有此忌讳。

近水楼台先得月，近菜市口先得血。每次行刑后，鹤年堂可以获得头茬人血馒头，此外勾决犯人用的朱笔、笔架也归鹤年堂。在刑场监斩官每勾决一个人，把毛笔一扔，不再用第二次。这天要杀几个人，就带来几只毛笔，因此鹤年堂除了卖药，也卖毛笔。这些毛笔和笔架可以用来驱魔镇邪。据说屡试不第的学子买来这些毛笔用来答科举考卷时，可以高中。因此，鹤年堂的毛笔生意也很火。

当然，杀完人后，所有参与和目睹杀人的官员、刽子手都要做一些仪式活动来驱邪，陈恒庆《谏书稀庵笔记》记载，刑部的李司员每次在参与行刑工作（不是当刽子手，而是刑场服务)后,他的夫人都嫌弃其不吉利,不让他当天回家,而是给他钱让他出去随便疯一晚上再回来。这也是妻管严的李司员仅有的可以自主的时候,因为他平时工资都要上交老婆,出去这一晚上的钱还要妻子"畀以资",这样才能"冶游一夜,明日再归"。至于行刑的刽子手,就更有祖辈相传的习俗了。根据郭建《帝国缩影:中国历史上的衙门》记载,刽子手行刑时会高呼"恶煞都来",意思是让死者记住是恶煞取了自己的性命,不要记刽子手的仇,更不要死后不久就把刽子手带走。行刑结束后,要有一批帮闲的朋友来给刽子手披红挂彩,弄点鼓乐吹吹打打,到城中热闹的酒店喝酒,以赶走可能跟随的鬼魂。在北京刽子手行刑后就如此这般,而在广西,刽子手行刑后还会挨打。沈樾笃《清末民初广西县政概况》记载,在广西省每次行刑完毕,"在城隍庙设临时公案,县官坐上,喝令将刽子手打二十板屁股,并赏银一两,谓之驱凶"。广西的刽子手杀完人后还要挨板子,也是醉了。

除刽子手外,监斩官也要有仪式来驱邪,冯友兰在《三松堂自序》(载于《三松堂全集》第1卷)中写道,他的父亲在清朝时担任湖北省咸宁市崇阳县知县,每次他监斩本县犯人后,回到县衙,手下吏员就会有一个人跪在中间,高喊:"大老爷天喜!"喊完后县官在一脚踏入县衙宅门时,鞭炮就响了,以此表明鞭炮在县太爷进门前就把死人的鬼魂崩走了,县官不会带着煞气进入县衙。以上就是明清时期执行死刑的全过程,足见杀一个人有多麻烦。

第九章

芭蕉椰林血泪流：南明在缅甸的最后岁月

顺治十八年（1661年，永历十五年）二月，缅甸景栋，南明李定国和白文选的部队行军至此，准备休整。在缅甸热带雨林行军时，没有地图，唯一可靠的路标就是马粪。在南明军队行进过的丛林里，大象、野猪、老虎、印度豹、马来熊，这些凶残的食肉猛兽时常与他们擦肩而过，短兵相接。李定国所部不时要跟它们作战，在白天还好点，到了夜间，南明军连睡觉都要提心吊胆，生怕一觉醒来脑袋不知被哪种动物叼走了，森林的夜间在月光朦胧下，在那万籁俱寂中藏着杀机。冬天的缅甸很少下雨，然而在景栋的这天，突然黑云压境，一声霹雳，一道雷电捅破天河，水就劈头盖脸往下泼，雨点如铜钱般大落下，敲打着南明军士兵和战马的身体，犹如天上的千军万马席卷而来。顷刻间，大树成了瀑布，一道道水柱从树顶倾泻而下，浇得南明军一个个成了落汤鸡，战马一匹匹成了落汤马，林中皆成泽国，巨雷在头顶翻滚，闪电也像一柄柄力斧从天空劈进丛林。大树在电光中被劈成两半，南明军士兵中不幸的则被雷电烧焦。几个时辰后，雨停了，但更让南明军毛骨悚然，山那边一群野狼发出被饥饿折磨的叫声，山这边立即回响起马来熊更加饥饿的呼啸，山中则不时响起饿虎扑食的声音，至于南明军士兵身边则苍蝇蚊子嗡嗡叫个不停。然而这就是在缅甸热带雨林中作战的南明军队的真实写照。

就在郑成功东南折腾一通，竹篮打水一场空的同时，清军对大西南的南明残余势力发起了最后的进攻。顺治十五年（1658年，永历十二年）十二月洪承畴兵分三路进攻云南，很快，昆明失守，永历帝逃往永昌（云南保山）。顺治十六年（1659年，永历十三年）李定国在磨盘山战役中重创吴三桂，此为李定国的最后一场胜仗。此战后，吴三桂再次反扑，李定国寡不敌众，率残军退往孟定。他之所以没有去永昌护卫永历帝，是怕清军尾随追击，暴露永历帝的行踪。李定国是好心，但如此一来，把永历帝弄得无人保卫，为南明的彻底灭亡埋下了伏笔。

事实上，李定国的好心也白搭了，吴三桂没有追击李定国，而是直奔永历帝所在的永昌，很快永昌失守，永历帝由铁壁关进入缅甸，这是永历第十二次逃亡，也是最后一次。得知消息后，缅甸王派人对永历帝说："天王（指永历帝）远道而来，百蛮敬畏，请从官以下不要佩带武器入关。"

这时，永历帝的随从文武还有两千多人，大多数人都不同意缴械："猛虎所以能威临百兽者，以其有爪牙之故也。如果解除武装，对方必起歹心！"永历兵部尚书马吉翔一定要大家缴械。众人无奈，只能尽解弓刀盔甲，弃于关前，赤手空拳进入缅甸。这是南明彻底灭亡的又一个伏笔，两千多人没有武器，深入异国，其下场可想而知。

顺治十六年（1659年，永历十三年）二月初一，永历帝一行人行至金沙江边。缅甸人只提供四艘船运载永历帝一行，四艘船总共承载六百多人，剩下一千多人无法随行，沿途死亡失散，十分凄凉。由于万历二十二年明朝曾约暹罗（泰国）夹攻缅甸，所以缅甸对明朝无好感，大明皇帝来避难，自然使这个小国土皇帝生出歹心。

与此同时，南明白文选部在战败后也来到缅甸，他率兵深入缅甸阿瓦，距离永历帝所在只有六十里，但由于缅甸丛林密布，因此没找到永历帝。李定国也派出数部兵马，在缅甸境内四处寻找永历帝踪迹。

五月十日，永历帝一行人乘船行至缅甸首都阿瓦城外（曼德勒），与阿瓦城隔着一条河，文武大臣率家人四处砍竹伐木，搭建临时茅棚居住。安顿下来后，缅甸不少妇人携带日用品和生活必需品进入南明君臣所在，摆小摊，做买卖。永历帝的随行大臣们，与缅甸妇人做生意，坐在地上与缅甸妇人打情骂俏，完全忘了亡国之痛。为永历帝一行充当通事（翻译）之人说："先前入关，如果大明君臣不弃兵器，还有能力自卫。现在，他们手无寸铁，又废中国天朝礼法，看来是不可能善终了。"

八月十三日，缅甸国王派人请黔国公沐天波过江参加十五日的缅历年节。沐天波来到后，缅甸君臣不准他穿戴明朝衣冠，强迫他换上民族服装同缅属小邦使者一道以臣礼至缅王金殿朝见。按明朝二百多年的惯例，镇守云南的黔国公沐氏代表明帝国管辖云南土司并处理周边藩属国家的往来事务，缅甸国王要在沐氏家族面前下跪，这时却全倒了过来，要光着脚身穿缅甸民族服装向缅王称臣。

与此同时，马吉翔等人每天醉生梦死，酣歌饮酒豪赌。总共就几间草房，每天夜里大吵大闹，搞得邻居永历帝睡不着觉。这天夜里，永历帝平生第一次来了血性，一怒之下挑掀了马吉翔等人赌博的草棚的顶子。一群人并不在意，没了顶棚，接着赌，正好天当房子地当床了，永历帝无可奈何。

赌博数日后，马吉翔彻底成了输光的赌徒，赌资都输没了，于是对永历帝诉说这些随从人员生活困难，有的人已经没粮下锅，意思是要朱由榔拿出"内帑"来作为赌资。永历帝一路逃亡，早已捉襟见肘，一怒之下把黄金制造的国玺扔到地上，让他们凿碎分给群臣，马吉翔当即将国玺凿碎，分给各臣数钱至一二两不等。至此，永历帝随行人员已等同行尸走肉，坐以待毙，毫无尊严。

九月，洪承畴写信给缅甸当局，让他们交出永历帝，洪承畴对缅甸人威胁道："倘或不审时势，有昧事机，匿留中国罪人，不惟自贻虎狼吞噬之患，我大兵除恶务尽，势必寻踪追剿，直捣区薮，彼时玉石难分，后悔无及。"（《故宫文献丛编》第24辑）这封信写完，洪承畴就由于身体原因，不再担任五省经略，回到了北京，云南之事交由吴三桂管辖。

六年后，康熙四年（1665）洪承畴去世，年七十二岁，谥号文襄。虽然洪承畴投降清朝当了汉奸，但其人不可全盘否定。事实上，因为有洪承畴，清军第一次进攻江西时宁国、徽州、袁州、南康、吉安、广信等十三府都是和平交接，江西大部未遭兵火，也因为有洪承畴，云南清军除了永昌大屠杀外就几乎没有血案了。总之，的确因为洪承畴的存在，清军少杀了许多人，比起吴三桂、尚可喜，洪承畴算是有良心多了。

洪承畴就这样告别历史舞台了，我们把镜头再拉回云南和缅甸。此时，本来李定国还剩一千多人，但南明庆国公贺九仪率部一万人自广西南宁渡江而至，与李定国会合，李定国一下子有了一万多人。李定国率军拿下孟艮（今缅甸景栋），以此为根据地，一边图恢复，一边寻找永历帝。然而没几天，吴三桂派人招降庆国公贺九仪，贺九仪接待了来人，但并未表态，李定国得知后，神经过敏，派人斩杀贺九仪。贺九仪被杀，其部下寒心，有千人出逃。李定国深恐军心不稳，于是与白文选会合，两军加一起共两万人。他们决定攻克缅甸，迎回永历大驾。

顺治十八年（1661年，永历十五年）二月，李定国和白文选联军在锡波与缅甸军对决，缅甸王派大将牙稇率军十五万人在锡波江边结营，准备与明军决战。缅甸的兵力是明军的七倍，而且，缅军有战象一千多头，枪炮林立，横陈二十多里，而明军只有长刀长枪，近三分之一士兵手中只有一条棍棒而已。但是，中国大陆最后的复国军队怀着对大明残存的最后一点复国希望，激发出了空前的战斗意志，白文选指挥明军抢河先渡，先发制人，李定国随后率军跟进，缅甸战象和大炮还没派上用场，前面的缅军就都溃散了，大明最后的军队杀得缅军尸横遍野，缅军被杀一万多人，连缅军主帅牙稇也在混战中被杀。李定国乘胜率军渡过锡波江，逼临缅甸都城阿瓦。刘健《庭闻录》卷三记载："缅军前队皆象，中有花象擅突阵，为群象先。定国视战地，当象来处有石桥，桥下水深，恐不测。象将及桥，自持长刀迎之，象鼻卷定国，定国跃起避之，象鼻方反卷，迎刀鼻断，负痛反奔，群象俱走。"李定国在被象鼻子卷起来之后，居然挥刀把象鼻子砍断，可见其一身是胆。由于皇帝在缅人手中，李定国、白文选不敢造次，只能派人传话给永历帝，希望皇帝发敕令。然而永历帝已成瓮中之鳖，根本无法与明军联系上。相持数日后，明军在江上搭浮桥准备进攻，但被缅军砍断。此时明军粮食紧缺，只得退兵，李定国和白文选迎回永历帝的行动失败了。

五月，暹罗国（泰国）派使者六十多人来联络李定国，请李定国移军景线（现在泰国境内昌盛附近，与缅甸、老挝接壤）暂时休整，然后由暹罗提供象、马，帮助收复云南。使者除带来丰厚礼物外，还取出明神宗时所给敕书，表示对明朝眷恋之情。李定国对暹罗君臣的好意非常感激，盛情款待来使，派兵部主事张心和等十余人同往暹罗联络。

五月二十三日，缅甸发生政变。缅甸王的弟弟把国王哥哥绑在藤椅上，扔入江中淹死，自立为王。

就在李定国、白文选与缅甸军激战之际，吴三桂已经略定云南全境，中国大陆，仅福建厦门、金门尚未被清军攻陷，其余全境皆为清土。永历帝已经逃到缅甸，顺治认为他不可能死灰复燃，于是下令让吴三桂停止军事行动，但吴三桂上奏，坚决要置永历帝于死地，他说动了顺治，于是顺治让吴三桂负责对南明永历政权的最后攻势。吴三桂写信给缅甸王，吓唬他，于是缅甸王决定对永历帝一行动手，缅甸王派人告诉永历帝："请天朝大臣过河，饮咒水盟誓。"沐天波认为缅人不可信，主张不要前去。马吉翔却主张前去，于是永历帝派沐天波、马吉翔等人前去，他们全部被缅甸人杀死。本来缅甸人不想杀沐天波，派人把他驾出，以把沐天波和永历帝一起送给吴三桂报功。沐天波夺刀而起，击杀缅兵数人，最后为乱兵所杀。这一

天是顺治十八年（1661年，永历十五年）七月十九日，史称
"咒水之难"。缅甸人杀死这些大臣后，来到永历帝所在，把
南明朝臣所剩物品洗劫一空，又杀了几个大臣，惊惧之下，永
历帝两个嫔妃及诸臣妻女都在附近大树悬梁自尽。至此，永历
帝一行仅剩二十五人。与此同时，吴三桂招降了白文选，南明
军队仅剩李定国一部。

吴三桂以大军威逼缅甸人将永历帝一行交出，缅甸王最终
将永历帝等人交出。交接之日，吴三桂见到了永历帝，永历帝
问："何人？"吴三桂连自己都不知道为什么就扑通一声跪下
了。"你是平西王吴三桂吧？"

吴三桂什么也没听见，他只是恍惚见到这个酷似崇祯的年
轻人脸上的疑问表情，机械地应道："是，是。"

永历帝切责道："汝非汉人乎？汝非大明臣子乎？何甘为
汉奸叛国负君若此？汝自问良心安在？"

吴三桂跪在地上，一句话也说不出来。

永历帝长叹一声："说什么都没用了，只是朕是北方人，
想见到十三陵再死，这总能做到吧？"吴三桂勉强应了一下。
（戴笠《行在阳秋》）

永历帝的侍卫总兵邓凯在吴三桂走后对永历帝说："大事
如此，望皇上能以烈殉国，为臣随后从驾陛下于阴间！"

永历帝却说："洪承畴、吴三桂，都受我大明皇家恩典，
未必肯对我一家斩尽杀绝！"永历帝完全想错了，一个人在背
叛了自己的主人、忘恩负义之后，只要自己的主人还在，他就
有负罪感，被负罪感痛苦折磨，此时只有彻底杀掉自己的主
子，眼不见，心不烦，方能心安理得。

永历帝果然看错了吴三桂，吴三桂为了向清廷表现他的忠诚，主张将永历帝和他十二岁的太子斩首，在云南的贝勒爱星阿都于心不忍，说："永历亦曾为君，给他留个全尸总该不过分。"于是吴三桂采纳了他们的建议，康熙元年（1662）四月十五日南明永历帝和太子被吴三桂用弓弦勒死，临刑之际，永历帝默然。他的十二岁太子对坐观的吴三桂骂道："奸贼，我大明朝有哪里对不起你？我父子和你有什么私怨？为什么要对我们下此毒手？"行刑时，突然，"黄雾弥天，雷电交加"。永历帝被勒死后，吴三桂将其焚尸，弃骨灰于荒野。对于跟着永历帝的最后二十五人中的另外二十三人，吴三桂没有加害，听其自便。

永历帝遇害时，李定国率数千人马驻扎于西双版纳的九龙江一带（又有说在景线）。噩耗传来，李定国悲恸欲绝，几次哭至昏迷。部下兵马由于驻扎在人烟稀少地区，粮食医药不足，病死了差不多一半。李定国自知复兴无望，五月十五日撰写表文焚告上天："自陈一生素行暨反正辅明皆本至诚，何皇穹不佑至有今日。若明祚未绝，乞赐军马无灾，俾各努力出滇救主。如果大数已尽，乞赐定国一人早死，无害此军民。"六月十一日是李定国的生日，他从这天起发病，到六月二十七日于景线去世，享年44岁。临终前，李定国对养子李嗣光说："宁死荒郊，千万不要投降！"郑逵《野史无文》、刘健《庭闻录》、叶梦珠《续绥寇纪略》均作李定国六月二十七日去世，戴笠《行在阳秋》则作七月二十九日，因刘健等人居云南日久，故从之。落入穷荒、走投无路的李定国余部没能坚持下去，几个月后，即在李嗣光带领下向清朝投降。

屈大均《戚氏·端州感旧》一诗咏南明最后之亡："片帆开，又上西水向松台。想象当年，羽栋东驻，作蓬莱。宫槐，接天街，纷纷银烛早朝催。无端白面年少，出师书奏意酸哀。五岭天险，无人分戍，控弦一夕潜来。为萧墙变起，钩党相角，朝士弩骀。龙舸夜动喧兀，三两扈从，报国少涓埃。三宫苦筑阳漂泊，桂管摧颓。正衔枚，爨僰一路，迟回。六诏喜仗雄才，晋王再造，惠国重兴，稍作屯难云雷。又苦遭凶逆，为仇羽翼，作祸胚胎。四引楼兰铁骑，渡金沙，血战磨盘开。寄命缅甸凄凉，六军溃裂，鱼服辞滇海。念龙饥，谁与文君块？空呕血，诸葛时乖。又命屯，玉步难恢，恨凶渠，逼胁上云堆。自重华逝，苍梧痛哭，血泪成灰。"

以上永历帝、李定国在缅甸的故事，记载在永历帝仅剩的二十五个随行人员之一的邓凯的《求野录》和佚名《也是录》、戴笠《行在阳秋》、刘茝《狩缅纪事》中。

现在清宫戏汗牛充栋，但是演南明的电视剧几乎没有，有一部电视剧叫《长河东流》，非常不错，全景式真实客观再现了南明历史，只是其中的李定国叫李长生，孙可望叫孙敏宗，何腾蛟叫何令嘉，王夫之叫万夫梓，其他与历史人物的名字完全一样，推荐大家不妨一看。

随着李定国去世，清廷对中国大陆的攻城略地几乎结束，中国大陆除了福建厦门和金门外，所有原明朝疆域都已经为清政府所占。明末清初是中国人口急剧减少的时期，万历三十年（1602）中国人口有 8654.8 万（据葛剑雄《中国人口史》），至此年仅剩 1928 万人（《清世祖章皇帝实录》），这些人除了死于饥荒，就是死于张献忠、李自成和清军之手。

西班牙人帕来福《鞑靼征服中国史》这样记载清军攻城的作战模式："进行攻打的是骑兵，由执旗的将官领头，但他们并不做多少准备，他们只把大量的梯子绑在马尾上。做好准备后，旗手策马飞奔，凶猛地直抵城下，其余军队立即跟进，他们呼啸呐喊，叫敌人恐惧害怕。尽管敌人的炮不断向他们射击，尽管有大量人员伤亡，仍不能阻挡他们的猛烈进攻。死者的尸体填塞壕沟，便于他们接近。他们就这样进至城墙下，然后最前的人下马，把马匹当篱笆和栏杆。这时把梯子搭上城头，他们无比英勇地爬上去。现在守城者几乎和进攻者一样处在巨大的危险中。因为城下援助登城的人不断向城内的人发射无数箭矢，而他们射得很准，要射哪里就射哪里，箭矢强劲有力，那些认为防护安全的人也在所难逃。于是登梯的人迅速占领城头，或俯卧或屈膝向城内的人猛射，既向那些坚守的人，也向那些试图保卫城池的人，打得他们不能开炮，叫他们不能使用武器。"

正因为清朝统一中国战争杀人太多，日后康雍乾三朝大兴文字狱，试图用一切手段抹去清朝的屠杀史料，但许多史料因为被清初来华的日本人买下，带到日本，所以没法被毁灭。到了清末，日本所藏的关于清朝屠杀的大量史料通过革命党带回国内，从而煽动革命，然而事实上满汉冲突在清末远没有革命党夸张得那么大，满汉到清末早已融合，中国北方的许多少数民族跟汉族的语言文化均有莫大关系。现代汉语里许多词语来自北方少数民族，比如"爷"，就来自鲜卑语（南北朝时鲜卑人说鲜卑语，但用汉字作为书面语），《木兰诗》里"爷娘闻女来，出郭相扶将"，"阿爷无大儿"等的"爷"都是鲜卑称呼，本来汉语无此。再比如清代新疆维吾尔族官员称伯克，这其实来自汉语，汉语"伯"是称呼长者的，后来这个字进入阿尔泰语系，就成了新疆伯克的名称。清宫电视剧里回话有的说"喳"，有的说"嗻"，其实"喳"来自蒙古语，是元朝时传入中国的，发音为 [ja]；"嗻"在清代使用，来自满语，发音为 [je]，因此清宫戏应该说"嗻"，而不是"喳"。（魏根深《中国历史研究手册》）

清军入关后的几百年间，满汉早已融合，各方面都像语言一样，难分此疆彼界。面对明亡清兴的这段历史，最应该反思的是汉民族本身，据《史记·袁盎晁错列传》，汉朝时五个匈奴兵才能打得过一个汉族士兵，可是到了《建炎以来系年要录》记载的宋代，十个宋军士兵才能打得过一个女真兵。而到了明亡清兴，一百四十万南明军队面对十八万八旗铁骑，最终被打得一败涂地，各个击破，这难道不值得我们自己好好反思吗？

两汉三国时中国人的娱乐活动是击剑和打猎，与野兽搏斗、与卓文君卿卿我我的司马相如以善于击剑而闻名，写《论衡》的王充精于骑射，经学名家辕固则曾经在兽圈中用剑杀死过野猪。汉武帝能"手格熊罴"（《汉书·东方朔传》），"手格猛虎"（《孔丛子》），打猎时曾亲自与狗熊搏斗。李广拈弓搭箭就把一块大石头当作老虎而射穿，魏明帝曹真、东吴孙权都曾"骑马射虎"，这点毫不逊色于古罗马，而且比古罗马还要强悍，古罗马的贵族是在角斗场看奴隶与野兽搏斗，而中国贵族是亲自与野兽搏斗。

到了唐宋，中国人跟野兽搏斗明显少了，李世民好打猎，曾一次连发四箭射死四头野猪，但经唐俭劝谏，李世民终生不再打猎，到了唐朝后期皇帝再也无法跟野兽搏斗了，只能是人与人之间做些身体对抗，比如唐宣宗、唐僖宗喜欢打马球，唐僖宗曾说："如果科举考试考马球的话，朕一定能考上状元。"到了宋朝，跟唐朝差不多，皇帝无一人敢与野兽搏斗，赵匡胤、赵光义、宋徽宗、宋孝宗等都是喜欢蹴鞠，喜欢踢足球，北宋画家苏汉臣曾画《宋太祖蹴鞠图》。

等到了明朝，踢足球的人也少了，皇帝也压根不玩足球了，明朝时的中国人提笼养八哥招摇过市，斗鸡斗蟋蟀享动物之乐，听曲听笙箫入温柔之乡。豪门阔少，食膏腴饕餮之大餐；官宦子弟，临风花雪月之美景。逛妓院因美女一笑而掷千金，去赌场用骰子一掷而抛百两。

秦汉时的中国人娱乐活动是与野兽搏斗，充满了尚武精神，唐宋时的中国人娱乐活动是人与人之间的对抗，有一定的竞技精神，明朝时的中国人娱乐活动是人对花鸟鱼虫等最弱小动物的生理摧残，没有了兽性的勇敢，也没有了人性的理性。

第十章
顺治与董鄂妃：人生若只如初见

　　顺治十年（1653 年，永历七年）深秋的一天，数以百计的女子在玄武门外排队，等候选秀女的一步步流程。清朝选秀女制度是非常严格的，顺治规定，满八旗、蒙八旗、汉八旗所有十四至十六岁的女孩子必须参加选秀，三年一选，选出来的女孩子除了当皇帝的妃嫔外，其余许配给皇帝三代以内直系血亲和旁系血亲的男性。选秀这天，秀女们坐在骡子拉的车上，由本旗的参领根据满、蒙、汉排列次序，称为"排车"。最前面是宫中后妃的亲戚，其次是以前被选中留了牌子、这次复选的女子，最后是本次新选送的秀女。每一辆骡子车上都有一盏灯，灯上有"某旗某佐领某某人之女"的标识。由此可见，清朝选秀女与其说是选美，不如说是拼爹。

　　这天日落时分秀女们坐着骡子拉的车就要进宫了，入夜时进入地安门，到神武门外等待宫门开启后下车，在宫中太监的引导下，按顺序进入顺贞门，接下来的选秀要分初选、复选、终选三个阶段进行，就相当于初赛、复赛、决赛。初选时每个秀女都忐忑不安地拿着一个小牌，上面写着自己的姓名、年龄、籍贯，太监们先一一面试，太胖的不要，太瘦的也不要，皇子的智慧主要取决于父亲的遗传，身体素质则取决于母亲，太瘦的女孩子胎气不正，所以不能要。看完身材后看脸，清宫选秀不像中央戏剧学院表演系选演员，中央戏剧学院就要求看素颜，现场都有卸妆液，必须卸妆，看看你素面朝天时颜值如何。而清朝和日后的太平天国选秀时女孩子都是必须要化妆的，素颜反倒不行，马寿龄《金陵癸甲新乐府》就记载杨秀清在南京为洪秀全和自己选妃时明确规定"衣裳罗绮骤装束，脂粉馨香肆涂抹"才能来。

让秀女们都化妆后来选美很正常，但奇葩的是太美了又不行。因为清朝皇帝深受程朱理学影响，"好色"是很难听的，所以选妃时也以此为标准，专门选相貌中等的，至于清朝标准下相貌中等的具体颜值，其实并不漂亮，大家网上一搜晚清秀女照片应该就清楚了。

初选之后，下一轮复选，太监们用极其挑剔的目光审视每一个秀女的耳朵、眼睛、鼻子、头发、腰部、脖子、肩膀、后背，只要有一项不合格，就被刷下来。接着，让每个人自报籍贯、姓名、年龄，听一下口音，口齿不清、应对慌张、不够机灵的都除名。

最后打进终选的旗人秀女"分遣宫娥之老者，引至密室，探其乳，嗅其腋，扪其肌理"，就是在这一关检验她们的贞洁。毕竟宋朝以后中国的贞洁观已经很严格了，汉朝时汉武帝他妈都是改嫁才成了汉景帝的女人，当时并没有什么难为情的。哪怕到宋朝其实都没太严格，王安石支持自己的儿媳妇再嫁，贾似道的母亲光改嫁就有两次。根据洪迈《夷坚志》的记载，妇女改嫁者就记载了 61 个故事。然而到了明清时期，贞洁观念已然登峰造极。

清朝每次选秀女通常有 5000 人参选，最后只有 50 人能入宫，分别担任皇后、皇贵妃、贵妃、妃、嫔、贵人、常在、答应八个级别。皇后一人，皇贵妃一人，贵妃两人，妃四人，嫔六人，贵人无定数，常在无定数，答应无定数。最末等的宫女叫答应，名如其人，所做的事无非是上级说什么就答应干什么，仅此而已。

清朝后宫制度比较人性化，选中入宫的秀女如果到了30岁还没被皇帝临幸过，就可以出宫结婚，而不用像中国古代大多数朝代那样一辈子不得出宫，就死在宫里，当然到了清朝后期，20岁即可出宫。这次选秀，满族正白旗内大臣鄂硕之女董鄂氏被选中入宫。

关于董鄂氏的最不着边际的说法就是董鄂氏是秦淮名妓董小宛。董小宛原为江南名士冒辟疆之妾，持此说者认为，清军南下，董小宛被掳到北京，先留在王府，后被太后要了去。顺治看了喜欢，就从孝庄太后那里要到自己身边，用满洲姓董鄂氏。其实，据冒辟疆《影梅庵忆语》记载，冒辟疆初识董小宛在1639年，那一年董小宛16岁，顺治帝才2岁，皇帝爱上比自己大14岁的姐姐，也是向壁虚构，而顺治八年（1651）董小宛就已病死，而各种史书记载顺治十年董鄂氏才入宫参加选秀女，因此说董鄂氏就是董小宛的说法不足为信。

清朝与前朝不同，中国大多数朝代选秀女都是为皇帝选，清朝则是为皇帝和皇帝的兄弟们选，董鄂氏就被选配给顺治同父异母弟博果尔为妻，1654年两人结婚，董鄂氏这年16岁，比丈夫大两岁。有个段子，"女大一抱金鸡，女大二抱一块儿，女大三抱金砖，女大四自顾自，女大五白受苦，女大六抱块肉，女大七抱儿媳，女大八抱米花，女大九抱条狗，女大十抱粪池"。董鄂氏与博果尔是女大二，应该抱一块儿的，但她俩没抱一块儿，此时清朝还在跟南明作战，博果尔多次随军出征，董鄂氏常常独守空房，致使两人聚少离多，而在一起的日子也因为性格不合而多有矛盾。清朝制度中，朝中凡有吉凶典礼，在京的达官贵人的妻子都可以入朝，董鄂氏作为顺治的异母弟的妻子自然得以入宫。她"颖慧过人，修谨自饬，进止有序，有母仪之度"，自然引起了顺治的注意。顺治此时的皇后博尔济吉特氏是孝庄定的，顺治并不喜欢博尔济吉特氏，此时遇到了丈夫总是外出作战的董鄂氏，两人不禁干柴烈火。其实霸占弟媳并不是什么惊天动地的事，李世民在玄武门之变后就霸占了弟弟李元吉的老婆，但毕竟李世民是在李元吉死后霸占了他的老婆，而顺治霸占董鄂氏时博果尔还活着。

魏特《汤若望传》记载："顺治皇帝对于一位满籍军人（博果尔）之夫人（董鄂氏），起了一种火热爱恋，当这一位军人因此申斥他的夫人时，他竟被对于他这申斥有所闻知的天子，亲手打了一个极怪异的耳刮。这位军人于是乃因怨愤致死，或许竟是自杀而死。皇帝遂即将这位军人底未亡人收入宫中，封为皇贵妃。"

顺治在册封董鄂氏为皇贵妃时大赦天下，除了杀人、盗窃官方财物、放火、盗墓、贪污、强奸的犯人不被赦免外，其他死刑一概赦免。所有秋后问斩的犯人一律罪减一等，文官除了贪污、失守城池者不予赦免外，其余一律赦免。现在还在反清的，如果真心归顺朝廷，赦免其应得之罪。各地盗贼能够改过自新的，一律既往不咎。

清朝从努尔哈赤 1616 年建国算起，296 年间因为册封皇贵妃而大赦天下，仅董鄂氏这一次而已。多尔衮已死，此时册封董鄂氏为皇后取代博尔济吉特氏的最大阻力就是孝庄，自古以来年轻男人完全自主地选女朋友，这种事是很少的。顺治贵为皇帝，依旧没有权力选择谁当自己的女朋友。古往今来的婚姻，多数情况下要么是自己的父母出于长远利益与眼光，来干涉（决定）你选女朋友的事，为你把关；要么是女孩子在选你，聪明的女孩子出于照顾男朋友的虚荣心，让男朋友误认为你处在主动地位，而如果你真这么以为，那就单纯了。回想一下，绝大多数情况下都是男人向女人表白、向女人求婚，发出微信或单膝下跪的那一刻像等待命运判决结果一样等待着女孩子的回复。而如果是女孩子主动在追男人，向你表白的话，通常无外乎两种可能，要么是她站在长远角度看重了你背后的家族利益，要么是你已经拥有了中年男人的能力、魅力、实力、势力，从而让她觉得在你身上能得到中年男人的感觉。

对顺治这个青年男人而言，他拥有整个天下，能力、魅力、实力、势力都有，却依旧没有决定谁来做自己女人的权力，于是他决心向母亲反击。顺治于顺治十四年（1657）正月二十五日下令于太庙匾额不再写蒙文，今后只写满汉文。太庙是清廷供奉祖宗灵位的地方，在太庙匾额抹掉蒙文，意味着宣布结束蒙古女人统治后宫的历史，这是身为蒙古族的孝庄无论如何也不能接受的。自从皇太极接连娶了五个博尔济吉特氏的蒙古女子后，朝廷虽然是满洲贵族掌权，而后宫却是蒙古女人掌权，顺治的做法直刺孝庄，老谋深算的孝庄虽然表面不动声色，内心却等待着反戈一击。

顺治与董鄂氏的结合，既有青年男女对爱情的渴望，也有皇帝与妃子之间的完全不平等的关系,顺治自多尔衮死后大权在握,说一不二,所以全部的压力其实都要由董鄂氏来承担。花瓶式的美女很容易在宫廷斗争中如同花瓶般被摔碎,而董鄂氏可谓有脑又有胸,情商非常高,她"事皇太后,奉养甚至,伺颜色如子女,左右趋走,无异侍女",她的所作所为使得孝庄无法挑剔。就在董鄂氏被封为皇贵妃不久,皇后博尔济吉特氏大病一场,几乎丧命,这正是董鄂氏取而代之的好时机,但董鄂氏五天五夜不合眼地伺候皇后,不时与她聊天,让她宽心。给人感觉她毫无觊觎皇后之位的野心,如此大大缓解了她与孝庄婆媳之间的紧张关系。哪怕是皇后病好后,董鄂氏仍旧"晨夕侯与居,视饮食,服御曲体罔不悉",表现出了作为女人难有的胸襟和气度。

董鄂氏此时是三千宠爱集一身,但她显然比杨贵妃精明多了,她知道,树大招风,自己时时刻刻都在后宫嫔妃们的众目睽睽之下,稍有不慎授人以柄,就会酿成大祸,所以她"性至节俭,衣饰绝去华采,即簪珥之属,不用金玉,惟以骨角者充饰"。这种天然去雕饰、清水出芙蓉的美,显然要比挂满金簪玉饰好看得多,那时照片没有图像处理技术,韩国整容技术也没有传入我国,董鄂氏的美想必是浑然天成的。

在对待比自己级别低的女人时,董鄂氏也非常精明,凡是有人把事办成了,她就将其告知顺治;有人把事办砸了,她则不打小报告。嘴不碎的女人才是好女人,用顺治《御制孝献后行状》的说法,董鄂氏"御诸嫔嫱,宽仁下逮,曾乏纤芥忌嫉意。善则奏称之,有过则隐之,不以闻。于朕所悦,后尤抚恤如子。虽饮食之微有甘脆者,必使均尝之,意乃适。宫闱眷属，大小无异视，长者媪呼之，少者姊视之，不以非礼加人，亦不少有诟谇。故凡见者，蔑不欢悦。"

董鄂氏对孝庄和皇后无微不至，尽己所能赢得她们的好感，毕竟抬手难打笑脸人；对下级则有功归人，有过归己，使得下面说不出对自己的流言蜚语；对顺治则更是以自己成熟但不世故，美丽但不妖艳，可爱但不幼稚的风格赢得了他的心。两个人形影不离，每次顺治下朝后，董鄂氏都亲自为他安排饮食，斟酒夹菜，嘘寒问暖，顺治让她跟自己一起吃，董鄂氏却说："陛下对臣妾甚厚，但更应该对大臣好啊！"顺治经常对大臣大发脾气，然而自从顺治十三年（1656）以后顺治经常请大臣吃饭（与诸大臣共食），皇帝与臣僚之间的关系在饭桌上逐渐融洽起来，殊不知这正是董鄂氏在樽俎之间的话语起了重要作用。手握大权的男人往往吃软不吃硬，二十岁上下的顺治面对叔叔辈、爷爷辈的大臣们的道德规劝，往往会产生反感，而一个女孩娇滴滴地在最恰当的时机说出一些话，则会对自己产生深刻影响。

董鄂氏可谓顺治在政治上的贤内助，每当她看到顺治因心烦意乱而草率批阅奏折时，就会说："这难道不重要吗？陛下为何如此轻易处置？"顺治漫不经心地回答："无庸，故事耳。"没什么，都是些老一套，董鄂氏则说："这虽然是守成法，但陛下怎么知道完全无须改变，或者有其他需要洞悉的内容呢？"顺治有时让她一起来看奏折，她却说："妾闻妇无外事，岂敢以女子干国政，惟陛下裁察。"她的心中总有一把无形的标尺，她深知，孝庄在皇太极在时尚不敢干政，而自己外无权臣作后盾，内无太后撑腰，与皇后有表面上波澜不惊实际上势同水火的矛盾,如果再干政,一旦传出去,顺治顶不住压力,自己的地位就危险了。

有时候大臣犯了错,顺治在处理朝臣时非常伤脑筋,此时董鄂氏则说:"这些事不是臣妾应该参与的,但以臣妾的愚昧,尚知道大臣如果有过错,也是为国事,而不是为其身谋,陛下何不息怒详查,最后做出能让大臣心服口服的决断。如果连身边大臣都不服的话,怎能让天下人心服?"由此可见董鄂氏已初步具备女政治家的素养,只是历史没有给她施展的舞台。

一次顺治在批阅一份死刑犯名单,顺治跟董鄂氏说:"这些人都是要秋后问斩的,这十几个人只要朕朱笔勾下去,就是死刑。"董鄂氏本着女人的同情心,潜然泪下,说:"这些犯下杀头之罪的人估计都是因无知而犯罪,而且不是陛下亲自一一审理的,臣妾揣度陛下之心,是因为不了解案情而不敢妄下决断,这些案子难道没有冤案吗?臣妾希望陛下能让他们全活下来,以称好生之仁。"皇帝案头一点墨,民间百姓千斤血。皇宫内一丝风、一圈涟漪,都会在民间刮起摧枯拉朽般的飓风与排山倒海式的巨浪。

顺治于是采纳了她的建议,十几个人活了下来。每次刑部送来关于判决死刑的卷宗时,董鄂氏都会说:"民命至重,死不可复生,陛下幸留意参稽之。不然,彼将奚赖耶(百姓还能依靠谁呢)?"董鄂氏还说:"与其失人,毋宁失出。"这与儒家思想"与其伤不辜,宁失有罪"如出一辙,意思是与其因为罪证不足而错判,伤害了实际无罪的人,不如把犯罪嫌疑人放了。宁可放过一个坏人,也不能冤枉一个好人。董鄂氏的思想已经与现代刑法中疑罪从无的思路完全一致。这当然不会是她自己想出的，史载董鄂氏"所诵《四书》及《易》，已卒业，习书未久，天资聪慧，遂精书法"，通过读四书，董鄂氏得到了儒家思想的精髓，此外她还精通书法，遗憾的是现在已经没有董鄂氏的书法流传下来了。董鄂氏与顺治在一起的四年间，"重辟获全，大狱末减者甚众"，也就是说该杀头的被保全，罪行重的被减轻的有不少。的确，1656 年至 1660 年这五年，除了郑成功 1659 年长江之役时江南地方清军进行报复性屠杀外，清军没有进行一次屠杀，顺治也没下达过一次屠杀令，董鄂氏对于汉人的保全功不可没。

顺治有时去打猎，董鄂氏就说："陛下藉祖宗鸿业，讲武事，安不忘战，甚善。然邦足安足恃？以万镑仰庇之身，轻于驰骋，妾深为陛下危之。"顺治皇帝与董鄂氏已经建立了真正的爱情，而他对其他妃子只是喜欢。喜欢和爱有很大区别：喜欢一个女孩是你想靠近她，而爱一个女孩则是你根本离不开她；喜欢一个女孩是开心时想跟她在一起，爱一个女孩则是即便不开心，也想跟她在一起；喜欢中只包括笑，正所谓喜笑颜开，而爱中则有笑有泪；喜欢一个女孩不过是心血来潮时翻看她的朋友圈；而爱一个女孩则会念念不忘地天天点开她的朋友圈。喜欢一个女孩，当她老了以后，就会喜新厌旧，另觅新欢，而爱一个女孩，则会对她不离不弃，生死相依；喜欢是荡秋千，可以自得其乐，不需别人的回应，爱是跷跷板，需要一个人坐在对面与你互动，贴近你内心的感觉。

顺治十四年（1657）十月七日，董鄂氏与顺治终于有了爱情结晶，这也是顺治的第四个儿子（康熙是顺治第三个儿子)，母以子贵，有了儿子，顺治觉得该一步步废后而把董鄂氏扶正了，但他太低估孝庄了。一个女人要想在后宫赢得地位，最根本的是两条：赢得皇帝青睐，给皇帝生儿子。董鄂氏在同时拥有这两条后，也陷入了旋涡的中心。

董鄂氏怀孕这一年，北京一带夏天连降大雨冰雹，冬天酷寒，孝庄有意移居南苑，避开即将临盆的董鄂氏。董鄂氏生产后不久，南苑突然传来孝庄"违和"（身体欠安）的消息，并令后宫嫔妃都来探视。孝庄此计甚毒，董鄂氏现在是产妇，身体虚弱，只要她来，借着这次从皇宫到南苑的折腾，就可以让她雪上加霜。如果她不来，就是不孝，今后可以拿此说事儿。12月大雪纷飞的季节，董鄂氏作为一个产后妇女坐车二十多里来到南苑，本以为探视一下就可以，孝庄则把她强行留下，让她"朝夕奉侍废寝食"，白天端茶送药，晚上在床前值班。如此，董鄂氏的身体遭到毁灭性打击。

就在董鄂氏侍奉孝庄时，皇后博尔济吉特氏却从未去南苑探望，显然，这是孝庄与皇后串通好了，孝庄的病是假，故而皇后不必来，而想借此整死董鄂氏才是真。顺治自然明白这些，于是以不孝为名欲废后，董鄂氏说："陛下之责皇后，是也。然妾度皇后斯何时有不憔悴忧念者耶？特以一时未及思，故失询问耳。陛下若遽废皇后，妾必不敢生。陛下幸垂察皇后心，俾妾仍视息世间，千万勿废皇后也！"

世上还有这么体贴的女人吗？然而就是这样，三个月后，董鄂氏的新生儿神秘死亡，是孝庄干的，还是皇后干的，我们不得而知。但可以确定的是，这个孩子的死改变了历史，如果他不死，董鄂氏也不死，那么最后继位的很可能是这个孩子，而不一定是康熙。

顺治十七年（1660）八月十九日，董鄂氏去世，享年二十二岁，临终时她说："我逝后，束体者慎毋以华美。皇上崇俭约，如用诸珍丽物，违上意，亦非我素也。"就是说自己去世后穿的衣服要朴素，不要太奢华。顺治将董鄂氏的谥号定为孝献庄和至德宣仁温惠端敬皇后，并满怀深情地写下《御制孝献后行状》，本书关于董鄂氏的记载大多来自这篇文章。

董鄂氏死后，顺治不顾一切，寻死觅活，人们不得不昼夜守着他，使顺治不自杀。（魏特《汤若望传》）顺治没有自杀，而是下令让太监和宫女共一百三十人给董鄂氏陪葬，这成为清朝历史上最大规模的活人殉葬。

宫女的意义就是奴隶，一个女孩子一旦进入宫廷，就意味着一只脚已经踏进坟墓，在入宫之前，一切都能自己做主；入宫之后，身子是皇上的，命运则是被皇上、比自己地位高的妃子、太监所左右，稍有不慎，就会卷入宫廷斗争，至有性命之虞。当然，其中既幸运又有娴熟的政治斗争手腕，且容貌美艳者，会在宫女中脱颖而出，最终做到皇后，生下皇子，母以子贵，在享尽荣华后逝去。不过，宫女中的绝大多数人都无缘跟皇上一起在御榻之上颠鸾倒凤，而是在默默无闻中成为半老徐娘，韶华已逝时被逐出皇宫，落到另外一批相同性质的主子手里。当然，这个结局比起那些卷入宫廷斗争而死的人来说，已经算好的了。董鄂氏是个悲剧人物，生前短暂，死后哀荣备至，在中国历史上也算名垂青史，比起那些默默无闻的死在宫中的"白头宫女说玄宗"的那些女孩子，算是幸运的了。

第十一章
顺治生死：失眠难治遁空门？

顺治十八年（1661）正月初七，顺治驾崩。孝庄"遥闻宫中哭声，沸天而出"，这才猛然想起死去的是自己的亲生儿子，而不是政敌。于是一种苍凉与凄苦油然而生，孝庄"黑素袍，御乾清门台基上，南面，扶石栏立，哭极哀"，不知这位在与儿子的政治斗争中"大获全胜"的母亲，此时会作何感想呢？这就是政治，普通人的生活是父亲母亲去世时儿子埋葬父母，战争是儿子战死后父母埋葬儿子，而政治则是父亲死了，儿子接班，儿子被母亲斗死了，母亲最终再埋葬儿子。权力场如同黑洞，一旦进入，连光也休想逃逸。古往今来，在通向权力之巅的道路上，埋葬了多少男人的青春，哭干了多少女人的眼泪。一个个人为了追逐权力，或者出卖自己的灵魂，或者背叛自己的信仰，亲情、爱情、友情在权力面前往往显得那么脆弱。权力场如此血腥，孝庄就这样心灰意冷，彻底退出政治斗争了吗？不，新的斗争，这才刚刚开始。

在信佛教之前，顺治其实差一点就成了基督徒。顺治八年（1651）的一天，孝庄的侄孙女病重，汤若望得知病情后，认为无大碍，过几天就会好了，于是他很精明地把一个十字架给了来人，让他给孝庄的侄孙女带上，说佩戴在胸前四天就可以痊愈。果然四天后孝庄的侄孙女病好了，一个小小的十字架叩开了清宫大门，孝庄从此认汤若望为义父（汤若望1592年出生，孝庄1613年出生，汤若望比孝庄大21岁，所以叫义父），顺治就管汤若望叫"玛法"（满语爷爷的意思）。汤若望在顺治面前有很高话语权，与他和孝庄的这层关系密不可分。汤若望懂医学，早在顺治七年（1650）初多尔衮还跋扈嚣张之时，他就通过多尔衮的面色预言多尔衮活不了几天，当时顺治还劝汤若望不要乱说，果不其然当年多尔衮就暴卒。

自从孝庄的侄孙女病好后，孝庄的胸前也挂上了十字架，尽管孝庄并不知道基督耶稣和《圣经》为何物。十字架本是古罗马的刑具，基督教认为耶稣是替世人赎罪而被钉死在十字架上，故而把十字架作为信仰的标志，胸前佩戴十字架意为基督在我心中。然而孝庄佩戴十字架则更是出于一种图吉利的做法，她认为她的侄孙女正是因为佩戴十字架而转危为安。顺治皇帝与孝庄既信耶稣也信释迦牟尼，还信孔子，什么都信就是什么都不信。我曾经拍过一段时间纪录片，一次到了农村，看见一家的神龛里摆着如来佛、观音菩萨、玉皇大帝、关羽，你问他信哪个，他也说不上来。

儒家思想是用于治国安邦理政，无论哪个宗教得势儒家思想都无虞，因为儒家不是儒教。中国是儒释道三家并存，道教此时在中国已逐渐衰落，因此真正与基督教抗衡的就是佛教。顺治九年（1652），西藏达赖喇嘛带领三千喇嘛和大批蒙古族士兵，来北京觐见顺治。顺治非常高兴，决定亲自前往边地迎候法驾，遭到许多大臣的反对，但是顺治根本听不进去，一意孤行，孝庄太后只好把德高望重的汤若望请出来劝驾，最终还是汤若望说动了顺治。达赖喇嘛想让顺治成为佛教弟子,汤若望极力反对顺治接近达赖喇嘛,认为皇帝与喇嘛应该各行其是,各尽其责。顺治接受汤若望的建议,给达赖喇嘛以隆重接待,并答应册封达赖喇嘛为"西天大善自在佛",却使达赖喇嘛的主要心愿落空。

西藏喇嘛教愿望落空,中原佛教加紧争取顺治。一次顺治在与高僧木陈忞交谈时,问道:"老庄道家思想与佛教的顿悟有什么区别和相同之处?"

木陈忞:"此中大有淆讹,佛祖明心见性,老庄所说未免心外有法,所以古人判他为无因,滥同外道。"

顺治:"孔孟之学又且如何?"

木陈忞:"中庸说心性,而归之天命,与老庄所见大段皆同。然佛祖随机示现,或为外道,或为天人。如陛下身为帝王,乾乾留心此道,即不可以帝王定陛下品位也。非但帝王,即如来示现成佛,亦是脱珍馐服,着敝垢衣,佛亦不住佛位也。"木陈忞的回答非常巧妙,指斥道家思想"心外有法",不好,又说孔孟之道与老庄"大段皆同",意思是应该信佛教。佛教反映着中国现实社会的苦难,自从东汉传入中国,已经将近两千年,古印度的佛教深深植根中国文化土壤,远比基督教在中国更接地气。佛教为人们指出苦海无边回头是岸,顺治帝六岁丧父,六岁到十四岁始终生活在多尔衮的死亡威胁之下,想见自己的母亲孝庄都难,好不容易把多尔衮熬死了,却娶了自己不爱的女人,因为感情问题与母亲反目。终于认识了董鄂氏,但董鄂氏短命。看似皇帝,大权在握,说一不二,乾纲独断,但实则十分痛苦,精神压力十分沉重的顺治在十字架下并没有找到光明之路，因为基督教还是现实的、入世的文化，这点近似儒家，而顺治在现实中找不到一点希望，由此，推崇来世的佛教最终成了顺治的信仰。

然而如来佛祖也并没能拯救顺治，顺治十八年（1661）正月初七顺治驾崩。由于皇帝才二十四岁就死了，许多人认为，顺治并非死亡，而是出家了，但顺治的官方死因说是得天花而死。

有明确的记载说顺治身体羸弱，顺治十七年（1660）顺治对木陈忞说："朕再与人同睡不得，凡临睡时，一切诸人俱命他出去，方睡得着，若闻有一丝气息，则通夕为之不寐矣。"

还有一次顺治对木陈忞说："一个老和尚对朕说朕三十岁大寿时他来给朕过生日，朕觉得没有问题，玉琳禅师说来给朕祝四十大寿，朕觉得自己活不到那天。"

木陈忞很吃惊，说："皇上当有千万岁，何出此言？"

顺治摸着自己瘦削的面颊，说："老和尚觉得朕脸色好看吗？"见木陈忞不敢回答，顺治说："朕已经骨瘦如柴，这种病体，怎能活得长？"

木陈忞说："皇上劳心太甚，应该把冗事交给别人处理，以早睡安神为妙。"

顺治摇头说："朕若早睡，则整夜辗转反侧，更睡不着，只有到四更（一点到三点），倦极而眠，才能睡着。"

清朝早朝大约是凌晨五点到六点，那么顺治每天最迟四点半就要起床。假设是四更的开始——一点睡着，到四点半，一天只睡三个半小时，岂能长久？其实睡眠最重要的是质量，拿破仑睡眠质量高，沾枕头就能睡着，每天只睡五小时，不过他十分善于休息，有时在两次接见活动的五分钟间隔里，也可以美美地打个盹，让精力恢复。拿破仑曾对拉斯·卡斯说:"我任何时间、任何场所，只要想睡觉，就能睡着。我把许多不同的事务排列在脑海里，就像放入一个有几个抽屉的柜子里。我不想做某件事时，就把装这件事的抽屉关上，然后打开装另一件事的抽屉，如此，可以让我在百事缠身的情况下专注地干好每一件事。想睡觉时我把所有抽屉都关上，马上就睡着了。"（美国威尔·杜兰《世界文明史》第 11 卷）

撒切尔夫人一天只睡四小时，但因为睡眠质量高，所以活了八十八岁。著名发明家爱迪生每夜只睡四到五个小时，一生共取得 1093 项科学发明专利，却活了八十四岁。丘吉尔每天夜里三点睡，早晨八点起床，每天睡五个小时，但是他从不失眠，睡眠质量高，而且抽烟喝酒，却活了九十一岁，不过这也与他哪怕再忙，都会每天抽时间织毛衣来放松，每周用半天时间来钓鱼有关。

失眠并不可怕，大仲马曾经严重失眠，但他坚持每天睡前吃一个苹果，并强制自己定时睡眠、定时起床，终于治好了失眠症。法国启蒙思想家卢梭年轻时严重失眠，并伴有耳鸣、心悸、气短。他边读书，边进行采药、养鸽、栽花等轻体力劳动，最终治好了失眠。德国大文豪歌德也是失眠症患者，他认为战胜失眠的好方法是旅行。他曾一度被官场生活和文学创作折磨得夜不能寐，于是他到意大利等地游览，绮丽的风光使他的神经衰弱症不治而愈，最终活了八十四岁。郭沫若留学日本期间得了严重的神经衰弱症，一夜往往只能睡三四个小时，还常被噩梦惊醒。后来他每天睡前、起床时各静坐半小时，噩梦逐渐减少，记忆力恢复，治好了失眠，活了八十六岁。（郭沫若《文艺论集·王阳明礼赞》，载《郭沫若文集》第 10 卷）

与这些治好失眠的人相比，顺治有两大问题，一是心理素质差。六岁就是所谓的真龙天子，看似应该无所不能，但实则处处受制于人，方方面面都不顺心，最终使得他心理素质差。失眠的人首先要相信自己能睡着，才能治好失眠，而顺治压根不具备这种自信。二是顺治的特殊地位。谁都能失眠，只有皇帝不行，今天没睡着，转天强撑着起来去处理政务，晚上再睡不着，转天还要起来。明朝以前有丞相的时候，皇帝睡不着觉是可以休息的，自从朱元璋废除了丞相，一切都要由皇帝自己来处理，不然国家瘫痪，皇帝脑袋搬家。明朝皇帝不勤政，还有内阁，清朝内阁形同虚设，一切政务真的只能落到皇帝一人身上。如此，顺治哪有时间去调养呢？因此二十四岁时就病死也在情理之中。

当然了，出家说也并不是空穴来风，顺治的遗诏就有许多疑点。遗诏中顺治列举了自己的十三条罪状。这十三条罪状占到顺治遗诏篇幅的 90% 以上，最后一段才说让玄烨接班，让索尼、苏克萨哈、遏必隆、鳌拜作为四大臣辅佐，也正因此，许多人说顺治的遗诏不像是遗诏，更像退位诏书。因此有人认为顺治没死，而是退位出家了。

出家说的确有不少史料可见端倪。《清稗类钞》记载，一次顺治对玉琳禅师说："朕感念自释迦牟尼、达摩这两位王子出家后，再没有王子出家，朕打算弥补这个缺憾，出家，师父感觉如何？"玉琳禅师："释迦牟尼和达摩不过是小国王子，岂能比我国之大,比得了您这样的万乘之主?陛下做天下人之主,护持佛法,功德无量,不必出家。"顺治点点头。

还有一次,顺治对木陈忞说:"朕前身一定是僧人,所以一到佛寺,见寺庙窗明几净,就不愿再回到宫中。财宝和妻子是人生最贪恋而放不下的,朕对于财宝固然不在意,对于妻子也觉得风云聚散,没甚关系。要不是怕太后挂念,朕早就出家了。"木陈忞闻言大惊失色,怕自己担负勾引皇帝出家的罪名,赶紧说:"剃发染衣,乃声闻缘觉羊鹿等机,大乘菩萨要且不然,或亦作天王人王神王及诸宰辅,保持国土,护卫生民。不厌拖泥带水,行诸大悲大愿之行。如祇园清净无为,自私自利,任他尘劫修行,也到不得诸佛田地。即今皇上不现身帝王,则此番召请耆年,光扬法化,谁行此事?故出家修行,愿我皇万勿萌此念头。"木陈忞的意思是,出家事关因缘玄机,不可轻举妄动,菩萨们往往也变身为天王、人王或者神王来保国护民,普度众生。如果只图洁身自好而出家,即使修行也不能成为佛祖。陛下如果不现身帝王,怎么会有请来诸多和尚做法事的善行呢?所以请皇上千万不要出家。

但顺治不听,许指严《十叶野闻》记载,顺治十八年正月,顺治对身边人说:"人生不过数十寒暑,追逐名利,何时可已。朕贵为天子,开国承家业已十有八年,长此营营何时方得满意?朕觉世事有如浮云过眼,事后追维,味同嚼蜡,不如真修悟道,实为无上上乘。况朕幼日即有此志,迩来饱经世患,勘破情网,若不于此时解脱,更待何时?"于是顺治出家。顺治帝的出家,令清宫上下惊慌失措。他们为了不引起世人的非议,只得向外宣布:顺治皇帝驾崩。

《清室外纪》则记载，顺治曾对鳌拜说："嗣皇帝登极之时，朕将在群臣之后，自旁观之"，"帝先与大臣商定，佯言驾崩，而实往天寿山寺为僧（又有言在五台山者）"。康熙九年（1670）顺治圆寂。

顺治一向好佛，他的印章有"尘隐道人""痴道人"等称号。康熙亲政后，曾经以进香为借口，多次到五台山，因此有人说，康熙是去看已经出家的顺治。又说1900年八国联军打进北京，两宫西狩，经过晋北，地方上无法准备供御器具，却在五台山上找到了内廷器物，这似乎又是一个顺治出家的证据。

病死说有道理，出家说存疑，但是从一件事情可以证明顺治的确是病死了，而不是出家了。董鄂氏死后，顺治专宠的女人是董鄂氏的妹妹贞妃，贞妃被孝庄逼迫为顺治殉葬，成为唯一为顺治殉葬的人（为董鄂氏殉葬的有130人），顺治在董鄂氏死后对她爱屋及乌，如果顺治没死，出家了，以他跟董鄂氏的感情，怎么可能不阻止孝庄逼贞妃殉葬的事呢？因此顺治的确是死了，没有出家。

关于顺治的好似退位诏书的遗诏，其实是孝庄口述自己的意图后让大臣王熙写的，一个病危之人怎么可能头脑如此清楚、文笔如此优美地写遗诏呢？中国历朝历代的遗诏其实大多不是皇帝本人写的，而是新朝的统治者为了自己统治而假托前朝皇帝之名所写。是顺治把太庙上的蒙古文抹去，是顺治要废掉孝庄家族的博尔济吉特氏女人，是顺治因为董鄂氏的问题跟孝庄撕破了脸，孝庄作为女人，自然想出一口恶气，于是就让王熙写了这份看起来像退位诏书的遗诏，这一点在《王熙自定年谱》中有记载。

顺治临死前命令索尼、苏克萨哈、鳌拜、遏必隆四大臣共同辅佐玄烨，四大臣在顺治面前发誓："誓协忠诚，共生死，辅佐政务。不私亲戚，不计怨仇，不听旁人及兄弟子侄教唆之言，不求无义之富贵，不私往来诸王贝勒等府受其馈遗，不结党羽，不受贿赂，惟以忠心仰报先皇帝大恩。若各为身谋，有违斯誓，上天惩罚，夺算凶诛。"但很快四人之间就开始争权夺利，逐步剑拔弩张，当然，这是在后面讲的，下一章让我们把镜头对准郑成功。

第十二章
收复台湾：劈波斩浪逐荷人

顺治十八年十二月二十一日（1662年2月9日，延平王永历十六年十二月二十一日），台湾热兰遮城铁门缓缓打开，荷兰东印度公司台湾总督弗里德里希·揆一（Frederick Coyett）带领荷兰官员走出来。受降仪式在热兰遮西南的开阔地举行，中央设一宽大的灰色天幕，为了便于观瞻，帐幕四面敞开。郑成功部下将士们刀光闪烁，戒备在天幕周围。出城的揆一贪婪地吸了几口气，一股清凉而又新鲜的空气沁人肺腑。之前八个月时间揆一都躲在早已超饱和的热兰遮棱堡中，无论是教堂还是蔗糖仓库到处停放着病人和死尸，揆一庆幸的是，自己还活着。

郑成功身披甲胄，头戴兜鍪，迎接着这场胜利仪式。他的铠甲里面是一件未漂白的麻纱长袍，头戴一顶褐色尖角帽，式样像便帽，帽檐约有一个拇指宽，上头饰有一个小金片，在那小金片上挂着一根白色的羽毛。不过，让人不安的是，从他看似健康的身躯隐隐约约能感觉到病态。郑成功大手一挥："鸣放礼炮！"

马信步出帐外，向远处阵地令旗一展，顿时礼炮轰鸣，与此同时荷兰人的脸色也越发难看，自己就像犯了错的孩子一样，感觉时间过得真慢。

随从们迅速在帐中两侧各自摆上一张长桌，桌上铺好红毡，桌后各摆一把太师椅，郑成功和揆一各坐一侧。降书一式两份，双方主官同样是在签字，心境却又有天壤之别，揆一紧张得差点签错了位置。签好后，郑成功与揆一走到帐幕中央交换降书。揆一闷声不响地从韦恩·利普伦手中接过一把象征着城堡的钥匙，双手恭恭敬敬地交给郑成功。接着他又从小比德尔手中接过一柄象征着荷兰军队的西洋利剑献给郑成功，这意味着荷兰军队解除武装。

按照双方约定，荷兰人在正式递交降书的当日正午，降下城堡中的荷兰国旗。那面在台湾上空飘扬了三十八年的三色旗，仿佛也已经知晓在此地飘扬的末日到了，再无猎猎作响的威风，而是垂头丧气地耷拉了下来，像一块破布一般。

郑成功的将士们和来看热闹的土著都一起凝望着城堡上空，时而斜觑一眼旗杆的影子。太阳移动得那么缓慢，慢得所有人都在屏气凝神。半个时辰后，太阳终于逼近正南，旗杆的影子也缩到了最短处，到时候了，三色旗缓缓降下，取而代之的是一面象征着投降的白旗升起。记住这个日子，开辟荆榛逐荷夷，十年始克复先基。田横尚有三千客，茹苦间关不忍离！

顺治十六年（1659）郑成功长江之役彻底失败，同年，清军攻占云南全境，永历帝只得在缅甸苟延残喘，中国大陆仅剩福建厦门、金门还在南明手中，换句话说，郑成功控制着大陆的最后明朝基地。顺治十八年（1661）正月初七顺治驾崩，仅金门、厦门不足以支撑郑成功的庞大部队，于是他把目光对准了台湾。

明末台湾由三股势力控制，台北由西班牙控制，西班牙在此建立圣多明哥城和圣萨尔瓦多城，即今基隆一带。台中西部是台湾高山族建立的大肚王国，台南由荷兰人控制，1642年荷兰人赶走台北的西班牙人后，台湾只剩下荷兰政权和大肚王国。大肚王国并不是国王肚子大，而是对这一地区称呼的音译。黄叔璥在他的《台海使槎录》一书中，有这样的记载："大肚山形，远望如百雉高城，昔有番长名大眉。"虽然寥寥数语，却说明17世纪的台湾中部确实有一个超部落的大肚王国。荷兰殖民者于1644年进攻大肚王国，但是这一带雨林密布，荷兰人战败，于是就将其作为化外之地。郑成功大军到来后，许多原本效忠荷兰人的"熟番"投向郑军。其中，率先改换门庭的正是原本跟荷兰人最为亲近的四个村社——他们杀掉村里的荷兰人，砸毁教堂，集体向郑成功投诚。郑成功给予了他们盛大的招待宴会和丰厚的赏赐，其他村社见状，也纷纷来降。到1661年六七月份，郑军开始缺粮，遂派两万人到各个村社进行屯田，因粮食告急，郑军征粮的手段变得粗暴。这种做法引起了不少村社的不满——大肚国王阿德狗让杀死了郑军的征粮官，还袭击郑军，导致郑军损失了千余人。郑成功派将领镇压了大肚王国，阿德狗让被斩。此后大肚国听命于郑成功，但在番社内依然自成一统。施琅攻取台湾后，大肚王国臣服于清朝，施琅也承认其现状，直到雍正九年（1731），大肚国发动叛乱，最终被清廷剿灭。

此时台湾大肚王国对岸的福建，郑成功的军队已规模空前，有大小战船五千艘，士兵二十万，具备了收复台湾的实力，加之清军大军压境，他无路可退，为有安身之地，决心出兵台湾。郑成功考虑台湾以"澎湖为门户，鹿角为咽喉"，决定先收复澎湖，然后在台南安平镇鹿耳门登陆。顺治十八年（1661）二月初三，郑成功从料罗湾率二万五千人、战舰四百艘出发，二月初四到达荷兰人没有设防的澎湖，并派兵驻守澎湖。

二月初八郑成功的舰队已经抵达能远望到鹿耳门的地方了，鹿耳门出口两山对峙，状如鹿耳，有南北两航道，南航道有荷军防守，陆地的台湾城有重炮，难以通过。北航道水浅，需涨潮时才能通过。大多数写郑成功收复台湾的书都说郑成功来此时本来未到涨潮时，但天助中华，突然涨潮了，郑成功乘机冲入内海，登陆的郑军自北向南包围城堡。其实，这只不过是一次普通的涨潮罢了。郑家几代熟悉大海，了解潮汐时间，是必要的本事。但士兵们并不了解潮汐，郑成功深知此点，因此，他没有浪费这么一个激励士气的机会，故意选即将涨潮的时间出发。

面对进入鹿耳门的郑成功舰队，荷兰守将苗南实丁信心满满，因为此前荷兰人在与中国人作战的过程中已经积累了足够的心理优势。荷兰人 C. E. S（Coyett et socei，意思是揆一及其同僚）著《被忽视的福摩萨》记载："1625 年我方（荷兰）两三百名战士竟能压倒大约七八千武装的中国人，把他们击溃。从此以后，在福摩萨的中国人就被荷兰人看作不堪一击，以为他们都是文弱怯懦，不能打仗的。据荷兰人估计，25 个中国人和在一起还抵不上一个荷兰兵，他们对整个中国民族都是这样的看法：不分农民和士兵，只要是中国人，没有一个不是胆小和不耐久战的。这已经成为我方战士不可推翻的结论。……他们认为，国姓爷士兵只不过同可怜的鞑靼人（清军）交过锋，还没有同荷兰人较量过；一旦和荷兰人交战，他们便会被打得落花流水，把笑脸变成哭脸。"

然而真打起来，荷兰人发现自己遇到的中国人跟此前所遇判若云泥。对于这场战斗，《被忽视的福摩萨》记载如下："这些中国士兵低头弯腰，躲在盾牌后面，不顾死活地冲入敌阵，十分凶猛而大胆，仿佛每个人家里还另外存放着一个身体似的。尽管许多人被打死，他们还是不停地前进，从不犹豫，而只是像疯狗似的向前猛冲，甚至不回头看一看自己的战友有没有跟上来。""现在，他们（荷兰人）才知道过去过于轻敌，以致根本没想到会遭到这样的抵抗。如果说战斗前他们是英勇无畏，想要仿效英雄的行径，那么现在他们的勇气则完全被恐惧所代替，许多人甚至还没有向敌人开火便把枪丢了。他们抱头鼠窜，落荒而逃，可耻地遗弃了他们英勇的同胞。"

陆战荷兰惨败，再看海上，荷军赫克托号（Hector of Troy）、克里夫兰号（Gravenlande）、白鹭号、玛丽亚号（Maria）前来迎战。虽郑军装备不如荷军，但兵力是敌人的十五倍，所以将敌舰包围。此外，郑成功的海战阵法也很先进，是"五点梅花阵法"，每五艘船包围敌人一艘船，将对方线形队列分成几段，形成局部围攻以后，用轻巧的快船架设重炮进行舷射，此战法比英国海军称霸全球的"纳尔逊战法"（分队穿插）早出现了一百多年，因此，对付此时的荷兰人是绰绰有余。

陆海大战首战告捷后，二月初十，郑成功率军进攻赤崁城（普罗文查堡），由于人数上具有数十倍优势，郑军大获全胜，守将苗南实丁只得投降，赤崁城为郑军收复。收复赤崁城后，郑成功于顺治十八年三月二十九日（1661年5月1日）致书荷兰台湾总督揆一：

> 总督阁下率数百之众何足以抗我军，而吾尤怪总督之不自知也。夫天下之人皆不愿死于非命，吾数告总督，盖为贵国人民之性命，不忍陷于疮痍尔！今再致意，愿总督熟思之，吾率数万精锐之师天护神佑，顺我者生，逆我者亡！总督乃明理之人，当知眼下只剩速献城堡投降一条明路。如以贵国人民为重，择此明路，则吾以止战以待后命。我军入城之时当严饬将士秋毫无犯，一听贵国人民之去。若有愿留者吾亦保护其与华人一视同仁。夫战败而和古有明训，临事不断智者所讥。贵国人民远渡重洋，精英台岛，固吾所壮也。然台湾者，中国之土地，该土地久为贵国所据，今吾即来索还，该土地自当归我。如降，贵国人之珍馐悉听尽取而归。若总督执迷不悟，仍不惜一战，则我军当全力攻城，到那时必土崩瓦解，玉石俱焚，悔之晚矣！今日为四月初三日，给总督以两日之限，初五日当给以答复。吾当拭目以待，毋游移而不决也。生死之权在吾手中，是战是降却在总督。见机而行，不俟终日，望总督图之。

而后揆一派两名代表与郑成功谈判，荷兰人要求保留热兰遮炮台和赤崁城，郑军则可以"不受阻碍地进入全岛的其余部分"。这实际上是一种缓兵之计，其意图是在兵力不足的情况下迷惑郑成功，先行保住在台的两个重要军事据点，等待荷占巴达维亚东印度公司的援军，再重整旗鼓，霸占台湾。郑成功一眼识破荷兰人的意图，赤崁城已为我大军收复，岂能再给你们，于是他对谈判代表说："我能用我的力量把天地翻转过来，我来到的地方，就一定能征服。你们已经看到，昨天你们的大船被我的船烧毁了，我实实在在地告诉你们，要避免用你们微小的兵力来对抗我强大的军队。"

这次与荷兰人的谈判也给我们留下了郑成功的相貌记载，荷兰菲利普·梅记下了郑成功的相貌："郑成功身穿一件未漂白的麻纱长袍，头戴一顶褐色尖角帽，式样像便帽，帽檐约有一个拇指宽，上头饰有一个小金片，在那小金片上挂着一根白色的羽毛……他皮肤略白，面目端正，眼睛又大又黑，很少有静止的时候，不断闪烁，胡子不多，身材中等，说话声很严厉，说话时动作很大，好像手脚要飞起来。"菲利普·梅还记载，郑成功在自己面前炫耀武艺的场景："他（郑成功）于是上了马，叫我跟着去。我们来到海边平坦的地方，他的一个随从就拿三根约二尺高的短棍，每一根顶端都有一个小圆环，小圆环上贴着一个银币大小的红纸当箭靶。三根棍子在海边插成一排，互相间隔十竿。国姓爷遂插三支箭在他的腰带后面，骑到约五十到六十竿的地方，然后尽马所能的最快速度，疾驰而来，拔一支箭射中第一根棍子的箭靶，第二枝射中第二根的，第三根射中第三根的……一路跑来都维持同一个速度，既没有停下来，也没有减速。这样连续骑射两回之后他就下马，走到我的旁边，问我：看清楚了没有？能不能也一样骑射？我推辞说，不能，因为我从来没有拿过弓箭，我们是练习射枪的。"通过荷兰人绘声绘色的记载，我们可以看出，郑成功其人锋芒毕露，为人狂傲，个性张扬，急躁冲动，这一点完全可以与中国的历史记载相验证。郑成功"英迈果断有余，而豁达恢宏不足，一生遇事容易冲动发怒"，"失在激讦"，"易以意气用事，喜得独占之功"。

谈判破裂，郑成功将矛头指向了荷兰人在台湾的最后据点——热兰遮城（位于台南，也叫台湾城），首战损兵折将后，郑成功开始对热兰遮围而不打，长期围困。在此期间，九月十五日（11月6日）揆一收到了清朝闽浙总督李率泰的信，信中说："郑成功固我朝与贵国同为敌忾同仇，今后需同心戮力以剪除之，否则恐后患无穷也，今闻足下方与交战，对于军火、粮食有转运不济之虞，此余颇为足下忧之，然余可为足下谋之，使源源供应耳。惟有求于足下者，则请先派大批兵舰至福建与我军联合，削平郑氏在闽粤沿海势力，俾其首尾不能响应，然后本总督当拨遣将兵，与足下合兵扫清郑氏侵台之师，一举两得。"揆一一看信，眼前一亮，于是派五艘战舰去进攻郑成功控制的厦门，结果遇上台风了，连澎湖都过不去，只得作罢。

郑军士气高涨的同时，士气低落的荷军无心再战，并有士兵出城投降，军营笼罩着绝望的气氛，此时郑军抓紧休整，架设巨炮，切断荷军水源。顺治十八年十二月六日（1662年1月25日）郑军三面猛轰台湾城。十二月十四日（2月2日）荷兰人与郑成功联系，表示一周后投降，十二月二十一日（2月9日）荷兰人开城出降，于是有了篇头一幕。至此台湾回归祖国。

在郑成功走进热兰遮的一刻，意味着中国完成了东西半球大规模海上对抗中东方取得的最后一次大胜利。当时从非洲到南洋所向披靡的海上马车夫就这样被郑成功击败了，他以自己的实力在东亚海洋史上写下了浓重一笔。

在郑成功收复台湾前后，清廷实行海禁，严防沿海人民接济郑成功。与当初撺掇多尔衮消灭南明一统中国的都是汉人，最早提出剃发的也是汉人一样，这次提出海禁的还是汉人。顺治十八年（1661），漳州知府方星焕上奏提出海禁，此时顺治已死，康熙还很小，索尼、苏克萨哈、鳌拜、遏必隆组成的四大臣觉得方星焕所言有理，于是下令海禁，将沿海三十里（当时主要记载说是三十里，查继佐《鲁春秋》说是四十里，屈大均《广东新语》说是五十里）内的百姓全部迁入内地。四大臣非常虚伪，他们在以康熙名义颁行的诏书中说："先因海寇陆梁，游弋出没，不时抄掠尔等。皇上为尔等身家计，权移内地以避贼锋。"而事实上，海禁自始至终都是一场以极其野蛮的方式摧残沿海居民家园、彻底毁灭中华海洋文明的骇人听闻的暴行。

《靖海纪事》记载，朝廷下令三日内百姓搬家，搬过家的人都知道，三天怎么收拾得完，所以有的百姓压根不信，结果清政府实际操作时哪里是三天，到第二天，骑兵一到，逼所有人必须搬家。富人家产多，带不走，只得扔了；穷人则是丈夫拿着锅，妻子带着孩子，携着斗米，踉踉跄跄地在刺刀威逼下告别家园。《靖海纪事》作者是施琅，他是大清这边的将领，所写情况只能是打了折扣的，真实的海禁只能比这更惨。

高兆《长乐福清复界图记》记载，百姓迁走后，清军用带火的箭镞射向百姓的房屋，将其烧毁，百姓四散，大火累月不熄，沿海的几千艘战舰也同时被烧毁。大明遗留下来的中华海军此时就剩郑成功这一脉了。

道光七年《香山县志》记载，广东香山百姓留恋故土，不愿迁入内地，大量百姓逃进山谷，尚可喜于是假装下令海禁废除，准许大家不搬家，百姓就都信了，都从山谷出来。出来的人"按名令民自前营入，后营出，入即杀，无一人幸脱者。复界后，枯骨遍地"。

《莆变纪事》记载，有的百姓还没来得及走出房屋，就被清军拆了房子，被直接压死在里面，清政府还下令砍树，数千株果树和无数千年老树被砍伐，必须让沿海寸草不生。同类寸草不生的事情据我所知也只有古罗马灭迦太基后，在迦太基的土地上撒盐，以便让其成为盐碱地而寸草不生了。

钮琇《觚剩》记载，清廷海禁时"先画一界，而以绳直之。其间有一宅而半弃者，有一室而中断者。浚以深沟，别为内外。稍逾跬步，死即随之"，就是说清廷搞海禁时用绳子来划定禁区。清政府才不管划到哪儿，有的故意把界限划到人家，导致百姓在界内的一半房子只能荒废，然后在沿海三十里的界区挖深沟，稍微有人越过界限半步，就是死。陈鸿、陈邦贤《清初莆变小乘》记载，在莆田县，千总张安"每出界巡哨只带刀，逢人必杀。……截界十余年，杀人以千计"。如此杀戮使得无人敢进入海禁禁区，但海禁禁区线边缘的百姓养的小鸡和小猪不知道不能越界，有时它们越界了，百姓去追，遇到巡逻士兵，就对百姓治罪（夫细民势不能不畜鸡豚，鸡豚势不能识界禁，一旦越出路下，人或从而追之，塘兵远了，即加以越界之罪）。

海禁使渔民最爱损害。"渔者靠采捕为生，前此禁网严密，有界边拾一蛤一蟹者杀无赦。咫尺之地网阱恢张，渔者卖妻鬻子，究竟无处求食，自身难免，饿死者不知其几"（《闽颂汇编》）。在海禁界限内哪怕捡起来一个蛤蜊、一只螃蟹的都杀无赦。

从顺治十八年（1661）到康熙二十二年（1683）施琅攻克台湾，清廷实行海禁二十三年，如果说顺治十八年到康熙八年是鳌拜等人专权，造成这些悲剧的是鳌拜等人的话，那么从康熙九年到康熙二十二年，造成这些悲剧的完全是康熙。就拿福建省而言，福建是人口大省，沿海百里外都是深山，百姓都居住在沿海，根据曹树基《中国人口史》，海禁造成的死亡人数不会少于一百万。康熙四年，清朝闽浙总督李率泰在遗疏中说："臣先在粤，民尚有资生，近因迁移渐死，十不存八九。""十不存八九"，换句话说，百分之八九十的广东人都因为海禁而死。这可是出自清朝官员之口，绝不可能自己给自己抹黑。

第十三章
剪除鳌拜：八岁正太有雄略

先看一份个人简历。

姓名：爱新觉罗·玄烨。

爱好：写诗词、种水稻、做数学、画地图、学外语。

性格：爱好学习、超级勤奋、喜欢卖弄。

相貌：威武雄壮，身材匀称而比普通人略高，五官端正，两眼比他本民族的一般人大而有神，鼻尖稍圆，略带鹰钩状，虽然脸上有天花留下的痕迹，但并不影响他英俊的外表。

智商：高。

情商：高。

必杀技：圣旨下——"杀！"

缺点：虚荣心强，过于自信。

座右铭：以责人之心责己，以爱己之心爱人。

死亡方式：不详。

顺治十一年三月十八日（1654年5月4日），顺治的第三个儿子爱新觉罗·玄烨出生，身体强壮的满族人不知为何，面对天花，比汉族人的死亡率要高很多，所以玄烨出生没多久，就接种天花疫苗。当时的天花疫苗是用天花患者的脓疮结痂后碾成粉末，将其吹进男孩的左鼻孔或女孩的右鼻孔，假如获得正常反应，孩子就会发烧，得程度较轻的水痘，这就算接种了天花疫苗。康熙刚出生不久就接种了天花疫苗，但是在两岁时还是得了天花，多亏他的乳母、正白旗汉军包衣曹玺（曹雪芹的曾祖父）的妻子孙氏的悉心照料，才死里逃生，但是脸上也因此留下了麻子。后来康熙回忆："世祖章皇帝因朕幼年时未曾出痘，令保姆护视于紫禁城外，父母膝下，未得一日之欢，此朕六十年来抱歉之处。"

玄烨六岁时，顺治曾问各位皇子的志向，玄烨的哥哥、时年七岁的老二福全说："愿做一个贤王。"玄烨则说："等到孩儿长大后愿意效法父皇，黾勉尽力。"

顺治十八年正月初九（1661年2月7日）玄烨继位，时年七岁。因为还是个孩子，不能处理朝政，顺治任命索尼、苏克萨哈、遏必隆、鳌拜为辅政大臣辅佐康熙。

咱们先介绍一下这四个人。索尼，姓赫舍里，满族正黄旗人，天启七年（1627）皇太极发起宁锦之战时，索尼负责在宁远侦查明军情况，崇祯三年（1630）己巳之变时索尼跟随皇太极南侵。广渠门之战中，索尼与莽古尔泰、多尔衮、多铎、豪格等人并肩作战，豪格突入明军战阵，被关宁铁骑重重包围，索尼以万夫不当之勇杀入明军军阵，将豪格救出来。崇祯五年（1632）索尼随皇太极征讨察哈尔蒙古林丹汗部落。皇太极驾崩后，多尔衮专权，大批人都投靠了多尔衮，但索尼坚决不党附多尔衮，一直与多尔衮周旋，直到多尔衮暴毙。正因此，顺治亲政后非常信任索尼，自己临终前任命索尼为首辅大臣。

苏克萨哈，姓纳喇，满族正白旗人。他在皇太极驾崩后剑拔弩张地讨论继承人大会上，旗帜鲜明地表示必须立皇太极的儿子，使得多尔衮的企图没得逞。多尔衮暴毙后，苏克萨哈率军至湖南与南明刘文秀作战，屡败刘文秀，战功卓著。

鳌拜，姓瓜尔佳，满族镶黄旗人。早年鳌拜曾随皇太极参与征伐察哈尔部和征朝鲜的战役，崇祯十四年（1641）鳌拜跟从郑亲王济尔哈朗参与松锦大战。关键时刻，鳌拜所部遭遇洪承畴的明军骑兵，于是迎头而上，击败对方。鳌拜这时又不待军令，果断决定乘胜追击，打到明军步兵阵地之前，遂令部下将士下马步战，再败明军。鳌拜冲锋陷阵，五战皆捷。此后对明朝八总兵截杀时，鳌拜也立下大功，率军将明军逼到海边，明军或被杀，或跳海。皇太极突然驾崩后，鳌拜作为镶黄旗统领，自然支持皇太极的儿子豪格，在那场剑拔弩张的讨论接班人大会上，鳌拜一直按剑而立，逼得没带军队前来的多尔衮、多铎无法继位，最终大家一直拥立福临继位。清军入关时，鳌拜参加与李自成的山海关大战，勇冲敌阵。定鼎北京后，鳌拜随靖远大将军阿济格发起对李自成的追歼战，率军由内蒙古攻入陕北，攻陷四城，降三十八城，随即挥师南下，不战而克西安。李自成逃到湖北后，鳌拜率军于河南邓州和湖北承天、德安、武昌等地与李自成先后交锋十三战，每战必胜，最终李自成在九宫山死亡。鳌拜作为此时清军最勇敢善战的将领，在攻灭李自成后，迅速被多尔衮调往四川，参加对张献忠的剿灭。在西充与张献忠所部遭遇，鳌拜身先士卒，往前猛冲。大西军抵挡不住而溃败，张献忠也于此役被杀。随后鳌拜对张献忠残匪犁庭扫穴，击破大西军营垒一百三十余处，斩首数万级，获马骡牲畜12200余匹。剿灭张献忠的行动，虽然豪格是总指挥，但总指挥毕竟不能亲自冲锋陷阵，因此鳌拜实居首功。

遏必隆，姓钮祜禄，满族镶黄旗人。崇祯十四年（1641）松锦大战中，遏必隆在松山扎营，把明军悍将曹变蛟打得大败。崇祯十五年（1642）皇太极第五次南侵时，遏必隆率军攻陷天津蓟县，一路南下打到山东。崇祯十七年（1644）遏必隆参与山海关大战，随同满洲各军入关，跟着克勤郡王勒克德浑一起对李自成残部作战。取得武昌战役的胜利后，李自成在九宫山被杀，遏必隆率军班师。此后由于他是镶黄旗人，当初反对多尔衮继位，被多尔衮闲置，多尔衮暴毙后复出。

以上就是四大臣的基本情况，显然鳌拜战功最大。四大臣里，索尼虽然是首辅，但是年老多病，精神不足。苏克萨哈虽然年富力强，有才能，但是因为隶属于原多尔衮的正白旗，出身不好，而且在四人里爵位最低。鳌拜与遏必隆都是镶黄旗，鳌拜为人阴鸷，遏必隆其人庸懦，自然遏必隆就被鳌拜拉到自己一边。此时，四大臣的局面是索尼名存实亡，鳌拜与遏必隆对抗苏克萨哈。

冲突最终被鳌拜点燃。起先，顺治初年实行圈地时，摄政王多尔衮利用权势，将原定圈给镶黄旗的永平府一带的好地拨给正白旗，而另拨河间府一带次地给镶黄旗。这件事当时引起一场风波，但事过二十多年，旗民各安生业，旧怨也已淡忘。鳌拜却旧事重提，让正白旗与镶黄旗互换土地，就是为了挑事儿。大学士、户部尚书苏纳海认为不可，直隶总督朱昌祚以此举会造成数十万失业者而抗疏称其不便，保定巡抚王登联以圈拨扰民而疏请停止。鳌拜矫诏将这三位大臣处以绞刑。苏纳海得知自己要被杀后，平静地说："我乃大臣，本有礼仪，快给我拿酒来。"然后豪饮海吃一顿,叫家奴将布垫在地上,脱衣躺下,盖上被单,从容地让人拿弓弦将自己勒死。朱昌祚、王登联也同时被绞死。

康熙六年(1667),玄烨十四岁。索尼援引先帝顺治十四岁亲政的祖制,疏请康熙帝亲政。在苏克萨哈、索尼、孝庄太皇太后的支持下,康熙亲政,鳌拜对此也无可奈何。在康熙筹备亲政大典期间,索尼病死,四大臣还剩三大臣,排名也发生变化,鳌拜成了首辅大臣,遏必隆、苏克萨哈次之。

苏克萨哈知道,鳌拜要对自己下手了,于是上书请求退休。他说:"令臣往守先帝陵寝,如线余息,得以生全。"鳌拜作为首辅大臣,看到这封奏折,便回复道:"在此何以不得生?守陵何以得生?"为了不让苏克萨哈跑了,鳌拜迅速给苏克萨哈罗列二十四条大罪,逼康熙对苏克萨哈灭族,康熙不同意,鳌拜"一连七日强奏",最终在康熙的坚持下,鳌拜只是把苏克萨哈由凌迟处死改为绞刑,苏克萨哈的七个儿子、一个孙子(还不到一岁),兄弟的两个儿子,无论成年与否,都处斩。

害死苏克萨哈后鳌拜更加肆无忌惮,康熙八年(1669)春节,鳌拜身穿黄袍来给康熙拜年,衣服样式俨然皇帝。朝廷大权在鳌拜一手操控中,鳌拜把其党羽安插到朝廷各个部门,这样鳌拜便牢牢掌控政局。每有大小事件,诸臣都先到鳌拜家里议定,然后再通知康熙,等于康熙被鳌拜架空了。

许指严《十叶野闻》记载一次鳌拜奏事,见康熙在读儒家学说,很不高兴,说:"我大清自有制度,皇上应该读喇嘛经,不该读儒生学说,先帝不认为臣不肖,因此让臣教导皇上，臣以为应该体察先帝圣意，将儒生都赶走。"

康熙笑着说："此一时彼一时，我们治理中原，怎能不读孔子的书？爱卿见识太不广了。"

鳌拜："皇上刚执政就拒绝微臣的忠谏，臣不敢再问国事了。"说罢拂袖而去。

康熙追上他说："朕非拒谏之主，读儒家学说不是坏事，爱卿应以平常心察之。"

鳌拜："皇上请把臣说的话放到议政王大臣会议上讨论，如果他们都说臣错了，臣愿一死以谢皇上。"

康熙："爱卿没有错，朕错了。"

康熙这样顺着鳌拜，就是为了麻痹他。事实上康熙天禀过人，《清圣祖仁皇帝实录》卷一记载康熙"天表奇体，神采焕发，双目日悬，隆准岳立，耳大声洪，徇齐天纵，稍长，举止端肃，志量恢弘，语出至诚，切中事理。读书十行俱下，略不遗忘。自五龄后，好学不倦。丙夜披阅，每至宵分。凡帝王政治、圣贤心学、六经要旨，无不融会贯通，洞彻原委"，"且多艺多能，允文允武。著作则上媲典谟，吟咏则直追雅颂。精娴细楷，妙擅擘窠。挽弓十五钧，用矢十三握。左右骑射，发必中的。"显然，对于康熙的才华，鳌拜没有丝毫察觉，认为康熙年幼可欺，每当议事时动辄高声呵斥大臣，每做一事，必须让康熙屈从自己的意志。一次鳌拜故意装病不上朝，康熙亲自到他家探望，竟在寝室里发现炕上放了一把短刀。按规定大臣面见皇上时身边不许携带任何凶器，否则以图谋不轨论处。鳌拜根本不把康熙放在眼里，毫无顾忌地把凶器放在身边。康熙装作并不介意，一边笑着，一边从容地说："刀不离身是满洲的习俗嘛。"慰劳了几句,便回宫了。

鳌拜集团的存在是对康熙的严重威胁,为了夺回权力,康熙决定除掉他,但鳌拜手握大权,势力遍布朝野,弄不好会招来大乱。康熙不敢兴师动众,贸然行事,而是暗中准备。康熙召索额图密谋,索额图是索尼的儿子,做了康熙的侍卫,因忠诚得到康熙信任。密谋后康熙以陪伴自己娱乐为名下令从八旗子弟中挑选身体强壮的十几岁的孩子入宫,共选了十几个,满语称为布库,也就是陪摔跤的孩童,这些孩童里为首的叫曹寅,就是曹雪芹的爷爷。康熙让这些孩子天天练习并表演摔跤,鳌拜进宫奏事,康熙也不让他们回避,故意让他看见孩子们在摔跤玩耍。鳌拜以为康熙贪玩,更不把康熙放在眼里。

经过一段时间训练,这些人个个武艺高强。康熙八年(1669)五月十六日,康熙单独召见鳌拜,鳌拜大摇大摆地进宫门,康熙赐给他一把腿有问题的椅子坐("侍以椅之折足者令其坐"),一个侍卫站在这把椅子后。鳌拜坐定,康熙赐给他一碗很烫的热茶,鳌拜一摸,非常烫手,没拿住,茶砰然坠地。椅子后面的侍卫趁势将鳌拜推倒,康熙大喝一声:"鳌拜大不敬!"(此段据李伯元《南亭笔记》卷一)

鳌拜一看,今天形势不妙,便问:"皇上所召何事?"

康熙:"你知罪吗?"

鳌拜毫不畏惧,说:"臣有何罪?"

康熙说:"你结党营私,妨功害能,罪行不可胜数,还说无罪?左右与我拿下!"

鳌拜厉声说:"哪个敢来拿我?"一个少年冲过来,鳌拜过来就是一拳,少年一把把拳头接住用力一推,鳌拜倒退数步，其他少年一拥而上，将鳌拜摁在地上，鳌拜就这样束手就擒了。

墙倒众人推，礼亲王代善的孙子、和硕康亲王杰书揣摩康熙的意思，为鳌拜列了三十条大罪。鳌拜自知罪孽深重，于是在康熙面前突然脱下上衣，露出当年为救皇太极而留下的累累伤痕，康熙为之动容，于是下令免死，将鳌拜终身圈禁，不久，鳌拜死于禁所。遏必隆也被夺权，于康熙十二年（1673）病死，病重时康熙亲往探视，康熙十六年（1677）将遏必隆的女儿立为皇后。除鳌拜后，康熙时代真正来临了。

第十四章
三藩之乱：康熙 vs 姑爷爷、伯父、姐夫

一个特大型公司，CEO 是 20 岁的年轻人，天赋过人，极度自信，把各部门都收拾得服服帖帖，现在全公司还有三个部门不听招呼，三个部门经理分别是 62 岁、70 岁、30 岁，这三个部门经理都与 CEO 沾亲带故，分别是 CEO 的姑爷爷、伯父、姐夫。公司的其他部门经理都由 CEO 来任命，随时可以撤换，不可以世袭，然而只有这三个部门经理可以世袭罔替。62 岁的部门经理在公司干了几十年，树大根深，死党众多，到处都是其耳目，根本不想退休。70 岁的部门经理的儿子是个祸头，就像炸药包一样，随时可能炸开，所以 70 岁的部门经理早就不想干了，想要交出一切权力。30 岁的部门经理刚接班没多久，没什么能力。

一天，70 岁的部门经理写邮件给 CEO，表示要辞去一切职务，也决不允许自己的儿子接班，让这个部门再也不能是化外之地。CEO 很快表示批准，另外两个部门经理知道老大要集权了，便试探性地也表示要辞职交出一切权力。此时对 CEO 而言，最好的处理办法就是允许 70 岁的真心交权的部门经理和 30 岁的缺乏嫡系的部门经理辞职，对于 62 岁的在公司内盘根错节的部门经理，好言安慰，信誓旦旦地表示会让他一直干下去，稳住他之后，把另外两个部门的权力逐步收归己

有，消化之后，再过几年，把这个 62 岁的部门经理耗到年迈体衰，直至送到八宝山，最后再对这个部门下手，自然，一切如臂使指，集权工作可以大功告成。然而 20 岁的 CEO 自视甚高，一下子要逼三个部门经理交权，最终引发强烈反弹，三个部门经理集体逼宫，公司一片大乱，用了 8 年时间方才平定。

熟悉清史的读者想必已经看懂，这个 CEO 就是康熙，62 岁、70 岁、30 岁的部门经理就是吴三桂、尚可喜、耿精忠。

自古有雄才大略之君都有大一统之志，此时大清虽然除台湾外已经基本统一，但季孙之忧，不在颛臾而在萧墙之下，南明已彻底灭亡，狡兔死、走狗烹的定律该派上用场了，吴三桂、尚可喜、耿精忠三人是清朝仅有的三个汉人异姓王（有清一朝蒙古族王爷数量都可以批发来卖了，汉族异姓王只有七个人，是此三人加上孔有德、孙可望、耿仲明、耿继茂），他们手握重兵，且是汉人，成了康熙的眼中钉。此时藩王的权力包括：兵权，军队出征的指挥权；财权，钱粮、兵饷的支配权；民政权，民事庶务、地方兴除的管理权；人事权，当地官员考核、甄别荐举、弹劾、罢斥的任免权及赏罚权，等等。云南、贵州、广东、福建的一切事务，都归这三藩，两广总督不受尚可喜节制，闽浙总督不受耿精忠节制，但云贵总督受吴三桂节制。当初顺治在授予异姓王对当地的一切权力时，还特别规定：中央"内外各衙门不得掣肘"。吴三桂他们只对皇帝负责，由此，俨然国中之国。

其实这三藩与康熙都沾亲带故，吴三桂的长子吴应熊的妻子建宁公主是顺治的妹妹，也就是康熙的姑姑，所以按辈分康熙应该叫吴应熊姑父，吴三桂是康熙的姑父的父亲，也就是姑爷爷。尚可喜身体好,精力旺盛,生了 37 个儿子,32 个女儿,尚可喜的第七个儿子尚之隆娶的是顺治的哥哥的女儿,此女也就是康熙的姐姐,尚之隆自然是康熙的姐夫,尚可喜作为尚之隆的父亲,那就是康熙的姐夫的父亲,可称为伯父。耿精忠的妻子是肃亲王豪格的女儿,豪格是皇太极的长子,也就是康熙的大爷,豪格的女儿自然是康熙的姐姐,所以耿精忠论辈分是康熙的姐夫。总之,吴三桂、尚可喜、耿精忠三人分别是康熙的姑爷爷、康熙的伯父、康熙的姐夫,从康熙的角度,这三个人的辈分是三辈,就年龄而言,在康熙除鳌拜的 1669 年,三人年龄分别为 57 岁、65 岁、25 岁。尚可喜比吴三桂大 8岁,但从康熙的角度,却比吴三桂小一辈。

自从擒杀永历帝后,吴三桂就在本书中消失了,这段时间他老人家在忙什么呢?吴三桂前后用了十几年时间为自己修王府,钱泳《履园丛话》记载吴三桂的王府"千门万户,极土木之盛!"只见殿阁崇峙,溪水淙淙,回廊百转,曲径千折,彼此衔接,不知尽处,殿顶装琉璃瓦,墙壁饰以图画,金碧辉煌,令人眩目。吴三桂在王府中造亭海,名曰近华浦。钮琇《觚剩》这样描写近华浦:"红亭碧沼,曲折依泉,杰阁崇堂,参差因岫,冠以巍阙,缭以雕墙,袤广数十里。"此外还有安阜园,园内开通渠道,引进城内菜海子之水,注入园内流淌。在渠道两岸建台对峙,高达百余丈,中间建桥相接,人可登桥,凌空往来。园中移种高三丈许的松柏,植以各种珍稀花草,招来奇禽异鸟,日夜欢噪于松柏与花草之间。吴三桂的王府"卉木之奇,运自两粤;器玩之丽,购自于闽;而管弦绵绮,以及书画之属,则必取之三吴"。吴三桂在园中特建一书屋，名曰"万卷楼"，收藏了古今书籍，"无一不备"。在"万卷"书中，他放进去自己写的一本书《开疆疏草》。这本书都是自己历年向朝廷的奏疏，也算是《吴三桂文集》了，遗憾的是此书已经失传。吴三桂还在保国寺内为自己塑像，塑像身披松花色衣，锦边，右手抚膝，左手执书卷，脸朝左顾。（刘健《庭闻录》）

当然，吴三桂绝非只知享受的纨绔子弟，几十年的戎马倥偬与宦海生涯让他深知自己该做什么，他在云贵抛赠巨金，广招四方豪杰之士，凡"有才望素著者，及仪表伟岸者，百计罗致，命投藩下，蓄为私人"。按规定，凡新到云贵任职的县以上官员，照例先进谒平西王府，拜见吴三桂，他当面"细问家世、履历"，察言观色，一经发现该人有才能，或相貌出众，立即优礼款待，备酒宴，待以上宾。然后，吴三桂会对该人说从今往后你就是我的人，并出具手续，规定隶属关系，最后，给该人一笔相当可观的金钱。（《庭闻录》）

吴三桂尽管对外骄横，但对自己的部下却很谦和。据见过他的人说，吴三桂每"与人计事，相对如家人父子"。对方如提出诘难，他不仅不生气，而且更喜欢，往复谈论，"娓娓不倦"。他平生如非盛怒，从不疾言遽色。（《庭闻录》）

早在顺治初年，多尔衮就定下规矩，所有出征在外的汉族将领，必须留子在京为人质。吴三桂长子吴应熊，尚可喜长子尚之信，耿继茂（耿精忠之父）二子耿昭忠、三子耿聚忠，都在京城做人质，多尔衮和顺治也先后把满洲宗室的女子嫁给这四人。作为大清驸马爷，这四人在北京享受荣华富贵，与此同时，也能第一时间把北京的宫廷政治消息传递给自己的父亲，双方都留着面子，所以在整个顺治朝和鳌拜被扳倒之前，三藩与清廷是双赢局面。

顺治和鳌拜对于三藩的态度，一直是表面信任，实则怀疑，不时安抚，绝不动手。等到康熙亲政后，16岁的小皇帝自然沉不住气了。康熙决定先剪除吴三桂的羽翼，他下令把云南、贵州总督赵廷臣调任浙江总督，张勇调为宁夏提督，王辅臣调为固原提督，马宁调为山东提督，吴得功调为湖广提督，刘进忠调为潮州总兵，王进功调为福建提督。同时，把一些和吴三桂没有私人关系的官员调入云贵地区为官。康熙是想把吴三桂的这些嫡系调往他处，而实际结果却导致日后吴三桂发动叛乱时这些人与吴三桂遥相呼应，终使得西南一隅之乱变成了半壁江山之祸。

此时虽然康熙把吴三桂的不少部下调走，但吴三桂却更加小心谨慎，根据当时的各种历史记载来看，吴三桂此时还绝无反心。他手下有个叫吕黍子的人建议，为了让朝廷对您放心，应该学习秦将王翦或南宋韩世忠，在昆明营造园亭别墅，多买歌童舞女，日夜欢娱，让康熙觉得自己胸无大志，如此可以免祸。吴三桂采纳了他的建议，而后主动上书裁军，一下子裁了一万人，但康熙对此并不买账，吴三桂和他在各地的嫡系加一起有二十多万精兵，裁军一万毫不伤筋动骨。

此时康熙16岁，吴三桂57岁，但凡是明智的君主，都会选择把吴三桂耗死，吴三桂一死，群龙无首，撤藩就水到渠成，但是康熙觉得自己天纵英明，便打算一步步对吴三桂下手。康熙六年（1667）以前，吴三桂向朝廷上奏的所有云贵官员任免之事康熙无不支持，自从康熙六年正月开始，康熙多次驳回吴三桂的奏折，为此，吴三桂的女婿、谋士胡国柱建议吴三桂：朝廷已经开始对王爷您生疑，不如以退为进，先自辞对云贵的管理权。吴三桂于康熙六年五月上疏清廷，以"两目昏瞀，精力日减"为由，要求辞职休养。康熙很快顺水推舟，同意他的请求，顺便把他在云贵地区选任大小官员的权力也收回吏部。

吴三桂一看，这小皇帝还来劲了，老夫再试探你一下，于是上疏把自己在云贵地区选任武官的权力也上缴。康熙毫不谦让，一并收回。这下子吴三桂要怒了，康熙为了安抚吴三桂，便玩起了太极拳，康熙七年（1668）正月，康熙封吴应熊为少傅兼太子太傅，同时，为了显示三藩同等，康熙给耿聚忠、耿昭忠以及平南王尚可喜第三子尚之隆都加太子少师头衔。而后，康熙还派吴应熊亲自赶赴云南去探望父亲吴三桂，以显示清廷对吴三桂的关怀有加、毫无疑猜。如果此时吴三桂要造反，那就一定把儿子留下，而事实上，吴三桂和儿子密谈之后，赶忙差遣他回京，重申吴氏家族对朝廷忠贞不贰。不久，康熙派御前侍卫吴丹携带弓箭数千副，前往昆明代表皇帝赏赐给吴三桂手下将士，与此同时探听虚实。吴三桂顺水推舟，在校场率领老弱病残军人射箭，几乎无人射中，以示自己的部队不堪一战。吴丹把自己所见告诉康熙后，反倒更增加了康熙的疑虑，康熙知道，吴三桂是在装。此后几年，康熙和吴三桂两头打太极，双方在相互猜忌中勉强维持不破局，缺的只是一根导火索。

康熙九年（1670）郑经派吴宏济来云南见吴三桂，对吴三桂说："我家主公在孩童时就听说您的大名，每次读殿下的家书、檄文,感到殿下忠孝之行壮怀激烈,未尝不拊膺长叹,感极而泣。今四海仰望者惟殿下一人,不知您在军政繁忙之暇,是否知道我家主公这个天外孤臣。敝国虽小,楼船千艘,甲士十万,全听凭殿下指挥。"(夏琳《闽海纪要》)这若是放在几年前,吴三桂一定会把郑经的使臣绑了献给朝廷,而此时,吴三桂则借此机会与郑经建立暗中联系通道,从此,更蓄反清之志。

康熙十二年(1673)三月十二日,尚可喜上奏康熙,请求撤藩,尚可喜还真不是在试探康熙,他儿子尚之信暴虐好杀,怕儿子日后给自己惹祸,于是上奏希望能够回到他的老家辽东海州(今辽宁海城市)。随便举几个事就可知尚可喜的担心不无道理。尚之信一天喝醉了,身边有个太监,尚之信见太监肚子大,就说:"你肚子这么大,里面一定有宝贝,我要打开看。"说罢用匕首刺向太监的肚子,把他刺死了。孙静安《栖霞阁野乘》、钮琇《觚剩》和《清朝野史大观》卷五都记载了尚之信的一系列残暴行为。尚之信每次喝多了以后就拿刀捅身边的人来醒酒,所以他身边的美女也都是浑身伤疤。他喜欢养狗,设狗监来管理狗,每次他带着这些狗出门时,路过的肉铺必须交出猪肉来给狗吃,而且尚之信还从来不给钱。一天尚之信听到一群狗打架的声音,让狗监过去看,狗监去后发现有一只狗疯了,于是不敢过去,尚之信当场让手下人拿刀把狗监砍死,割下他身上的肉喂疯狗。他还雇了一批 15 岁以下的孩子练习爬杆,让他们攀缘上下,"习技未熟者多至颠殒,或穿腹折肢,恬不介意"。尚之信无论对孩子老人,都不放过。一次一个叫王化的官员,60 岁了,天很热,他赤膊在院子里站着，尚之信说："你的胡子眉毛都太白，我有办法将其变黑！"什么办法呢？尚之信觉得人脸在太阳下能被晒黑，眉毛胡子也能，于是把王化捆起来后在太阳底下晒了一天。在朝廷与三藩关系如此微妙的当下，有这样的儿子，想不惹祸上身都难，因此尚可喜上奏康熙，坚决请求撤藩。

撤藩并不是只撤换尚可喜一个人，由于尚可喜是王爵，所有王爵以下的尚可喜的官员相应人等都要离开广东，与尚可喜一起回到东北，搁在现在，数万军队及其家属从广东迁到东北都不是那么容易的事，何况清初？而这样大的事，康熙竟一下子同意了。康熙断然批准尚可喜撤藩，皇帝对藩镇的态度显而易见。由此，吴三桂、耿精忠的汉人两藩自然惶惶不可终日。先前他们根本就没有任何撤藩的思想准备，也没有主动向朝廷表示过自己要撤藩。如今，皇帝同意尚可喜撤藩，显然就是暗示他们二人也自动撤藩才好。

吴三桂觉得自己与尚可喜不同，毕竟自己是三藩之首，手握军队最多，康熙一时不会撤自己，他便想上书主动撤藩来试探康熙，其谋士刘玄初说："当今天子乃雄猜之主，如果王爷您主动上疏，他一定会顺水推舟，到时您更加被动。所以，您最好先静观其变，不要上书。"吴三桂一贯自信，料定康熙不会撤藩，于是拒绝采纳刘玄初的建议，他上书请求撤藩："臣驻镇滇省，臣下官兵家口于康熙元年迁移（从汉中迁云南），至康熙三年迁完。虽家口到滇九载，而臣身在疆已十六年，念臣世受天恩，捐糜难报，惟期尽瘁藩篱，安敢遽请息肩！今闻平南王尚可喜有陈情之疏，已蒙恩鉴，准撤全藩。仰恃鸿慈，冒干天听，请撤安插。"

　　吴三桂上书后,靖南王耿精忠也上书请求撤藩。康熙很是高兴,决定就坡下驴,但在朝堂之上,对于撤藩问题朝臣意见很不一致,只有兵部尚书明珠、户部尚书米思翰、刑部尚书莫洛等少数人赞成撤藩,图海和索额图等多数大臣都不赞成,这倒不是因为他们认为撤藩会导致吴三桂、耿精忠造反,而是因为吴三桂和耿精忠几十万人从云贵和福建迁至东北,朝廷也要派相应兵力去填补他们在云贵和福建的真空,这需要大笔银子。图海和索额图是真从大清财政考虑而反对撤藩,而大多数反对撤藩的人究其原因还是因为他们都收了吴三桂的钱,自然替吴三桂说话。最后康熙力排众议,一锤定音:"吴(三桂)、尚(可喜)等蓄彼凶谋已久,今若不早除之,使其养疽成患,何以善后?况其势已成,撤亦反,不撤亦反,不若先发制之可也!"

　　撤藩的圣旨下到云南,吴三桂大为诧异,他太低估了康熙的野心和决心,61 岁的吴三桂由此要从四季如春、风景如画的昆明迁徙到朔风凛冽的辽东,沿当时中国走一条对角线,数十万部下和家人的房产在此,土地在此,娇妻美妾在此,且夕之间就要放弃这一切。这岂是吴三桂所能接受的?自从甲申年他决定拖延对崇祯的救援,他已经抛弃了祖国;自从他给吴襄写绝笔信,他已经抛弃了父亲;自从他一开始决定向李自成投降,他已经抛弃了名誉;自从他投降大清,他已经抛弃了廉耻。除了权力,吴三桂早已输光了一切,现在连权力都要没有了。一生事业总成空,朝三暮四在梦中,生前身后多少事,惟有戎马再倥偬!经过再三权衡,吴三桂决定与清廷分庭抗礼。

　　但在北京的康熙洋洋自得,他派礼部右侍郎折尔肯、翰林院学士兼礼部侍郎傅达礼为钦差大臣,代表自己专程前往云南携带自己的亲笔手诏一封交给吴三桂。此时吴三桂决心已下，但还投鼠忌器，因为自己唯一的儿子吴应熊，长孙吴世璠都在北京，自己本来孩子就不多，女儿有六个，儿子就只有吴应熊，吴应熊有四个儿子，两个在北京，两个在昆明。吴应熊和吴世璠一旦都被干掉，今后自己当了皇帝传位给谁都是个问题，而且自己已经61岁了，再生出一个孩子来怕是也有难度。于是吴三桂派人去北京接吴应熊回来，但吴应熊舍不得老婆建宁公主，不想走，于是吴三桂派的人当机立断，反正吴应熊哪怕在吴三桂之后接班，早晚也要传给吴世璠，现在直接把吴世璠接来完了，于是吴世璠被接到云南。

此事也可见，康熙对于吴三桂要造反完全没有准备，但凡他有所准备，也绝不会放任吴世璠被接走。康熙对自己太自信了，人做事分两种，一种是把事情分为能做的和不能做的，一种是把事情分为想做的和不想做的，康熙就属于后者，没有能不能做，只有想不想做。16岁就扳倒权臣鳌拜，康熙对于自己的能力有过度的估计，鳌拜被扳倒时远不能一手遮天，且康熙背后有孝庄太皇太后支持，鳌拜手下军队只有镶黄旗7500人，而吴三桂可是在明、清、李自成之间举足轻重，最终改写了中国历史走向的一世枭雄，手握几十万重兵，云贵千沟万壑，易守难攻，哪怕吴三桂据守云贵而不出战，清军都难以取胜，更何况吴三桂有争天下之心。大清能征善战的将领们，多尔衮、豪格、济尔哈朗、阿济格、博洛、孔有德，等等，都不在了，现在大清最有战斗力的将领都是吴三桂的部下。一旦三藩叛乱，大清拿什么镇压他们？

吴三桂把自己要与清廷分庭抗礼的决定告诉了陈圆圆，陈圆圆说:"臣妾每当想起在北京被贼寇所掠的日子心中就惊恐,到今天恩荣已极。臣妾听说知足不辱,知耻不殆,长久奢华恐怕会遭上天嫉妒,愿王爷赐给臣妾一间净室让臣妾修斋学道,以终天年,实为万幸!"

吴三桂:"孤正想创立帝业,册封你为皇后,你却这样,令我不解。"

陈圆圆:"自古至今,都为了争夺帝位扰得民众不宁,即便是当了皇帝,日理万机,也没什么趣味。臣妾少年时常有非分之想,现在身为王妃,安享荣华,反而觉得尘俗难耐。为王爷计,倒不如自己解除兵权,归隐山林,学范蠡泛舟五湖,岂不快哉?何苦争城夺地,再费心力,再扰生灵?"

吴三桂默然不语,沉吟半晌说:"大丈夫不能流芳百世,也当遗臭万年!"

陈圆圆自知无可挽回,此时她已重病缠身,不久去世。陈圆圆去世,吴三桂一生最美好的女人不在了,此时他的人生已再无美好的事物可言,唯有权力巅峰可作为他活下去的目标。了无牵挂,决心已定,众将皆从,现在就是准备正式撕破脸了。《孙子兵法》曰:"谋定而后动,知止而有得。"康熙脑子一热,什么都不考虑,就下令撤藩,就算是吴三桂支持撤藩,他手下的人是否答应都是个事儿,更何况吴三桂都不同意撤藩,所以造反就只是时间问题了。

为了迷惑清廷,吴三桂给康熙上疏,假装要求在关外为手下增拨土地。康熙接疏奏还挺高兴,马上照准。仗怎么打是军人的事,仗以什么名义打则是谋士的事,吴三桂召集谋士们召开秘密会议,刘玄初说:"明亡未久,人心思旧,应该择立明朝皇族后人，奉其为帝，然后出征，如此，各地老臣宿将，定能誓死为前驱！”

谋士方光琛却说："当年王爷出关向多尔衮乞师，和闯贼一战，为崇祯帝报仇，天下人都能理解；而后，永历帝窜到缅甸，王爷把他擒杀，此举已无法向天下人解释。当今天下最能战的将领和军人都在我们这边，反清复明终可告成，但成功后，我们真能继续让明朝的宗室当皇帝吗？届时明朝皇帝难道不会以篦子坡之事来清算王爷吗？"

此语振聋发聩，吴三桂明白，自己早已失信于天下人，天下没有任何人再会相信自己，此时只能自己竖起大旗单干了。

20多万军队要造反，这种事还能瞒得住？很快被云南同知刘昆侦知。刘昆赶紧报告给云南按察使李兴元和云南巡抚朱国治。朱国治给康熙写秘折，可是秘折在驿站竟然被吴三桂的兵卒截获。箭在弦上不得不发，康熙十二年（1673）十一月十五日，折尔肯、傅达礼作为钦差，和云南巡抚朱国治一起，到平西王王府谒见吴三桂，最后一探虚实。吴三桂对于撤藩后北上行期之事虚与委蛇，朱国治说："钦差大人等候已久，如果王爷您无意撤藩搬迁，就先让钦差大人回京复命好了……"

吴三桂大怒："鼠辈安敢尔！先前我把明朝天下都给了你们，只此云南乃吾血挣，你这贪污小奴，还不容我住耶？"

朱国治："我贪在何处？"

吴三桂厉声呵斥："你还强辩！你前索大理知府冯苏三千两白银，是从我这里借的。至于你历年贪赃，多出我家，现有日历记载为据！"

两个人都快动手了，是折尔肯把他俩劝开，至此，吴三桂与清廷的关系已经公开失控。值得一提的是，朱国治在电视剧《康熙王朝》里是以正面形象出现，而历史上此贼阴狠无比，大才子金圣叹就是死在他手里，金圣叹死于哭庙案。"哭庙案"事起于苏州吴县新任县令任维初。顺治十八年（1661）正月，顺治帝驾崩的同月，任维初一面以严刑催交赋税，杖毙一人，一面大举盗卖官米，中饱私囊，吴中百姓不堪其苦。以金圣叹为首的几个秀才，因同情农民的遭遇，便写了"揭帖"到公祭顺治的哭灵场所控告县官，金圣叹将矛头指向包庇部下的巡抚朱国治。朱国治大为震怒，将金圣叹等人逮捕并判处斩立决。佚名《辛丑纪闻》（收录于新文丰《丛书集成续编》第280 册）记载："至辰刻，狱卒于狱中取出罪人，反接，背插招旌，口塞栗木，挟走如飞。亲人观者稍近，则披甲者枪柄刀背乱打。俄尔炮声一震，一百二十一人皆毙死。披甲者乱驰，群官皆散。法场之上，惟血腥触鼻，身首异处而已。"金圣叹临行刑前喝断头酒时对狱卒说有要事相告，他指着狱卒给的饭菜说："花生米与豆干同嚼，大有核桃之滋味。得此一技传矣，死而无憾也！"金圣叹在苏州口碑很好，他被朱国治害死后，当时苏州就有民谣："天呀天，圣叹杀头真是冤，今年圣叹国治杀，明年国治被国柱歼。"最终朱国治还真被吴三桂手下胡国柱所杀。冥冥之中，确实算是报应了。

康熙十二年（1673）十一月二十一日，吴三桂召集四镇十营总兵马宝、高起隆、刘之复、张足法、王会、王屏藩，以及胡国柱、吴应期、郭壮图等各将官、谋士，齐集平西王府。与此同时他也把朱国治等人"请来"了。朱国治一来，就被胡国柱乱刀砍死，其他清朝官员，无论投降与否，吴三桂为收买人心，都决定不杀，不投降的被囚禁，投降的依旧任原职。

誓师大会上，吴三桂高声说："撤藩令下，行期逼近，朝廷严催，老夫想，咱们还是听从圣旨北上吧，否则，钦差震怒，尔等平白受辱……"

全场诸将大怒："朝廷逼人太甚！"

吴三桂："朝廷严命，不能延缓。诸军思之，我们能在云贵安身立命，得享福贵，是谁赐予的呢？"

众将异口同声："都赖王爷所赐！"

"不！"吴三桂阴沉着脸说道："今日富贵，乃先朝之力啊。想当初，我受明厚恩，效力辽东，但闯贼攻入京城，逼死先帝，老夫被迫仿效申包胥，向清朝乞师，以复君父大仇。后来，率领诸君平定云贵，得以在此栖身。所以，我们今日能在此地安享余年，应是先朝余荫！故君陵寝在此，我们将离开云南，该向他告别啊！"（以上对话据佚名《吴耿尚孔四王合传》）

自从决心造反起，吴三桂已经派人秘密赶工，给永历帝重修了没有尸身的"陵寝"。此时吴三桂率领众将前来祭奠永历帝。如果我是吴三桂的话，绝不会这么做，就是自己带着手下这批人十几年前把永历帝勒死，现在又重新祭奠永历帝，一个政权，一个政治团体，最怕的就是不断地自己对自己否定。自己否定自己并不是直面错误，而是自唾其面，自己否决了合法性。想当年和自己的部下们出生入死，入蛮荒之地，冒瘴疠之气，进不测之渊，为的就是彻底剿灭南明残余势力，现如今却要去祭奠自己曾经毁灭的东西。吴三桂此举导致但凡有气节之士绝不会与之为伍。

祭奠完永历帝后，吴三桂自封为"天下都招讨兵马大元帅",建国号"大周",以第二年为大周元年,而后,鼓角齐鸣,云南各镇将士整队入校场。61 岁的吴三桂垫步拧腰跨上战马,纵马疾驰,连发三箭正中靶心,战斗力不减当年。吴三桂先后在马上耍了大戟、大刀、长剑等长短兵器,左抛右接,闪转腾挪。"长枪大剑,画甲雕戈,罗列左右;每驰马一回,即于马上接一器运之,风驰雨骤,英武绝人。"(《吴耿尚孔四王合传》)

战前的这种誓师大会是最需要鼓舞人心的,前一刻为臣子,后一刻为反贼,一下子进入不确定性的时期,最需要能提振人心的举动。吴三桂金光粼粼的铁甲内一身坚实而富有弹性的肌肉正随着骏马的颠簸而跃动,原先细腻的脸庞已经刻上了深深的皱纹,古铜色的皮肤在阳光的映照下泛出暗褐色的光泽,细长而微微外凸的眼睛凝视远方,时而阴沉,时而炽烈,时而迷蒙,时而豁朗,高高的鼻梁就像苍鹰的利爪一样,虎眼熊睄中原,浓密的长髯如同战马的鬃毛一样在大风中飘拂。此时的吴三桂已经没有退路,只有一战到底才能为自己正名,藩王国戚与乱臣贼子之间的唯一区别就是胜败。

康熙十二年(1673)十二月初一,吴三桂亲率大军出师北伐,全军所执战旗皆为白色,步骑兵头上所戴的帽盔也都是白毡包裹,意即为南明永历帝挂孝。① 吴三桂在云南起兵,清

---

① 白旗在中国古代没有投降之意,塔西佗《罗马编年史》记载,最初白旗寓意休战、谈判,公元 109 年已经有白旗用作投降的风俗。在这之前,罗马军队均是把盾牌举高于头以示投降。此后由罗马传遍欧洲。到了鸦片战争时,中国不知道白旗代表着休战或投降,英军的信使打着白旗过来送信,清军以为英国人是戴孝出征,于是就对英国人开炮。经过鸦片战争,中国人才知白旗可代表投降。

朝上下对此一无所知。根据《清圣祖仁皇帝实录》卷四十四记载，十二月二十一日，本来差往贵州为吴三桂搬迁备办所需夫役粮草的兵部郎中党务礼和户都员外郎萨穆哈二人，日夜兼程疾驰到北京兵部衙门。从昆明到北京这一路只用了二十天，这二十天他俩歇马不歇人，所以二人下马时都栽了下来，晕厥过去。半晌醒来，轻轻说了五个字："吴三桂反了！"

　　三藩之乱由此开始，吴三桂确为乱臣贼子，但是响应他的许多人其实都是汉族将领、百姓，他们是长期被清廷欺压的，是想借吴三桂之乱来一起掀翻清政府，而不是赞同吴三桂的反复无常。清朝的确施行过不少仁政，但那多是在平三藩之乱后为了缓和民族矛盾，在三藩之乱前清朝的确是暴政不少。故本书行文时将吴三桂的部队称为吴军，而不是叛军。关于吴三桂与清军军队互相攻克城池，一律不用"收复"之类词语，而是皆用中性词"攻克"。

　　党务礼、萨穆哈把吴三桂叛乱的消息传到康熙这里，朝廷乱套了，从前反对撤藩的大臣们纷纷要求责罚那些主撤的大臣。大学士索额图要求康熙下诏处死先前那些主张撤藩的大臣。此时康熙的表现终于显出一个英明之主的作为，他说："撤藩出自朕意，他人何罪？"（《清史稿·明珠传》）这一点比起崇祯，康熙就强得太多。崇祯暗中支持兵部尚书陈新甲与皇太极议和，但此事泄露后，在文人眼里，只要跟敌国议和，那就是卖国，就是汉奸，于是群情激奋，陈新甲就成了"大汉奸"。朝臣人声鼎沸之时，陈新甲认为自己是奉命行事，于是上奏说自己议和有功，想让崇祯给自己说句话。结果，死要面子活受罪的崇祯帝大怒，将陈新甲斩首。凭此一事，崇祯被大清所亡,康熙将大清勃兴,已可见端倪。

十二月二十六日,康熙正式下诏,表明了不灭吴三桂决不罢休的态度。吴三桂起兵后,兵不血刃取贵州,贵州提督李本琛投降,康熙十三年(1674)正月初一,吴三桂正式称"周王",改元"利用"。

吴三桂已经夺得云南贵州,他派出马宝、吴国柱等人由贵州进逼湖南,马宝所部吴军所向披靡,吴三桂大军"五千里无只骑拦截"。在马宝进军湖南的同时,吴三桂派王屏藩进军四川,四川兵不血刃而下。康熙十三年二月二十七日,广西将军孙延龄宣布倒向吴三桂,三月十五日,襄阳总兵杨来嘉宣布倒向吴三桂。同日,控制福建全境的靖南王耿精忠和福建巡抚刘秉政决定公开宣布反清,耿精忠自称"总统天下兵马上将军",比三桂称"元帅"自低一格。耿精忠还派人联系台湾的郑经,让他从长江入海口攻入,事成之后将泉州、漳州给郑经。郑经很快派刘国轩率上万人马,从福建沿海登陆,占领了漳州、海澄(海龙)、同安、绍安、泉州等地。

吴三桂、耿精忠联合搞乱了清朝的半壁江山,但三藩中的尚可喜一直按兵不动,不支持吴三桂。至此,吴三桂已夺得云南、贵州、湖南、四川、广西、福建、湖北襄樊一带,大清上下人心浮动,连北京都不稳了,康熙觉得如果留着吴应熊,想必是个祸害,父亲吴三桂是首逆,吴应熊按律应该被凌迟处死,由于吴应熊是康熙的姑父,故康熙将吴应熊改判为绞刑,吴应熊的儿子、没有能跟吴世璠一起回云南的吴世霖也被绞死,这一天是康熙十三年(1674)四月十三日。身在云南的吴三桂听到儿子和孙子被绞死的消息时,"时方饮,停杯洒泪曰：'今日乃真骑虎矣！"此时的吴三桂骑虎难下，想收兵已经不可能了，有时候，走到绝路就是生路的起点，丢掉幻想才能准备斗争。骑虎难下之时，只有斩杀胯下之虎，才能求生！吴三桂不禁想到，自己这几十年来戎马生涯，扶摇直上，冲高空九天，统率万方，勇往直前，赴蛮荒之地，斩关夺隘，擒杀永历帝后，本想在昆明软着陆野，沉湮海潦，洞察风云，急流勇退，深隐林泉，怡然自乐，颐养天年，不承想因为削藩之事，最终又只得放手一搏。

第十五章
王辅臣之乱：死苍蝇引发血案

康熙十五年（1676）五月十八日，甘肃平凉城北虎山墩，大清抚远大将军图海一声令下，清军士兵从山下仰攻吴三桂麾下担任平远大将军的王辅臣所部据守的阵地。战场上马嘶人叫混杂一片，刀矛撞击铿锵如火，被砍中的人应声倒下，两军士兵抓住机会疯狂厮杀，好像少杀一个人就对不起国家，对不起君王，对不起自己似的。被鲜血染红的大地比烈日还要红，一个个人被砍倒后就躺在地上，任由敌我两军践踏，满地铺着被踩碎的尸体，血水汇成小溪，朝低处流去。双方打得太累时就坐下来休息一下，然后再奋力爬起，用尽吃奶的力气将刀子插进敌人的身体。我不知道，清军和吴军士兵在死前的最后一刻，脑子里想的是什么，是故乡，是慈母的容颜，还是娇妻美丽的面庞？也许他们什么也来不及想。

"等一下。"一个吴军士兵砍得手软，手中的刀掉到地上，赶紧对迎面而来的一名清军喊道。但清军不理会，挥手一刀把他砍死，吴军的嘴还在张着时这名清军已跑开去杀其他敌人。战场上不必有过多言语，也没有必要废话，他们的生命只是为了成就一个人的帝王梦。吴三桂的梦想是用成千上万将士的白骨堆起来的，是用成千上万人命的鲜血流出来的，康熙的梦想也是如此。

王辅臣部前为步兵，后为骑兵，布列火器盾牌迎战，向清军冲来。战斗逐渐向墩上发展，王辅臣所部利用地势，居高临下，清军被迫往上仰攻，死伤枕藉。本来吴军有俯攻优势，然而由于重型火炮无法运到高处，所以反而被在山下的清军大口径火炮炸得军阵大乱，前排步兵都被炸死后，后面冲下来的骑兵更是成了活靶子。在箭镞鸣镝中从不会慌乱的马儿被重型火炮惊吓，纷纷乱跑。图海亲自督战，猛攻了一上午，最终冲上虎山墩，山上的王辅臣所部或战死，或跳崖而死，或投降。控制虎山墩后，图海终于可以借此俯瞰平凉全城，用火炮轰炸全城，随着吴军西北咽喉的失守，康熙终于在吴三桂的三路大军中打开了一个缺口，三藩之乱的战争迎来了转折点。

王辅臣原姓李，河南人，小时为官宦家奴，后参加了明末农民起义军，再后被招安，成为明将姜瓖部下，有一个将官叫王朝进，膝下无子，就把他收为义子，从此改姓王。他在姜瓖手下屡破清军，1644年随姜瓖降清，被调入北京。他"长七尺余，面白皙，无多须，髯眉如卧蚕，如世所图吕温侯（吕布）像。勇冠三军，所向不可当，号曰马鹞子"。所以顺治帝很喜欢他，封他为御前一等侍卫。洪承畴经略河南时，顺治命自己的两个御前侍卫王辅臣和张大元随侍。张大元傲慢无礼，洪承畴待他稍不如意，他便说："我奉陛下之命来跟着你，岂是你的家奴？我劳苦功高，你还不向圣上举荐我当一个总兵吗？"

王辅臣则时时处处与张大元相反，他虽然外貌像吕布，实则做人像刘备，为人谨慎，跟洪承畴在一起，洪承畴不说吃饭，他不敢先吃；洪承畴不说穿衣，他不敢穿。洪承畴走到哪，他跟到哪，寸步不离左右。遇有险阻，他必下马，亲手执洪承畴坐骑的辔绳，遇岗峦泥滑之处，不便行走，他必背洪承畴而过。身为皇上身边的御前一等侍卫，王辅臣却毫无架子，待人和气。洪承畴深为感动，他对王辅臣说："只要有好的官缺，我就想着你。"王辅臣却哭着说："臣奉命跟随相公，死亦随相公耳。相公勤劳王事，臣安忍离相公左右而安居好爵耶?"洪承畴为之泫然涕下。洪承畴在平定云南后奏请朝廷授王辅臣为右营总兵，辖云南以东地区，驻曲靖府。洪承畴回京后，他便隶属吴三桂。

　　吴三桂也觉得王辅臣是个将才，所以"有美食美衣器用之绝佳者，他人不得，必赐辅臣"。"辅臣为人，恭以事上，信以处友，宽以待人，而严以御下，然有功必赏，虽严，士亦乐为之用。"王辅臣有古名将风。吴三桂对王辅臣很好，但却因为一只死苍蝇而二人结怨。有一年，王辅臣奉命征讨发动叛乱的云南土司乌撒，与诸将到"马一棍"营中吃饭，吴三桂的侄儿吴应期也在场。上菜时，一位王总兵发现他碗里有一只死苍蝇，连喊："饭里有苍蝇! 饭里有苍蝇!"王辅臣知道马一棍脾气大，马一棍之所以叫马一棍，是因他待下严酷，属下一有小过，往往一棍把人击毙，故名"马一棍"，所谓"一棍子打死"最早指的就是他。此事要闹到马一棍那里，马一棍一定会把厨师一棍打死，于是王辅臣赶忙接过话来："我们是亲身矢石只知打仗的人，有饭吃就行了，哪有闲心去挑食? 仓惚之际，死苍蝇我也吃过。"

　　王总兵没理解王辅臣实际上是给厨师开脱，便说："您能吃死苍蝇，我和您打个赌：愿把我的坐下骑输给您！"

王辅臣这回脸上挂不住了，军人最好面子，他只得一咬牙，一跺脚，一捶胸，一顿足，看着王总兵碗里的死苍蝇，一口吃下去。

这时吴三桂的侄子吴应期说："王总兵的马怎么这么好骑呢？人与兄（王辅臣的字）赌食死苍蝇，兄就吃，如果王总兵说您只要能吃大粪，就把自己的坐骑输给您，兄也要吃粪吗？"

王辅臣刚吃了个苍蝇，很不痛快，这会儿又被人说吃大粪，自然是怒从心头起，恶向胆边生，他大骂道："吴应期！你自恃平西王待你如子，敢当众辱我。别人怕你王子王孙，我不怕！我敢吃王子王孙的脑髓，嚼你的心肝，挖你的眼睛！"说完，挥动铁拳，猛击饭桌，王辅臣力能扛鼎，只听"咔嚓"一声，桌子四条腿当即折断，桌上十二个磁篮、菜碟、饭碗、酒杯全部被震碎。左右侍从数百人没有一个敢上前，纷纷后退，吴应期看势不好，就乘乱跑了。

吴应期毕竟是吴三桂的侄子，第二天酒醒后，王辅臣还是觉得自己应该给吴应期赔不是。可王辅臣刚要出门，吴应期已飞马来到，拉着王辅臣的手，进入营帐，俯身拜倒在地，痛切地说："昨天因多喝了酒，出语伤害了兄长，兄怒责我是应该的，愿兄宽恕，不要把怨恨记在心里。"

王辅臣也下拜，扶吴应期起身，说："我醉了，出口伤了您，您不怪罪我，为什么还要自责呢？"

吴应期和王辅臣都是明事理的人，无非是酒后因为吃苍蝇的事开玩笑开得有些过头才有了尴尬，现在二人重归于好。对理解自己的人不需要解释，对不理解自己的人没必要解释，二人无须解释，即重归于好，人与人之间的交往若都是这样，那该多好。但是总有一些爱打小报告的人会把已经风平浪静的事搞得波翻浪涌。钱锺书在《围城》里说:"有鸡鸭的地方粪多，有年轻女人的地方话多。"其实有年轻军人的地方话也不少。此事不知被谁传到了吴三桂的耳朵里，又加了些恶言恶语，别的地方都没变，就是王辅臣那句"我敢吃王子王孙的脑髓，嚼你的心肝，挖你的眼睛"变成了"别看你是王子，我敢吃王的脑髓心肝"，这一改一下子就火上浇油了，传到吴三桂耳朵里，吴三桂自然很不高兴。

适巧曲靖差官前来省里领取饷银，办完公事，特向吴三桂辞行。吴三桂说:"你回去替我问好各营将士，还要特别转告你们的主帅王辅臣:前不久征乌撒时，跟吴应期酒后争吵，都是少年兄弟，喝醉骂座，这也是常事，就是挥拳打一架，又有何妨?打架也罢了，何必把老夫也牵扯进去?甚至说:'你是王子，我敢吃王的脑髓心肝!'这是什么话?让别人听了，都会笑话我，说:'吴三桂平日厚待王辅臣，现在王辅臣却想吃他的脑髓!'这岂不令人寒心?你回去告诉王辅臣，今后不要再说这类话。"

王辅臣不知道吴三桂是因为听信了别人的挑唆而说出这番话，他以为吴三桂就是为侄子鸣不平，故意来挑事儿，于是大为不满，说:"我跟你(指吴三桂)都是朝廷的臣子，又不是你家人，却受制于你，你偏向你的侄儿，视我为外人。天下没有不散的筵席，我怎能郁郁不乐地久居此地?"于是，他密派人携带金银入京师，买通朝廷重臣，把他调离云南，正好固原提督空缺，王辅臣便担任此职。

王辅臣接到新任命后，便来昆明向吴三桂辞行。吴三桂毕竟是老江湖，知道自己已经得罪了王辅臣，但王辅臣的确是个干才，希望今后别再结怨，于是他拉着王辅臣的手，涕泣不止，说："你到了固原，不要忘了老夫。你家里穷，人口多，从曲靖到固原万里迢迢，怎么受得了？"当即令人取出两万两白银，赠给王辅臣做路费。吴三桂此举算是对二人关系的一个修补，王辅臣也明白吴三桂不想跟自己彻底闹掰，二人重归于好。

关于王辅臣吃苍蝇和这次与吴三桂交恶的事，本书据刘献廷《广阳杂记》卷四，顾公燮《丹午笔记》"王辅臣"词条和《清朝野史大观》卷五。

吴三桂起事之初，就联系王辅臣（此时他已升为陕西提督）和甘肃提督张勇，希望他两个老部下能跟自己一起与清廷分庭抗礼，但一开始，王辅臣、张勇二人都坚拒吴三桂劝诱，特别是王辅臣，曾经受到康熙帝接见，对于康熙本人的威严与对话时所展示出的雄才大略、不测之智非常畏服。康熙也很欣赏王辅臣的将略，他说："有武臣如此，朕复何忧？"康熙还说："朕真想把你留在朝中，朝夕接见。但平凉（陕西提督驻地在今甘肃平凉）边庭重地，非你去不可。"特命钦天监为他选择一个好日子动身。日期选在年底，康熙说："行期已近，朕舍不得你走。上元节（元宵节）就到了，你陪朕看过灯后再走。"又命钦天监再选择上元节后的吉日，康熙陪王辅臣元宵节看完花灯后，到王辅臣临行这一天，康熙又接见他，谈了很久，然后重加赏赐。其中最让王辅臣感动的赏赐物是蟠龙豹尾枪一对,康熙指着这条枪说:"此枪是先帝留给朕的。朕每次外出,必把此枪列于马前,为的是不忘先帝。你是先帝之臣,朕是先帝之子。他物不足珍贵,唯把此枪赐给你。你持此枪往镇平凉,见此枪就如见到朕,朕想到留给你的这支枪就如见到你一样。"

睹物思人,康熙真不愧是深通驾驭臣下之术之人,对臣下晓之以理,动之以情,诱之以利,召之以义,几句话、一对枪,感动得王辅臣跪在地上,痛哭流涕,久久不起,王辅臣发自肺腑地说:"圣恩深重,臣即肝脑涂地,不能稍报万一,敢不竭股肱之力,以效涓埃!"他捧着康熙赏给的这条枪,含泪辞别康熙。(此事据刘献廷《广阳杂记》卷四)

为此,当吴三桂来劝降的使者一到,王辅臣马上派儿子王继贞把吴三桂使者押解到京。但王辅臣此举,却激怒了老同事张勇,张勇说:"我二人事同一体,你既想做忠臣,也应事先告诉我,以便共同商量后,派人进京报告。不想却背着我,单独献忠于朝廷,这是叫朝廷怀疑我,岂不是出卖我吗?我看你忠臣能做到什么时候?"从此,二人嫌隙顿生。当然,虽然王辅臣把吴三桂的使者押解进京,但康熙绝不会真信任他,毕竟此前王辅臣是吴三桂的老部下,康熙这样的雄猜之主是不会轻易相信任何人的,他派刑部尚书莫洛经略西北,让他节制王辅臣和张勇。

然而莫洛一到陕西,便惹出了祸端。王辅臣自平凉奔赴西安,见到了莫洛,把当年洪承畴打云贵川的许多经验告诉莫洛,希望莫洛从中吸取其经验教训,但莫洛听不进去,压根不把王辅臣放在眼里,对王辅臣几乎是置之不理,莫洛身边的司官也都不正眼看王辅臣。王辅臣便上奏请求康熙将自己调离陕西，不跟莫洛共事，愿到荆州与吴三桂控制的襄阳对峙，但此时康熙对于湖北的战局另有安排，所以就让王辅臣留下来。由于吴三桂大军对陕甘的攻势越来越强，王辅臣请求莫洛给自己增加骑兵，但莫洛一直推三阻四，直到康熙十三年（1674）八月，才勉强给了他两千匹战马，但同时却将王辅臣所属固原官兵的好马"尽行调去"，而把"被瘦茶马"发给他。到了九月，两千匹马还未到。十月初，就催他起程进四川与吴三桂作战。没有足够的骑兵，与久经沙场的吴三桂作战是死，而暂时与莫洛撕破脸，干掉莫洛则可能是生路，于是王辅臣最终决定干掉莫洛。康熙十三年十二月初四，莫洛率部至宁羌州（陕西宁强、略阳一带），驻南校场，与王辅臣兵营相距二里许。王辅臣标兵突然向莫洛营发起进攻，莫洛猝不及防，下令乱箭射向王辅臣所部。王辅臣亲自率军冲向莫洛，一颗鸟枪流弹将莫洛击毙。（《八旗通志·莫洛传》）莫洛的部下或死或降或逃窜，消息传到康熙那里，康熙根本无法相信王辅臣会叛变。

康熙想，如果王辅臣要造反，不可能把吴三桂的使臣送来北京，更不可能让自己的儿子亲自来，这不是自己把儿子往火坑里推吗？所以康熙知道，一定另有隐情，他急忙召见王辅臣的儿子王继贞，一则告诉其父谋反的消息，一则想从他那里得到点信息。

康熙说："汝父反矣！"

王继贞没有反应过来，便回答："我不知道。"

康熙把陕西方面的奏报出示给他，王继贞神情突变，吓得浑身战栗，口噤不能言。

　　康熙从容地说:"你不要害怕,朕知你父忠贞,决不至于做出谋反的事。大概是经略莫洛所作所为不端,才有平凉兵哗变,胁迫你父不得不从叛。朕是相信你父亲的,现在让你马上回去,宣布朕的命令,你父无罪,杀经略莫洛,罪在众人。你父应竭力约束部下,破贼立功,朕赦免一切罪过,决不食言!"(《广阳杂记》卷四)

　　康熙乃雄猜之主,之所以对王辅臣叛乱的事如此处置,其一是他知道莫洛此人问题很大,一贯看不起所有汉人,总是欺压汉人,王辅臣叛乱一定与此有关。其二是陕西动乱,王辅臣一旦与四川的吴军会和,就能北进中原,而清军主力都在荆州,防止吴三桂饮马长江,所以华北非常空虚。如果抽调荆州的军队去打王辅臣,必然会使吴三桂所部跨过长江北进,局面将彻底失控。入关以来,从多尔衮到鳌拜,30年如一日的残暴统治,使得吴三桂所部每到一地,人民几乎都是如箪食壶浆以迎王师。湖广总督蔡毓荣报告:"闻浦圻(湖北蒲圻)一带山中百姓,俱行蓄发,交通逆贼,今大兵进剿,前有贼营,后有逆民,殊为不便。"兵部侍郎温岱报告:"吴三桂贼兵未到,而江西等省人民,反叛于建昌、饶州等地,抗敌满洲官兵。"(《康熙起居注》康熙十八年八月二十九日)这些还都是清朝官员的记载,可见人心不在清廷这边。此时对康熙而言,最明智的对待王辅臣的办法就是和平解决,秋后算账。他在朝堂上沉重地说:"今王辅臣兵叛,人心震动,丑类乘机窃发,亦未可定。"他打算御驾亲征,他说:"朕欲亲至荆州,相机调遣,速灭贼渠吴三桂。若吴三桂既灭,则所在贼党,不攻自息,生民得安。"当然,康熙的想法遭到满朝文武的一致反对,只得作罢。

十二月二十三日，康熙给王辅臣写了一封亲笔诏书，让王辅臣的儿子王继贞代为送达，字里行间，与其说是天子警告臣子悬崖勒马，不如说是天子请求臣子就此罢手，既往不咎。尤其是末句"朕推心置腹，决不食言"，是在给王辅臣吃定心丸，让他不要觉得杀了莫洛就没了退路，只要不跟着吴三桂，朕绝对不会把你怎么样。王辅臣收到康熙的诏书，于康熙十四年（1675）正月十五日写了一份自我剖白的奏折，详细讲了他之所以杀莫洛的经过，派遣莫洛部属原任郎中祝表正携带，代为转达，但把他的儿子王继贞留下，不再让他回北京了。

吴三桂在王辅臣宣布倒戈伊始，就毫不迟疑地拨出二十万两白银给王辅臣，并封王辅臣为平远大将军陕西东路总管。甘肃平凉一带极为艰苦，王辅臣的部下度日维艰，粮饷不足，本来就对朝廷不满，人心思乱，而吴三桂一下子就给出二十万两白银，王辅臣的部下们都愿意跟着吴三桂走。王辅臣也知道，康熙乃雄猜之主，莫洛是康熙的心腹，是因为现在自己所处的陕甘之地举足轻重，康熙才对自己示好，一旦康熙最终平定吴三桂，自己一定是被清算的，而只要自己跟着吴三桂，把这战火烧起来，一旦吴三桂最后胜利，自己绝对是开国功臣，想到此，王辅臣决心把自己跟吴三桂绑定在一起。在王辅臣的诱劝下，陕西、甘肃、宁夏等地将领纷纷投附吴三桂，只有甘肃提督张勇、甘肃总兵孙思克、西宁总兵王进宝、宁夏总兵陈福还坚决跟清廷站在一条战线上。至此，陕西全省除了西安、邠州、乾州还在清廷手里，其余全在吴三桂这边，在甘肃，清军仅保有河西走廊一带的狭长区域。

此时吴三桂形势一片大好,他的部下有人建议随便找个姓朱的作为明朝后裔来立为皇帝,以安抚人心,因为清朝自建立以来实行暴政,导致人民纷纷怀念明朝;有的建议趁此渡江北伐,彻底掀翻清廷;也有的建议吴三桂顺江东下直取南京,断了清朝南北交通;还有的建议吴三桂兵出秦岭拿下西安为中心的关中平原,彻底稳定陕西后渡过黄河,杀向北京。这四条建议,吴三桂随便采纳一条都能使自己距离成功近一步,但吴三桂都没采纳。开弓没有回头箭,吴三桂不知怎么想的,居然希望与清廷裂土议和,划江而治,他让五世达赖喇嘛阿旺罗桑嘉措为自己说话,五世达赖对康熙说:"三桂若穷蹙乞降,可宥其一死,倘竟鸱张,不若裂土罢兵。"遭到康熙严厉驳斥:"三桂乃明时微弁,父死流贼,摇尾乞降。世祖章皇帝优擢封王,尚其子以公主,朕又宠加亲王,所受恩典,不但越绝封臣,盖自古所罕有!三桂负此殊恩,构衅残民,天人共愤。朕乃天下臣民之主,岂容裂土罢兵?但果悔罪来归,亦当待以不死。"(《清圣祖仁皇帝实录》卷五十四)吴三桂就在等待五世达赖与康熙之间传话这段时间,没有乘胜进军,这是吴三桂的最大失策,给了康熙调兵遣将的时间,加上康熙对吴军实行分化瓦解,就这样局势开始僵持。

三藩之乱可分为三个阶段。第一阶段,从康熙十二年(1673)十一月吴三桂起兵,到康熙十四年(1675)底,这是吴三桂战略进攻,康熙战略退却时期。

第二阶段,从康熙十五年(1676)到康熙十六年(1677)底,这是战略相持阶段。吴三桂由战略进攻变为战略相持,就是因为在长江边没有进军,傻等了康熙三个月。此间吴三桂与康熙做拉锯战，而清军在局部地区如甘肃、陕西、江西、浙江等处逐渐转入战略性进攻。

第三阶段，从康熙十七年（1678）到康熙二十年（1681）十二月，康熙战略反攻，吴军全面退却，直至被彻底消灭。

由战略进攻转为战略相持，一切都因为此时的吴三桂太过幼稚了，他已经拿下这么多省份，而清廷此前是统一的，康熙又怎能容忍清廷在自己手里失去半壁江山呢？不做则已，做就要把事做绝，政治上绝没有妥协的道路。

吴三桂为什么不愿意北进，究其原因，还是因为吴三桂做事一贯求稳，不到两年时间，吴三桂已经取得云南、贵州、四川、广西、陕西、湖北一部，耿精忠也从福建出兵，夺取了江西大部、浙江大部，胜利来得太容易了，吴三桂想巩固战果，巩固之后，哪怕不能拿下北京，起码也可以有半壁江山与清廷划江而治。

求稳定，这就是老年人的心态，老年人觉得自己来日无多，如果完全开辟一个新的领域，无论是搞改革还是另起炉灶，都怕因为自己撒手人寰致半途而废，那么与其做这些可能中途夭折的事，不如压根不做，沿着既有的自己所熟悉的轨道继续维持，等自己死后由下一辈接班，剩下的进取之事再由下一辈来做吧。古今中外多少个政治集团都是因为这种心态而走向毁灭，觉得不做事等死，做事找死，等死死得慢，找死死得快，与其找死，不如等死。其实做事未必死，不做事一定死，积极进取未必会失败，而保守等待最终一定是坐以待毙。吴三桂靠着云贵一隅之地起兵，利在速战速决，一鼓作气，而康熙已经入关 30 年的政权，可以进行全国总动员，只要其在人力物力财力的潜力全都释放出来，其战斗力大得惊人。因此吴三桂与康熙的战争其实就仿佛日本与美国的太平洋战争，只有速战速决，吴三桂才能赢，一旦对手调兵遣将到位，自己只有等死。

关于吴三桂之所以不渡江北伐，还有一事可表。李天根《爝火录》记载，吴三桂进驻衡阳后，听说衡山岳神庙里有一只白色的小龟，其大小如一枚铜钱，当地人用它来占卜吉凶祸福之事，十分灵验。吴三桂就择一吉日，前去庙中，把全国山川地图铺放在神座前，将白色小乌龟置于地图上，心里默默祝祷，看此龟究竟走向何方。只见小龟在地图上蹒跚而行，始终不出长沙、常德、岳州之间，然后回转至云南而止。吴三桂占卜了三次，都是如此结果。吴三桂暗暗吃惊，摇头叹道："孤初举义旗，四方归命，这区区无知之物反倒不让孤继续进兵吗？"

胡国柱说："臣不信如此即足以验吉凶。昔臧文仲居蔡，孔子犹以其乞灵于无知之物而讥讽他（臧文仲是春秋时鲁国大夫，占卜用大乌龟，把乌龟居舍的斗拱雕刻成山形，房梁短柱上画水草），况陛下位居至尊，与北朝抗衡，共争天下，岂能以乌龟在地图上的进退为自己争天下的进退？愿大王勿以此为念，立即回驾，号令三军，长驱北上，此国家之福也。"

夏国相也说："龟本无知之水族，占卜如不吉，反令人心沮丧。凡卜验吉凶之事，不过出于愚人之迷信，以陛下之英明神武，怎么也信一只王八？诚如驸马（胡国柱）之言，宜速号令三军，早安天下。陛下起事以来，虽四方响应，然兵威未伸。今蔡毓荣已在岳州与我军对峙，不断增兵，若旷日持久，使蔡毓荣这竖子得完整兵备，非我军之福。愿陛下思之。"

吴三桂不听，他于是不敢轻出湖南，亦不敢渡江。

这其实只是野史里的一种说法。在古代，越是作恶多端的人越不怕报应，不怕报应的人不会迷信，正如越有底线的人通常越有信仰一样，而在明亡清兴之际反复无常的吴三桂显然是最彻底的无信仰者，正因为他绝不相信作恶多端就会下地狱，做好事就会上天堂，所以他才会反复无常，最终把永历帝用弓弦绞死，给自己丝毫不留退路。一世枭雄吴三桂绝不会把自己的前途与一只王八爬的方向挂钩，吴三桂这种人只会相信自己，不会相信任何人，更不会相信王八。之所以吴三桂进军如此顺利，与其说是因为各地实力派相信吴三桂，不如说是清廷入关后30年如一日的残暴统治太失人心，各地实力派皆希望与吴三桂一起掀翻清廷，以后再说。

在吴三桂于松滋停滞不前的三个月里，康熙马不停蹄地调兵遣将，此时吴三桂与康熙的对决是在三个战场：东线战场是耿精忠以福建为大本营，在江西、浙江与清军作战；西线战场是王屏藩以四川为大本营，在陕西、甘肃与清军作战；中线战场是吴三桂以湖南岳州为大本营，在湖南、湖北与清军作战；至于云南贵州，清军的兵锋还远不能深入。康熙明白，东线、西线、中线，如果同时主攻，那就会摁下葫芦起来瓢，中线是关键，只要灭掉吴三桂所在的中线，东线的耿精忠不战自溃，西线云贵一隅之地留待最后解决，所以康熙把主力兵锋对准中线——岳州（今湖南岳阳）！然而岳州对战的画风却是这样的，王沄《漫游纪略》记载，洞庭湖中，如果有吴军战船出动，清军水师仅"鼓棹以待"，听到吴军发炮，清军也"发炮以应之"。统帅尚善等将领,于"军书之暇,唯高卧一笑而已"。康熙得知情况后大为震怒,但也无可奈何,此时他能依仗的只有这些满洲兵了,其他汉人都不靠谱,催促他们进兵显然无用,他们要是能打胜仗的话早就打了,不至于对峙到今天。正在康熙一筹莫展之际,又传来一个坏消息,康熙十五年(1676)二月二十一日,尚之信据广东反叛,至此,三藩全反,吴三桂一方达到极盛。

一直都说吴三桂了,咱们把镜头切给尚可喜。尚可喜与耿精忠是儿女亲家。耿精忠是尚可喜长子尚之信的妻兄,尚可喜次子尚之孝之女又是耿精忠的儿媳。由于这种关系,在耿精忠造反后,尚可喜上书说:"臣与耿精忠本系姻娅,不能不踧踖于中。窃臣叨王爵,年已七十有余,虽至愚极陋,岂肯向逆贼求功名富贵乎?惟知捐躯矢志,竭力保固岭南,以表臣始终之诚。"(《清圣祖仁皇帝实录》卷四十七)康熙看见此封奏折后大为感动,他下令将两广军务全部委托尚可喜管理。尚可喜在向康熙表忠心后,觉得自己的长子尚之信是个定时炸弹,于是上奏把次子尚之孝列为世子,自己死后接班。要在平时,朝廷绝不会同意废长立幼,此时康熙立马照准。为此,尚之信愤懑至极。不久,广东潮州(今潮安)总兵刘进忠公开举兵叛清,他把耿精忠的闽军引进广东,尚可喜赶忙派遣尚之孝统兵讨伐刘进忠。得知消息,康熙非常感动,同样是汉人,吴三桂和耿精忠比起尚可喜,做人的差距咋就这么大呢!他下诏特意给这位平南王晋爵为亲王,不久,清廷还给尚之孝加"平南大将军"衔号。

康熙十五年(1676)二月二十一日,尚之信发动兵变,宣布倒向吴三桂，两广总督金光祖、巡抚佟养钜也一起倒向吴三桂，尚之信将父亲尚可喜软禁，病中的尚可喜闻讯，挣扎着起来，"投缳自尽"，被左右人发现，急救过来。72岁的老头子，上吊没死成，勒也快勒死了。十月二十九日，尚可喜说："吾受三朝隆恩，时势至此，不能杀贼，死有余辜!"他自知将死，令诸子把皇太极所赐冠服取出来，穿戴好，扶他起来，向北叩头。然后尚可喜对诸子说："吾死后，必返殡海州（今辽宁海城市）。魂魄有知，仍事先帝。"说完就死了，年73岁。（《八旗通志·尚可喜传》）尚可喜此贼，在广州大屠杀中杀人几十万，当受灭族之诛，但就是临死前在三藩之乱的问题上站对了队伍，于是就安然无恙。现在居然有人在写三藩之乱的书中歌颂尚可喜对康熙的忠诚行为。其实大谬，尚可喜双手沾满同胞鲜血，已经叛变过一次，只是觉得再次叛变不值得，才没有反叛康熙。

尚之信的所谓叛乱其实另有隐情。尚之信从宣布倒向吴三桂的那一刻起，就没跟清军作过战，吴三桂屡次催令甚至胁迫他出兵庾岭，同清军作战。可他就是按兵不动，实在没法应付，便出库金十万两来犒劳吴三桂的军队，以塞吴三桂口。与此同时他表面上天天饮酒，不问政事，借以麻痹吴三桂，吴三桂也信以为真。尚之信从宣布倒向吴三桂，到"归正"朝廷，共计二百八十余天，这期间始终没出一兵一卒，没同清军交过一次锋。（《尚氏宗谱》）

尚之信的叛乱"名存实亡"，岳州这边的岳乐寸功未建，与此同时，康熙丝毫没闲着，康熙明白，兵锋必须转向，王辅臣与耿精忠相比，需要先平灭的是王辅臣，耿精忠毕竟在福建，鞭长莫及，只要先灭掉王辅臣，整个局势就会有转机。康熙派都统、大学士图海为"抚远大将军"，授以全权，总辖陕西满汉大军，前赴平凉，剿灭王辅臣。

王辅臣乃名将，图海十万大军包围平凉，他毫无惧色，因为此前是他以自己一部兵马横扫陕甘，对于满人的战斗力他很熟悉了，此时的满人战斗力已经远逊于努尔哈赤、皇太极、顺治时期的八旗军了。一次，王辅臣登城巡视防务，望着城外密集的清军营垒，轻蔑地说："这是什么能耐？姑缓其死，稍迟些日子，叫他一切都尽了！"

王辅臣过于轻敌了，图海确有将略。平凉城北，有一座山冈，叫虎山墩，登临其上，可俯视全城。此处是平凉通往西北饷道的咽喉。王辅臣部署万余精兵护守此冈，用以保障平凉的安全。图海一来就决定先夺虎山墩，随即率大队人马进攻虎山墩，这就有了篇头的一幕。控制虎山墩后，图海下令把火炮搬上山，从山上居高临下向城内开炮，城内人心惶惶。当初王辅臣在大同当姜瓖的部下时，城破之日，王辅臣的结发妻子自缢而死，后来王辅臣又娶了七个妻妾。此时，平凉将城破，王辅臣对着七个妹子感叹说："死大同者，今无其人矣。"七个妹子都是有血性之人，听王辅臣一激，于是同日自缢而死。

此时城外的图海觉得火候差不多了，他派周培公（周昌，字培公）进城劝降。电视剧《康熙王朝》把周培公演成诸葛亮式的人物，而历史上周培公远没有那么重要，他在《清史稿》里都没有列传，但是周培公并非不值一提。周培公是荆门人，10岁那年李自成攻陷荆门，他的母亲孙氏殉难而死。此番他主动请缨愿入城劝王辅臣投降，只有一个要求，旌表自己的母亲，图海当即同意。周培公进城劝王辅臣投降，周培公说："将军困守孤城，身处绝地，此时不早图反正，尚待何时？况圣恩高厚，前曾遣令郎特赦抚慰，格外体恤，将军当早接洽。趁此反正，朝廷决不加罪，将军仍可保全名节，岂不甚善？"

王辅臣说："犬子继贞，曾持赦到来，我也曾上奏谢罪，但至今未收到陛下的赦免诏书，恐怕一旦归降，仍遭不测。"

周培公说："将军如虑及此事，尽可放心。现在抚远大将军（指图海）嘱某致意将军，倘虑天威不测，他愿力为担保，誓不相负。"说罢周培公把图海的劝降信掏出来给王辅臣。

周培公见王辅臣看后有些心动，就继续展开攻势，经过一番唇枪舌剑，周培公最终将王辅臣说动，康熙十五年（1676）六月六日，王辅臣向图海投降。康熙得知图海打下虎山墩后，周培公一张嘴就说动王辅臣投降，而康熙自己多少封诏书都没能说动王辅臣投降，于是康熙对周培公心生敬意，他亲自为周培公的母亲写祭文，旌表周母，并任命周培公到山东任职，周培公因与总兵不和，辞官回家。康熙二十九年（1690），噶尔丹率众叛乱，赋闲在家的周培公仍不时关注朝廷政事，希望起复，闻讯后连忙赶写平叛条呈送到京城，被康熙帝采纳，任命周培公为盛京提督。以汉八旗以外的汉人来负责大清龙兴之地的军务，周培公是第一个。康熙四十年（1701），周培公卒于任上。

周培公之事就说到这，接着回到王辅臣。王辅臣这回就太不地道了，七个自己的女人都为自己自缢而死，他却非但不自杀，反而接受了康熙的新任命，任靖寇将军、太子太保。其实康熙并不是不想杀王辅臣，实在是现在吴三桂、耿精忠都还没平定，如果此时清算自己三番五次保证不会清算的王辅臣，那就没人投降了，不是不报，时候未到。王辅臣投降后，对吴三桂而言，陕甘局势急转直下，甘肃提督张勇率军攻城略地，把各地吴军打得溃不成军，此时陕西只有汉中与兴安两处仍被吴军占据，已不足为惧。至于四川，在康熙眼中，川滇黔一体，大西南千沟万壑，一隅之地，当最后攻取。

第十六章
三藩敉平：半壁江山罹兵燹

　　康熙十六年（1677）十一月六日晚，广西桂林广西巡抚衙门，广西巡抚马雄镇的妻子李氏逼着全家 24 个女人自缢。第一个上吊的，是马雄镇儿媳董夫人。董夫人可能是太胖了，上吊的白绫断了，她掉下来，爬起来再系好白绫，第二次自缢，白绫又断了，她的额头和脚被摔伤，之后她换了一条白绫，这次自缢成功，吊死了。之后，李氏让人把董夫人的遗体解下来，再逼马雄镇的 15 岁幼女自缢，小女孩儿几次想把头伸进白绫，但"手不胜绠，久之，环不就"，她说："姐姐帮我！"马雄镇的 18 岁女儿说："妹妹怕死吗？我来帮妹妹！"她过来把马雄镇的小女儿的脖子探进白绫，然后帮她踢倒了凳子。

　　小女儿吊死后，姐姐把她的遗体解下来，自己也自缢了。之后，马雄镇儿子马世济的妾苗氏、马雄镇的两个妾顾氏和刘氏，一个接一个，排队上吊。马雄镇妻子李氏见每死一个，查验对方真咽气了，就在丫鬟协助下把依旧热乎的尸体解下来，放在地上"排队"。接着，李氏逼家中 18 个女仆也相继上吊。第 18 个上吊的丫鬟体重最轻，以便李氏自己能够有力解下来。

　　总共就两条白绫，一条断了，另一条供 24 个女人上吊，也难为这条白绫了。到最后，看着排列在地上的 24 具女尸，李氏说:"姑妇子女,皆幸不辱身,我无憾矣!"说罢自己也把脖子探入白绫……

这惨绝人寰的一幕,记载在《清史稿》卷五百一十《列女传三》,我很好奇的是,这些上吊顺序和女人的对话,究竟是谁记录下来的。

王辅臣被平定的同时,康熙令一直按兵不动的安亲王岳乐必须与吴三桂决战,康熙十五年(1676)三月初一,安亲王岳乐在长沙与吴三桂大战。长沙之战,清军大将岳乐兵分十九路进攻长沙城,吴三桂也兵分十九路抵挡。吴三桂部下王绪率军杀入清军军阵,清军把他重重包围,清军多得把他的旗帜都遮蔽了,吴三桂部下都大惊失色,以为王绪所部全军覆没。少顷,只听枪声连发如急鼓,白刃排空,涛翻雪舞,呼声动天地,清军纷纷从马上栽下,王绪所部杀出,大胜而还。清兵再战,迫近城下,吴三桂用大象组成的军阵冲击清兵,清兵纷纷被踩死,随后吴三桂派兵杀出,呼声动天地,血战至中午,眼看清军在吴三桂的子弹连射中纷纷倒下,就要全军覆没了。突然天降大雨,当时的火枪用火绳点燃,遇水就无法射击,结果清军趁机逃脱,吴三桂大呼:"天意不测!"一场大战下来,双方势力对比没有根本变化,吴三桂在湖南的主力依旧完好,岳乐只得继续跟吴三桂对峙。

康熙知道,指不上岳乐,于是主攻目标换成耿精忠了,康熙派康亲王杰书、将军希尔根重兵杀向福建,经数日激战,康熙十五年(1676)十月初四,耿精忠向杰书投降。得知耿精忠投降,康熙非常高兴,马上下诏,依旧保留耿精忠的靖南王爵。对这些人,康熙依旧一概赦免,并且命令他们仍任原职,戴罪立功。康熙知道，大局未定，远不到清算他们的时候，一切只待秋后算账。福建的耿精忠集团被彻底平定后，康熙十六年（1677）五月初四，尚之信在广州率领省城文武官员及兵民向清朝康亲王杰书、镇南将军莽依图"归正"，广东全境也收归大清，至此，三藩中只剩吴三桂还在抵抗。

尚之信归降，清军入粤，吴三桂慌了，自己在湖南，就这样被抄了后路，而清朝简亲王喇布不久也率军从吴三桂手中收回江西全境。吴三桂一看江西丢了，东线局势彻底糜烂，便开始稳定南线局势，广东局势无法稳定，便来稳定广西局势。广西孙延龄此时在吴三桂与康熙之间骑墙，吴三桂得知后，康熙十六年（1677）十月，派自己的孙子吴世琮率军杀死孙延龄，对他的老婆孔四贞却以礼相待，送到昆明。一直被孙延龄囚禁、拒绝投降的广西巡抚马雄镇，被吴世琮列为招降对象。吴世琮设宴招待马雄镇，劝他投降，但马雄镇拒绝投降，一抬手把酒席掀翻，汤汁饭菜弄了吴世琮一身。吴世琮大怒，派人把马雄镇两个小儿子绑来斩杀，马雄镇大怒，朝着吴世琮的士兵冲去，被乱刀砍死。得知丈夫和两个儿子被杀消息，马雄镇的妻子李氏开始监督宅中女眷按照顺序自杀，这就出现了篇头的一幕。

在吴三桂派兵攻入桂林杀孙延龄后，清军傅弘烈和莽依图合军之后兵锋对准平乐和桂林，随着平乐、桂林、南宁的攻克，清军基本占领了广西全省。吴世琮本人身负重伤，狼狈逃跑。至此，清军从战略上已实现了对吴三桂的大包围。

吴三桂败局已定，康熙已经开始考虑吴三桂彻底被灭掉后的大清政治体制了。此前清国有议政王大臣制度，对皇权有很大牵制，康熙十六年（1677）十一月十八日，康熙建立南书房。一开始康熙为了与翰林院词臣们研讨学问，吟诗作画，在乾清宫西南角特辟房舍以待，名南书房。在翰林等官员中，"择词臣才品兼优者"入值，称"南书房行走"。入值者主要陪伴皇帝赋诗撰文，写字作画，但随着时间的推移，康熙用这些"南书房行走"来按照自己的意旨起草诏令。由于南书房"非崇班贵檩、上所亲信者不得入"，所以它完全是由康熙严密控制的一个核心机要机构，随时承旨出诏行令，最终使得议政王大臣形同虚设，可以说自从平定三藩之乱后的 40 年间，康熙朝的政治决策都是通过南书房来运行的。

康熙已经考虑灭掉吴三桂后的大权独揽了，而吴三桂此时败局已定，每日唉声叹气，日渐衰老，他的身边谋士为了给他提气，纷纷劝进，让他称帝，被吴三桂采纳。吴三桂派人请当时住在衡阳乡村的大儒王夫之写劝进表，王夫之说："我本是亡国遗臣，扶倾无力，抱憾天壤，国破以来，苟延残喘，偷活人间，不祥极矣。现在你们用我这个不祥之人干什么呢？"于是拒绝写劝进表，吴三桂知道王夫之是大思想家，也没难为他。

王夫之不写，但还是有一些文人愿意写，在众人"劝进"下，康熙十七年（1678）三月一日，67 岁的吴三桂在衡州称帝，国号周，改元"昭武"，以衡州为都城，改名为"定天府"。登基大典那天，突然狂风暴雨倾盆而至，把吴三桂搭建的朝房吹倒一半，把"皇宫"新刷的黄漆也淋坏了。看来天不助吴三桂，不是吉兆呀！吴三桂年号"昭武"，当时文人对"昭武"两字做这样的解释："昭"字为"日"加上"刀口"。

"日"在"刀口"之侧，主凶兆，谓吴三桂没几天日子就会死于刀下；"武"字析为"止戈"，即制止干戈，停止战争之意，意为吴三桂的叛乱快被平定了（《庭闻录》卷五）。这种解释很快传开，吴三桂治下的百姓都明白，吴三桂蹦跶不了几天了。

得知吴三桂称帝的消息后，康熙集结重兵对长沙、岳州发起总攻。连吃败仗的吴三桂心理防线崩溃，病重的他神志不清，回光返照之时，忽然看到有条大狗蹿到他病室的几案上端坐，安静地看着自己。古人眼中，狗坐几案，乃大不祥之兆。吴三桂百病缠身，得了痢疾，此时的他上不能吃，下面狂拉，折腾了几日后，康熙十七年（1678）八月十八日，一代枭雄吴三桂病亡，其孙吴世璠继位。

想当年，意气风发，辽西大地戎马倥偬、驰骋纵横，冲锋陷阵，攻城拔寨；甲申国难，本欲做申包胥，不承想却当了石敬瑭，既然木已成舟，便绝无退路，自山海关至缅甸，吴三桂作为大清军中马前卒在中国打了一条对角线。然而是那玄烨小儿断了自己的退路，把自己硬生生逼反，现如今，纵然欲将心事付瑶琴，却只得临事方知一死难！三藩之乱虽然是被康熙逼出来的，但吴三桂此人的确是历史罪人，是他杀得永昌"百里无人烟"，是他将南明最后一位君主永历帝杀害！

值得一提的是，由于吴三桂造反，所以清朝史臣在修清初入关之后的历史时，尽全力抹杀吴三桂的功绩，对此乾隆很不以为然。乾隆在乾隆四十七年（1782）十一月说："馆臣以吴三桂为叛臣，不书其擒桂王由榔（永历帝）事，而以属之爱星阿。夫爱星阿固为定西将军领兵，而三桂彼时实为平西大将军,且必应殄灭由榔,'三患二难'之议,发自三桂,即后之进兵,檄缅甸,驱李定国,降白文选,皆出自三桂之筹画,其功固不可泯也。"(《清高宗纯皇帝实录》卷一千一百六十八)

胡国柱等人用棉裹吴三桂遗体,秘密运回贵州贵阳,吴三桂的孙子吴世璠在贵阳即帝位,定明年为"洪化"元年(1679),给吴三桂上尊号"太祖高皇帝",父吴应熊为"孝恭皇帝"。与吴三桂的登基大典一样,吴世璠即位时也有不祥之兆,在胡国柱奉命筑坛代祭时,"阴风疾起",灯烛皆灭。(《庭闻录》卷五)

吴军主力向云贵撤退,做收缩防御,康熙则不断催促前线进攻,多年相持不下的岳州、长沙、衡州陆续为清军夺取,湖南全境皆为清军控制。夺取湖南全境后,康熙发起了对陕西兴安、汉中的总攻,张勇、王进宝、赵良栋三员虎将很快攻取兴安、汉中,陕西全境为清廷所收取。下一步,张勇、王进宝、赵良栋在图海率领下攻入四川。在此期间,康熙对尚之信开刀,五月十三日,康熙下令把平南王尚之信捉拿进京,闰八月十七日,尚之信被处死,其余党一律正法。

康熙二十年(1681)正月,东路军章泰、南路军赖塔两路联合杀向云南。在云南的战争中,吴军多次用大象阵进攻清军,清军要么用火烧大象,要么乱箭射向大象最脆弱的部位——鼻子,于是云南吴军象兵损伤惨重。二月二十一日开始,清军对昆明发起进攻。昆明城已经不可能再有一兵一卒的外援,郭壮图和吴世璠依旧没有任何降意,死死坚守昆明城。围城几个月后八旗兵才发现,由于昆明城一面临昆明湖(滇池),而封锁昆明湖的是从吴军归降过来的汉人士兵,他们自然不愿意坐视同胞在城内全被饿死，所以网开一面，这才使得昆明城一直能坚守到今天。章泰马上采取措施，令八旗兵取代汉族士兵封锁昆明湖。城内几近弹尽粮绝，一酒杯的米价值白银一两，城破只是时间问题了，康熙二十年（1681）十月二十八日昆明城内的吴国柱、吴世吉等人集结手下士兵，密谋发动兵变，想生擒吴世璠和郭壮图后，开城献给清军。城内人心思乱，吴世璠彻底绝望，举刀自刎，一刀未死，又照喉管猛刺一刀才死。关于吴世璠的年龄，各书都不写，只有《平吴录》记载他死时 16 岁。吴世璠死后，他的"皇后"郭氏也投环自缢，随后又有妃子、侍卫等一百多人先后自尽。郭壮图和他的儿子郭宗汾也都自刎而死。祸首两个都死了，城内叛变的吴军将领怕不好向清军交差，就抓住了吴三桂的"大学士"方光琛及其子侄等人，出城向清军投降。清军马上把吴世璠首级割下，传送京师，然后把吴三桂首席谋士方光琛及其子侄凌迟处死。

此时，万事搞定，只有吴三桂的遗体还没找到，郭壮图和吴世璠知道清军一定会极力搜寻吴三桂的遗体，所以早就造了许多疑冢，而郭壮图和吴世璠已死，所以无从知道究竟哪一个才是确切的吴三桂真身所在。清军到处搜寻，甚至一天中竟挖得十三具"吴三桂"的尸骨。刘健《庭闻录》卷六则记载吴三桂的真骸骨埋在远离昆明的中缅边界铜壁关外。最终吴三桂的一个侄儿说：吴三桂的尸骨已火化，骨灰匣藏在安福园石桥水底。清军照此挖掘，果然找到一骨灰匣，然后将吴世璠的头与吴三桂尸骨一并送到京师（佚名《平滇始末》）。康熙二十一年（1682）正月十九日，议政王大臣会议做出决定："逆贼吴三桂骸骨分发各省,吴世璠首级交与刑部悬挂示众。"

其实这个所谓的吴三桂骸骨很可能是赝品,吴三桂早已火化,那时又没有 DNA 鉴定技术,随便一具身材高大的老年男人的尸骨就可以被说成是吴三桂的骨头。吴三桂的骸骨就好像希特勒的遗体一样,只具有象征意义,没有实际意义。正如斯大林与列宁的夫人克鲁普斯卡娅闹翻后,斯大林说:"我可以对外宣称你不是列宁的夫人。"说你是,你就是,不是也是;说不是,就不是,是也不是!一具枯骨,是不是吴三桂的,并不重要,重要的是,康熙要让人们知道,但凡反叛"我大清"的,无论生死,下场都是万劫不复!

康熙在吴三桂势头正盛,半壁江山动摇时,为安定惊恐的军心和慌乱的民心,做了一把秀,游景山,骑马打猎,以示胸有成竹。有人劝谏他,康熙置若罔闻,事后康熙说:"当时我要是表现出一丝惊恐来,就会人心动摇,说不定会出现意外的情况!"

三藩之乱这就算结束了,德国哲学家尼采在《权力意志》中说:"反对战争的认为,战争使胜利者愚昧,失败者恶毒。赞同战争的认为,由于这两种结果的出现,战争野蛮化了,而这更符合自然规律。战争是人类文化的冬天或者休眠,从战争中走出来的人类更为强大,无论是善是恶。"大清朝经过这场战争,虽然国库亏空严重,但是康熙痛定思痛,调整国策和满汉关系,经此战争的清政府反而更加强大了。作为守成之君,康熙其实并不喜欢战争,真正喜欢战争的,是发战争横财的人,是通过战争晋升军衔的将军们,战争是他们一生过得最好的时光,他们在战争爆发后生活就来了个跳跃,从宁静、和谐变为流血和哭号，每天要目睹或亲自执行疯狂野蛮却又合法并大肆宣传的屠杀。

三藩之乱被彻底平定，下一步，就是从容斟酌处理吴三桂同盟者、昔日部属以及起事三藩主要骨干及其家属了。吴三桂、吴世璠、尚之信死了，耿精忠自然被列为开刀对象，康熙授意康亲王暗示耿精忠，让他自己主动提出进京陛见皇帝，他即可批准。康亲王杰书跟耿精忠一谈，耿精忠自然不愿意进京，可此时大势已去，今非昔比，耿精忠不敢拒绝，只得上书请求进京，很快康熙批准了。为了避免耿精忠生疑，清廷还下旨任命耿精忠的部将马九玉为福州将军，管辖其原有的靖南王部队。耿精忠刚入京，其弟耿昭忠、耿聚忠就联合上疏，请求朝廷对哥哥的叛逆严惩不贷。康熙正好顺水推舟，马上批准耿昭忠兄弟的请求，下令逮捕耿精忠，康熙二十一年（1682）正月二十日，耿精忠和他的主要党羽被凌迟处死，他的儿子耿显祚被处斩，而他的两个弟弟耿昭忠、耿聚忠原本无罪，自然无恙。

此外还有一人结局可交代，他就是王辅臣，康熙二十年（1681）七月，清军正围困昆明时，康熙下诏，令他随经略图海进京"陛见"。王辅臣知道，康熙雄猜之主，此去凶多吉少。行前，他先跟自己新娶的老婆大吵大闹（他的七个小妾死后，他又娶了一房），要把她休了，而后王辅臣把这名女子的父亲叫来，对他说："赶快领你的女儿远嫁他方，我这样做，是为了保全你们。"解决了妻子的问题后王辅臣命人取出库中银两，召集诸将吏亲随人员说："你们随我很久，东西南北奔走，犯霜露，冒矢石，受了很多苦，现在我即将跟你们分别,你们都要远走高飞吧!"他根据每人功绩大小,各给一包银子,说:"愿归田的归田,愿入伍的,速投别的军镇,谁也不要说曾在我这里待过。"众将更知道这是永别了,都痛哭不止。

王辅臣催促说:"你们快走,我的事自己担当,不连累你们。从此诀别了!"他的部属都被遣散了,还剩下数十人,日夜与他们饮酒。八月二十九日,王辅臣从汉中已来到西安,他照旧同门下人饮酒,饮到半夜,王辅臣老泪纵横,对亲信说:"我起身行伍,受朝廷大恩,富贵已极,前迫于众人,做了不义事,又不成,今虽反正,但朝廷蓄怒已深,岂肯饶我?大丈夫与其骈首僇于刑场,何如自死?可用刀自刎、用绳自缢、用药服毒,都会留下痕迹,将连累经略图海,还连累总督、巡抚和你们。我已想好,待我喝得极醉,不省人事,你们捆住我手脚,用一张纸蒙着我的脸,再用冷水在纸上一浇,纸会迅速跟我的脸粘在一起,我就会被马上憋死,死状跟病死的完全一样。你们就以我'痰厥暴死'报告,可保无事。"门人们哭着劝谏他不要这样做,王辅臣很生气,欲拔剑自刎,门人们这才同意,依其法行事。到天亮时,就以"痰厥暴死"上报,朝廷没有怀疑。王辅臣死状据《广阳杂记》卷四。

吴三桂、吴世璠、尚之信、耿精忠、王辅臣都死了,但康熙还是难解心头之恨,他下令把吴三桂的所有旧部及其亲属,换句话说,所有在吴三桂发动叛乱前就是吴三桂部下的人及其家属,共27733人(数字据《八旗通志·范承勋传》),其中所有副将及以上级别的人,其家族所有16岁以上男人全都处死,女人没为奴隶;所有副将以下的官员及其家属都发配到东北苦寒之地，这些人另籍编列，其后代子孙，永远都不能读书入仕，不能当兵，不能从事所有正当职业。到了清末，这些人的后代传了多代，依旧充当站丁、宫门更夫等世袭的下贱职业。直到 1911 年辛亥革命，清廷被掀翻，这些人才得到解放。

第十七章
澎湖海战：鲸舟吼浪泛沧溟

康熙二十一年（1682）八月十四日，北京西苑（今中南海、北海）太液池，涵光银海，波光粼粼，锦缎碧玉般的叠叠水波，托起了片片飘香的莲花，倒映着琼华岛上的白塔，摇曳着岸边袅袅生烟的青翠欲滴的垂柳，临波飞舞的一群白鹭低唱着只有自己才能听得懂的情歌。波澜涟漪，清澈可爱，映衬着梧桐丛竹翠绿葱茏的瀛台。康熙做梦也想不到，此时为施琅饯行的瀛台日后居然是自己的六世孙光绪被慈禧囚禁的地方。

伏波而卧的石堤，乘势而上的玉陛，流光溢彩的楼阁，丛竹成荫的丹墀，令人炫目的御膳金榻，一切都让人感到大清正处在蒸蒸日上的时期。金榻并非黄金打造的卧床，只不过是镀金而已。御膳金榻之赐，是皇帝在中南海宴请大臣的最高礼遇。

康熙居金榻上位，拥几案而坐，身着甲胄、鬓发半白的施琅戎装威武，在康熙东侧的桌后坐着。康熙说："明天就是中秋节，今日朕为将军饯行，促将军早日赴福建水师提督之任，是不是有悖人情呀？"

施琅说："圣上于施琅，不唯人情亲昵，世情独厚，天情亦高远无比。臣一介武夫，不善与人交往，唯圣上爱而怜之，豢养十有三载，呵护之至，朝廷无二。臣十三年来寸功未建，圣上不以驽钝责之，复任臣为福建水师提督，皇恩浩荡，亘古未有。臣虽粗鲁，尚知报恩，纵赴汤蹈火，亦万死不辞。"

康熙满意地点点头，他知道，施琅定可克成勋业，不负使命。

平定三藩之乱后，康熙对着地图放眼望去，只有台湾和黑龙江中俄边境还没有最后搞定，于是他着手解决台湾问题。三藩之乱中，郑经派兵攻掠福建沿海，屡有胜利，然而随着清军的全线反攻，康熙十九年（1680）三月，郑经的部队彻底从福建沿海退出，两岸局势又恢复到三藩之乱前的状态。郑经回台湾后，因吴三桂的彻底失败，复国无望，终归消沉。他与众将每天欢饮射猎，夜以继日，又建一栋别墅来让郑成功的妻子董太夫人安居，至于朝政则都给儿子郑克臧。康熙二十年（1681）年初，元宵节将至，郑经令军民隆重庆贺，郑克臧说："我们偏处海外，地窄民穷，频年征战，民不聊生，我屡次听说清军正在整军备战，欲东渡来打我们。我们大仇未报，人心汹汹，何必以几个晚上的狂欢来空耗民间一个月的粮食？所以我希望元宵节的庆祝一切从简，以培养元气，巩固国祚。"郑经采纳了他的建议，元宵节这天只是与大将刘国轩一起饮酒而已。但郑经因为对于局势悲观绝望，加之饮酒无度，纵欲无度，得了痔疮，大便解不出来，无法排毒（《台湾外记》卷九记载"经因纵欲过度，痔疮暴胀，大肠紧闭"），于康熙二十年正月二十八日去世，享年 39 岁，比他的父亲郑成功多活了一岁，临终前他让郑克臧继位，由刘国轩辅政。

郑克臧为人正直，不畏权贵，自然为各位权臣憎恨，而且他是郑经的妾所生，与嫡长子继承制不符。于是郑克臧的弟弟、郑经的嫡子郑克塽的岳丈冯锡范与董太夫人一起将郑克臧囚禁，而刘国轩坐视不管。不久，冯锡范在一天夜里派无赖把郑克臧杀死，立郑克塽为延平王，自封为忠诚伯，封刘国轩为武平侯。台湾内乱，福建总督姚启圣上书说这是天亡海贼的时候，康熙于是下令进攻台湾，但水师提督万正色却说："刘国轩智勇不可当，台湾难于攻取。"康熙说："朕仗着你有本事，委以重任，而你却怕贼将，说这些废话。"于是康熙有启用施琅之意，但康熙因施琅之前的反复无常，对施琅没底。

康熙先后四次问内阁学士李光地施琅是否可用。康熙问："施琅有什么本事？"

李光地："施琅长在行伍间，对海战很有研究，海贼都怕他。"

康熙："为什么他可信？"

不知为什么，李光地当时没说，欲言又止。之后康熙派明珠问他，李光地对明珠说："施琅全家被杀，与郑家是世仇，其心可保。他懂海战，没有比得上他的。他有谋略，不是一夫之勇，且敌军所怕的只有施琅，只要用他我们就先声夺人了。"李光地一再担保，而姚启圣更是以全家百口性命来担保施琅绝无问题。最终康熙任命施琅为福建水师提督，准备拿下台湾。

自从康熙二年（1663）福建水师提督施琅参与打下金门、厦门，将郑氏政权彻底逐出中国大陆后，本书就再也没提到过施琅，他一直在忙什么呢？康熙六年（1667）施琅上书，反对海禁，主张必须速讨平台湾，以裁福建海军，俾"民生得宁，边疆永安"。他指出台湾"兵计不满二万之从，船兵大小不上二百号"，他们之所以能占据台湾，实赖台湾海峡，而福建"水师官兵共有一万有奇，经制陆师及投诚官兵为数不少"，只要从中挑选劲旅二万，足平台湾。他主张剿抚兼施，从速出兵征台，以免养痈为患。施琅这一主张，受到以鳌拜为首的保守派的攻击，鳌拜以"海洋险远，风涛莫测，驰驱制胜，计难万全"为借口，把他的建议压下来，并将他的福建水师提督职位撤掉。其实施琅主张打台湾并没有什么利国利民的理由，无非是因为他一家72口被郑成功所杀，要报仇雪恨而已。

1667年他被撤职，从此至1680年，这十三年来施琅在他的庭院里翻阅"二十一史"（"二十四史"除去《明史》《旧唐书》《旧五代史》），借鉴古今成败和历代名将的言行。十三年来自己的才智谋略一直被闲置，他终于由一个感情外露的人变成理智胜于情感的人。人生奋斗中的暂时停歇，从长远看往往有利。一个人如果总是居高临下，面对的往往是一片阿谀奉承。谁要是手里总拿着一杆秤，他会忘了自身的重量。人们说逆境成才，实际上是说挫折使人清醒。总是成功，人就放松警惕了；总是能轻易挣到钱，人就懒惰了；总是听到表扬，人就迟钝了。事业上一段时间的停滞会使动摇者变得坚定，使强者更加坚强。

康熙二十年（1681）施琅复出后，就开始着手为出兵台湾准备海军的筹划。施琅为福建水师提督，姚启圣为福建总督，二人在职权、进军台湾的战略战术等一系列问题上不合，所以施琅上奏康熙，请求康熙给自己"专征"台湾的权力。康熙开军事会议讨论此事，明珠说："如果施琅一人领兵进剿，可以让他得行其志，施琅和姚启圣同往，则未免互相掣肘，不便于行事，所以不必让姚启圣同往，施琅一个人带兵进剿台湾足可以了。"康熙采纳了明珠的建议，给了施琅"专征"的权力。

值得一提的是，姚启圣一家子都是奇人，他在平定三藩之乱时立下大功，他老婆何氏举起一个上百斤的石臼都易如反掌，他的长子姚仪曾经有一次赶着四匹马拉的车，但是马不听招呼，他从马上跳下来后在马车后面用力一拽，四匹马居然都停了下来。他挽开一张强弓的话，拈弓搭箭，一箭可以在百步外射穿四层铠甲。（《清朝野史大观》卷五）这样厉害的家族都只能给施琅负责后勤保障，由此可见康熙夺取台湾的豪华阵容了。此时台湾郑氏集团海军也已过了鼎盛期，在郑成功时代，郑氏海军集团总吨位9.2万吨，同时代大英帝国皇家海军总吨位才9万吨，荷兰海军总吨位6.4万吨，郑氏集团海军规模世界第一。到1680年左右，郑氏集团海军总吨位缩水至6.8万吨，英国海军为10.2万吨，荷兰海军为8.1万吨，郑氏集团为世界第三，但吨位依然远过于清朝海军。以上数字据《指文战争事典》第二册《台湾专题》。

到康熙二十二年（1683）年初，施琅进军台湾的部署彻底准备好了。施琅认为澎湖是台湾门户，又是进攻台湾的跳板，所以要先拿下澎湖，若进攻澎湖，台湾唯一的名将刘国轩必率军来战，若歼灭他，则台湾不攻自破。六月十四日，施琅率领2.1万名士兵、236艘战舰从铜山出发，进军澎湖列岛。面对施琅的海军，刘国轩率200艘战舰、2万士兵在澎湖等待迎战清军。刘国轩部下邱辉提出趁清军远航疲惫，立足未稳之际主动出击。刘国轩认为澎湖防守严密，清军无法登陆，只等风暴突起，清军不战自溃，所以没采纳他的建议。下午施琅占领澎湖的几个岛后刘国轩仍坚信有台风，还按兵不动。

六月十六日双方展开海战，刘国轩战败。六月二十二日清军发起总攻，东路陈蟒率 50 艘战船直入四角山；西路董义率 50 艘战船直入牛心湾，佯动登陆；中路施琅率 56 艘战船直取娘妈宫（妈祖庙）；又以 80 艘船继后，三路进攻士气不振的郑军。红衣大炮喷火作响，炸雷似的打破郑军战场的沉默，郑军各舰随之发炮。刹那间炮声雷动，矢石如雨，海水沸腾，郑军士气大振，喊杀声在澎湖湾腾起。

正面战场的郑军成圆阵抗击清军，两侧郑军成方阵。此时刘国轩发现征帆南转，令旗南飘，烟焰南滚，乌云南集，郑军欢呼着："台风将至，施琅必败！"果然一阵西北风来了，海空黑云翻滚，海面黑潮汹涌，北风怒吼，撕帆折桅，狂涛飞起，排山倒海，和着郑军的欢呼声扑向施琅舰队。此时施琅高呼："天妃助我，皇上佑我，我军必胜，郑军必败！"奇迹发生了，真天不助刘国轩，一声雷随着施琅的呼声炸响，轰隆隆掠过海空，滚向天边。须臾，海空黑云飘散，飓风反向，海面黑潮北涌，波涛一阵旋转徘徊后乘着乍起的南风向郑军扑去。施琅"遂下令扬帆联进，风利舟快，瞬息飞驶，居上流上风之势，压攻挤击，一可当百，又多用火器火船，乘风纵发，烟焰弥天"（阮旻锡《海上见闻录》）。

遭受苍天戏弄的刘国轩仰天长叹："天意如此，我刘国轩只能拼死一搏了。"他猛力将手中的令旗挥下，郑军战船的铮鼓也猛烈地擂响了。经过几个时辰的激战，尘埃落定，郑军

37艘大战船、107艘小战船被击沉，士兵1.2万人战死，仅剩3艘大船和28艘小船。而清军阵亡829人，船只一艘不沉。最后决战中施琅以五船攻敌一船，逐次歼灭郑军，而清军船只无一损失，这在海战史上是很罕见的。

此战，清军俘虏了郑军800人，为他们疗伤，给他们饭吃，施琅召见他们，问道："你们要回去吗?"

这些俘虏都叩头说："我们这些人逆天而行，应该杀头，只要不让我们死就足矣了，岂敢盼着回去?"

施琅说："不然，你们全军覆没，父母妻子一定认为你们已死，日夜为你们哭泣，我现在放你们回去，你们再看到自己的父母妻子，岂不会很高兴? 朝廷至仁如天，不得已而用兵。现在放你们回去，你们回去后，替我告诉台湾人，让他们速来投降，尚可不死，再拖延的话，今日澎湖的下场就是明日台湾的下场。"说罢放了这些俘虏。这些俘虏回去后，说清军如何仁慈，使得台湾内部更加不稳，且此战使郑氏集团损失惨重，最终郑氏集团投降清朝。

康熙在得知施琅攻取台湾后大喜，赋诗云："万里扶桑早挂弓，水陆军指岛门空。来庭岂为修文德，柔远初非黩武功。牙帐受降秋色外，羽林奏捷月明中。海防久念苍生困，耕凿从此九壤同。"

攻取台湾后的施琅在政治上已经很成熟了。台湾郑氏集团怕被施琅清算，冯锡范派人试探施琅，问："公与郑氏是三世之仇（指郑成功杀了施琅一家三代人），现在郑氏是釜底游鱼、笼中之鸟了，为何不灭之以雪前仇?"

施琅说："我此行上为国，下为民，只要郑氏衔璧来归，自然会赦免他们，只要不苦了台湾父老就好，哪里有什么私仇？"说到这，施琅折箭为誓，说："我施琅断不会复仇！曾经杀我家人的人已死，与他人不相干。不止是不杀台湾人，郑氏投降，我也不会杀。今日之事，是君上之事，我怎敢报私怨呢？"（施琅《靖海纪事》和李光地《榕村续语录》均载此段对话）

施琅率清军在鹿耳门登陆后，刘国轩亲自迎接施琅，向其下拜，施琅以同样之礼还礼，刘国轩说："今日国轩就是一个俘虏，提督为何如此谦逊？"

施琅："我敬君是条好汉，他人不明白事理，要负隅顽抗，断送台湾一方人性命。惟有君明智，知我势不可敌，天命有归，保身全国，所以我说君是条好汉。"（李光地《榕村续语录》）

虽然郑成功杀了施琅一家72口，但施琅仍亲自去祭拜郑成功之庙宇，因为他知道，郑氏家族三代人在台湾经营，深得民心，自己如果对郑氏家族清算，也不会得到康熙的支持。所以他在祭祀郑成功时对郑成功毫无怨言，他说："琅与赐姓（郑成功被南明赐姓朱，故也称其为赐姓）有鱼水之欢，中间微隙，酿成大戾。琅与赐姓剪为仇敌，情犹臣主，芦中穷士，义所不为。公义私恩，如是则已。"说罢，他泣不成声，热泪纵横，郑军和台湾百姓深受感动。冷静处理公义与私怨的关系，施琅在这点上比芦中穷士伍子胥要强。此外，康熙也采纳了施琅的建议，对郑克塽、刘国轩以礼相待，分别封以海澄公、天津总兵。刘国轩确有将才，被康熙委以重用，而郑克塽则被软禁在北京朝阳门外的一个胡同里，此地正是当年清廷软禁郑芝龙的地方。康熙四十六年（1707）郑克塽病死，年仅37岁。郑氏家族无一人长寿，郑成功38岁，郑经39岁，郑克塽37岁，怪哉！

施琅攻取台湾后，康熙知道他是海战不可多得的人才，封他为靖海将军、靖海侯，世袭罔替，康熙三十五年（1696）施琅去世，年75岁。

《碑传集》称施琅虽权高位重，但仍待人以礼，经常与人促膝谈历史。他绝不只是一介武夫，他懂音乐，曾经把自己写的词谱成乐曲。就执政而言，但凡他发现政府执政有积弊，他一定上奏要求改进，赶上灾年，他必然把家里的粮食分发给灾民。

康熙最初在不了解施琅时说他是"粗鲁武夫，没学问，度量浅，骄傲"，等到通过李光地、姚启圣了解他后，则评价施琅"才略夙优，忠诚丕著，忠勇性成"。

李光地《榕村续语录》："人论本朝之将，以赵良栋、施琅并称。今观之，赵虽御下亦有恩威，临事亦有机智，若论能揽天下之大事，刻期成功，未必如施（施琅）"。

第十八章
亡族灭种 or 兄弟情深
——大清统治蒙古的秘传心法

　　大清铁骑攻灭大明，从宁远推进到中缅边境，只用了短短18年，而与漠西蒙古准噶尔部一个部落的战争，却进行了整整70年，这70年战争历经康雍乾三代人，这也是清朝军事武功的巅峰，是清朝奠定华夏版图的丰功伟业。清准战争进行时就是欺诈与仇恨，酷刑与死亡，英才盖世的军事家与蠢得出奇的指挥官。战争结束后，有时什么情况都改变不了，到头来还是新的仇恨，而有时则能把国家带入正轨，从而赢来一个盛世。从来没有一场战争是永远胜利的，战争胜利往往是哲学家跟蠢材的幻觉，因为一劳永逸解决问题的战争是不存在的。只要哪里战争造成的创伤还在流血，就会有人向当初使自己流血的人复仇，就会有新的战争，战争就远没有结束，也永远不会结束。就大清和准噶尔士兵而言，许多投入战争的士兵其实都是还没有学会杀人的人，他们并不想杀人，但是没办法，他们为了养家糊口而加入军队，或者连家都没有，只是为了生存而参加战争，他们与敌人在死亡的战场上相遇，发生冲突，互相肉搏，稀里糊涂地开枪，稀里糊涂地丧命，而他们的长官往往说他们被杀叫殉国，他们杀人叫功勋。战争是人性恶变的怪物，因为在此怪胎面前，人类所展示的往往是：人性只不过是兽性的延伸。

乌兰布通之战后，康熙三十年（1691）四月，康熙亲自与漠南蒙古和喀尔喀蒙古各部首领会于多伦，他亲率上三旗官兵出古北口，下五旗官兵出独石口，两路会师于多伦。作为盟主，康熙首先调解喀尔喀蒙古的内部矛盾，当场斥责土谢图汗不该袭击札萨克图汗的部落，更不该杀死札萨克图汗沙喇，土谢图汗汗流浃背，跪地请罪。康熙封沙喇的弟弟为札萨克图新汗，并封他为和硕亲王。调解完喀尔喀蒙古矛盾后，康熙封喀尔喀蒙古的35位首领分别为亲王、郡王、贝勒、贝子、镇国公、辅国公，这些首领的许多部下则封为台吉。康熙帝通过封爵把蒙古各部都纳入了大清的爵位体系，也就是在政治体系中，结束了蒙古各部的混乱局面。康熙在内蒙古和外蒙古推行札萨克制度，又称作盟旗制度，蒙古各部划分为旗，若干个旗是一个盟，旗的一把手叫札萨克（旗长），盟有盟长，札萨克世袭，盟长则由中央任命，此外康熙派大员驻守蒙古各要地，以加强对蒙古的控制。康熙可以封蒙古人为亲王、郡王，然而对于吴三桂、尚可喜、耿精忠这些汉族亲王、郡王，则必欲除之而后快，其中缘由，康熙自己曾经道出："汉人难治"，"汉人人心不齐，如满洲、蒙古数十万人皆一心，朕临御多年，每以汉人为难治，及其不能一心之故。国家承平日久，务须安不忘危"（《清圣祖仁皇帝实录》卷二百七十）。

康熙三十年（1691）五月初四，康熙举行大阅兵，用大清强大的军容来震慑这些蒙古人，康熙亲自拈弓搭箭，十次射箭九次命中靶心，"八旗满洲官兵、汉军火器营兵及古北口总兵官下官兵，各依次列阵、鸣角，鸟枪齐发，众大呼前进，声动山谷!"据康熙身边的法国传教士张诚在《张诚日记》里的记录,共有9000~10000名骑兵和1200名步兵、400多名炮手、70门炮参加了阅兵。

康熙除了大阅兵外,自己也打猎,以显示自己的强大。《张诚日记》记载,康熙不扶缰绳,快马疾驰,穿过山冈,满弓发射,表现了骁勇动作和娴熟的技巧。有一次,老虎突然跃起,发出吼声,向骑士们冲去,咬死一个人。此刻,康熙下令放出猎犬,猎犬与老虎搏斗,康熙拈弓搭箭,射了三四箭,因为距离较远,老虎未中要害,只受轻伤。老虎带伤跑到一片荆棘之中,猎手们用石块砸老虎,长枪刺老虎,老虎怒了,以极快的速度从荆棘中窜出来,扑向康熙。眼看就要扑到康熙时,老虎不知为何,调转方向跑了。康熙的确一身是胆,此时他被老虎激起了更大勇气,他拍马追赶老虎,追击中跨过了一座山谷,而后康熙连开两枪,最终把老虎打死。

康熙一方面以个人英雄主义的杀虎来收服崇尚英雄的蒙古民族,以大清强大的军力来震慑蒙古骑兵,以世袭罔替的爵位来笼络蒙古贵族,另一方面也以藏传佛教格鲁派从精神上羁縻蒙古人。他在多伦建立一所巨大的藏传佛寺,名为汇宗寺,使之成为喀尔喀蒙古的宗教中心,以哲布尊丹巴呼图克图为首主持宗教活动,此后喀尔喀蒙古各部首领经常去承德朝见康熙,并逐步形成定制。这次会盟史称"多伦会盟"。

藏传佛教主要有宁玛派(红教)、噶举派(白教)、萨迦派(花教)、格鲁派(黄教)等教派,康熙为什么要把格鲁派作为羁縻蒙古人的宗教呢?一方面是因为此时西藏势力最大、教义体系最完备的就是格鲁派,另一方面也与噶举派、宁玛派、萨迦派的喇嘛都可以娶妻，而只有格鲁派不能有关。

冯玉祥《我的生活》记载："谈到人口，蒙古本有一千二百万人。在满清长期统治之后，今已减少至五十万人。满清利用喇嘛教以统治蒙古人民，凡有兄弟八人者，七人须当喇嘛；兄弟五人者，四人须当喇嘛；仅有一人可为娶妻生子的平民。当喇嘛者有红黄缎子穿，又可坐享优厚的俸禄。女子没有充当喇嘛的福气，但又难找得相当的配偶，于是都做了内地人泄欲的对象。因为由本部内地来的文武官吏及军队、商人，都以道远不能携带家眷，他们都可以在这里找到临时太太。一方面是七八个蒙古男子仅有一个妻子，一方面是一个蒙古女子，有若干的内地人为她的临时丈夫，事实上形成一个乱交的社会。同时男女卫生都不讲究，染上淋病、梅毒以后，惟有听其自然。当时活佛即患梅毒，烂塌了鼻子。据说目前检查结果，蒙古青年十七岁至二十五岁者百分之八十五都患有花柳病；二十五岁以上者，所占百分比自然更大了。这种现象是太可怕了，若任其继续存在，马上就会有灭绝种族的危险！"

除此之外，大清对于蒙古人控制极严，康熙规定蒙古人到内地只能从山海关、喜峰口、古北口、独石口、张家口、杀虎口六处入关。入关时登记人数，出关时仍照原数放出，而且除以上六个关口外，不得从其他关口出入。此外，清廷禁止蒙古人学习和接触汉文化。嘉庆二十年（1815）谕："近年蒙古渐染汉民恶习，竟有建造房屋演听戏曲等事，此已失其旧俗，兹又习邪教，尤属非是，著交理藩院通饬内外札萨克部落，各将所属蒙古等妥善管束。"道光十六年（1836）规定，嗣后蒙古人，只准以满洲蒙古字义命名，不准取用汉人字义。道光十九年（1839）又规定，蒙古王公、台吉等不准延请内地书吏教读汉文，违者治罪。其公文呈词，也不得擅用汉文。而且清廷还禁止内地人出关种地和经商，内地出关经商者必须持有理藩院发的票证，而且限定一年期限，不准娶蒙古女子为妻，不准取蒙古名字，等等。清朝这样做的目的在于强化控制，尽最大限度减少蒙古人和汉人的联系，防止蒙、汉人民联合反抗。

徐鼐霖《筹边刍言》这样总结清朝对蒙古人的政策："一、尊崇喇嘛教以坚其信仰，家有五子者，一人相续，其余为喇嘛，僧不准娶妻，此人口之所以日少也。二、不奖励教育，人智闭塞，文物制度，日就陵夷，至不能语其先祖创霸欧亚之历史，用尽习于偷情，自竞争力所以全无也。三、不提倡开垦奖励殖民，人无贮蓄之观念，且互市有禁，因之工商事业无大表现，此经济所以不能独立也……遂使（蒙古人）捧经诵咒，唉膻寝毳，蠢然蠕然，游息于黑幕世界，无复向日之喜事，中国坐是无边警者百余年，其收效不可谓不巨也。"

康熙及其继任者通过种种方式来隔绝蒙古人与内地汉族的交往，从而使蒙古人民无法获得汉族先进的生产技术和生产工具，始终处于游牧的地位，有清一朝200多年间蒙古人的生产力没有任何发展。正因为如此，到了清末，一部分觉醒的蒙古族开始与同盟会联合反清，《民报》发表了以"蒙裔多分子"署名的《蒙古与汉族结合共伸讨满复仇大义之宣言书》一文：

> 满洲分割我蒙古部落，建汗封王，以相牵制，使势力消散。除此之外，置将军，都统，办事大臣于各地方。以握我实权，制我死命。而设喇嘛教一端，设计之毒，以灭

我蒙古种族。期间历史时间之长，非数万言不能磬，实与吾蒙古不共戴天之仇也。吾蒙族不排满复仇则已，如排满复仇，舍与汉族结合其谁与归。今吾与汉族同患难，共死生，同谋大举。则异日汉族之于我同幸福，同乐利，同居于平等地位，同建一共和政府，同行一共和宪法。自今与往吾蒙族之生命，生则与汉族同生，死则与汉族同死。吾蒙族之土地，存也愿与汉族同存，亡也愿与汉族同亡，两族一心，同谋复仇，同谋排满。

假如当时蒙古各部王爷都能看出康熙的险恶用心，康熙压根儿不可能彻底征服蒙古人。乌兰布通之战后，蒙古各部只有噶尔丹仍旧不服，他写信给蒙古各部，说："我们已变成往日（这个"往日"指的是元朝时蒙古人控制女真人）一直受我们控制的人的奴仆，还有什么事比这更可耻的呢？""若蒙古诸王中有人卑躬屈膝，甘心当我们共同敌人满洲人的奴隶，那么他们便是我们复仇中首先要打击的众矢之的，而他们的毁灭将是我征服中国的序曲。"可是蒙古各部早就因为大清在乌兰布通之战的胜利与多伦会盟时的雄壮军威而被震慑住，不敢有二心。

见无人响应，噶尔丹决心单干，康熙三十四年（1695）五月噶尔丹率骑兵三万人，并扬言借俄罗斯炮兵和鸟枪兵六万由科布多东部出发，进军克鲁伦河以北巴颜乌兰。

康熙召集群臣讨论剿灭噶尔丹的问题，举朝皆以为难，认为应当征讨噶尔丹的不过两三人。康熙也深知出兵的难度，他说："朕亲历行间，塞外情形，知之甚悉，自古以来所谓难以用兵者是也。其地不毛，间或无水，至瀚海等沙碛地方，运粮尤苦。雨水之际，难以举炊。区画不周，岂可妄动？"但康熙更知道出兵的必要性，噶尔丹"其势日强，其志日侈"，"一日不除，则疆域一日不靖，恐日后各省之脂膏，尽糜费于北方，又若前代矣"，故"深念此寇，断宜速灭"！康熙决定御驾亲征，遭到了满朝文武的反对，有人说："皇上为百神之所凭依，四海苍生之所依赖，似不必以此小寇，躬临壁垒。"也有人说："皇上宜钦点中路大将军，统兵进剿，圣驾驻跸近边指授方略，即可立奏肤功。"

康熙上次御驾亲征噶尔丹时自己未能亲临战场，想想自己的曾祖努尔哈赤、祖父皇太极百战沙场何等英武，而自己继位34年来从未亲临战场过把瘾，于是按捺不住跃跃欲试的心情，说："昔乌兰布通之战，朕躬违和，未能亲临前线，失此机会，至今犹以为憾。今噶尔丹窜伏地方，尚未甚辽远，朕决意亲莅边外，相机破敌。此贼既灭，则中外宁谧，可无他虞。假使及今不除，日后设防，兵民益多扰累。故风寒雨雪皆所不辞，习于战斗之劲寇亦所不避，必亲往征讨！"康熙在出征时制定了严格的战术计划和军事纪律：

一、启行时，所有士兵必须携带好装备，按照各旗编制前进，不得零星散乱，后先越走。从踏出国门一直到班师，所有人必须遵守，违者鞭责示警。

二、行进途中不要离开部队大旗，不要酗酒，不要大声喧哗呼喊，如有不遵，随时逮捕。

三、所过地方，不得扰害居民及蒙古部落。如侵犯蒙古人的子女，掠夺马畜，蹂躏田禾，及擅离营伍，入村庄山谷，强取人民一物者，兵丁厮役，俱从重治罪，其长官一并议罪。

四、出去侦察时不要携带大旗，各带本旗颜色小旗。在远离我军大营的各个方向设置前哨，勤加巡视，以防敌人偷袭。一人一骑，其马备鞍以待，白天把马在近处放牧，晚上则提前准备好饲料把马拴好喂养，如此既使马可以吃上夜草，也防止马匹丢失。前哨如发现敌人，即飞报大营，若在没有敌人时滥报，或敌人都到近前了还不报，以及报信迟疑者，立即将该哨兵军前正法。

五、值夜班的官兵必须穿好铠甲，不可懈怠。没事的人夜里老老实实睡觉，不得擅自乱窜，瞎耗精力，违者必问。如衣服器械有异，即行擒拿。如果该值夜班的人睡觉，或值夜班的人少了，被该管大臣察出，严治其罪。

六、对敌列阵时，主将必度地据险。敌人或者直接把骑兵在草原上列阵，或者结骆驼鹿角为营，我军分列行阵，指明某队某旗，当击敌阵某处。战时鸣号角进兵，战毕仍鸣号角收兵。官兵或弃其部伍混入他人部伍，或从本阵被打出，往附他人尾后，或逡巡观望，逗留而不前进，照所犯轻重正法、籍没、鞭责、革职。至我军分阵进击，某旗对阵，敌军暂时撼不动时，朕就会迅速派预备队援兵来，大家不必惊慌。临敌对阵时，王、贝勒、贝子、公、大臣、官员，如果不按队列次序进攻，或者看敌人少而都要争着攻灭，则不记功而仍以罪论。

七、敌阵动摇，我军攻入，当严禁官兵，不得掠人畜财物。如不遵军法，贪行攫取者重惩不贷。

八、敌败北，即选兵马追之，随派队伍接踵继进。倘追兵中了埋伏也不要怕，因为在其后我军陆续继进，依然可以救援。

九、凯旋日，凡军器不得售卖存留与诸蒙古部落，违者从重治罪，该管官一并议处。（《清圣祖仁皇帝实录》卷一百六十九）

康熙三十五年（1696）二月三十日，康熙第二次御驾亲征，发兵十万，康熙令萨布素率东北各军为东路军，与敌前锋交战；大将军费扬古、振武将军孙思克率陕甘兵为西路军从宁夏出发，断敌归路；康熙自率中路军，三路约定在克鲁伦河会师。军队行进途中，康熙"不怀安逸，不恃尊崇，与军士同其菲食，日惟一餐，恒饮浊水，甘受劳苦"。康熙每日五更即起，亲督行李帐篷先行，使行李先于军队到达宿营地点，这样的话，每天晚上军队到相应地点时，已经提前到达的负责帐篷的士兵就已经安营扎寨了，如此可让行进一天的士兵有足够的时间休息，养精蓄锐，以彻底剿灭逆贼噶尔丹。有一天宿营时，雨雪交集，军士未能即刻安营，康熙穿着雨衣在外站立，看着将士们安营扎寨，待军士们结营完毕，才进入行宫。每天康熙一定要等到看着各营士兵都开饭了，自己再吃（"营中皆炊饮，然后进膳"）。

康熙中路军进军神速，孤军先到，大学士伊桑阿请求为康熙安全着想，暂时撤退，康熙大怒，说："朕祭告天地宗庙出师北伐，连敌人人影都没看见就回去，如何对得起天下？我军一退，敌军必然主攻西路军，西路军岂不危矣？可以这样，等我大军进至拖陵（克鲁伦河上游），先派使臣见噶尔丹，延缓他进兵，以待费扬古大军，噶尔丹若要逃跑，我军就要在他慌乱之际出兵追杀。"

此时噶尔丹根本没想到康熙会来，他说："中华皇帝不在中国安逸享乐，哪里能来我们这无水的瀚海呀？"说罢他走出大帐，来到河边，见河对岸远处驻扎的清军有一座黄顶帐篷，龙旗飘扬，护卫军勇猛异常，不由得大吃一惊，他知道康熙来了，于是下令拔营而退。康熙原以为噶尔丹必依托克鲁伦河抵抗，见噶尔丹逃走，知道噶尔丹怯战，此时又得知此前噶尔丹扬言能来助战的六万俄军纯属子虚乌有，拿十万人打噶尔丹三万人，兵力已经占绝对优势，于是他说："如在克鲁伦河遇到敌军，我军可夺河交战，也不过稍费些气力，现在敌军不在此应战，竟四散而逃，可见噶尔丹对于行军用兵之道一无所知，这是对我军自开门户。除此地外在他处也不能抵抗我军，所以噶尔丹必趁夜逃跑，我们应出轻骑迅速追击。"随后康熙派出轻骑追杀噶尔丹。

与此同时费扬古因西路军长途跋涉，疲惫不堪，于是决定以逸待劳、反客为主、设伏截击，他在昭莫多（今蒙古国乌兰巴托东南宗莫德）的丛林里设伏以待噶尔丹，很快噶尔丹在距昭莫多 5 里处与费扬古军先遣队相遇。刚开始噶尔丹听到林中炮声齐发，杀出四百步兵，而噶尔丹手下尚有万人，交战中费扬古先遣队且战且退，走了 5 里噶尔丹勒马，见小山顶上露出的旗帜，才知是费扬古的军队，于是率军仰攻山头。费扬古居高临下，用火铳向敌军射击，用箭镞射向敌军，噶尔丹部前队战死，后队再上，清军用拒马阻止敌骑。激战中，清兵结阵冲杀，准噶尔军奋勇抵抗，战场上的人个个都杀得跟血葫芦似的，只用有辫子和没辫子作标志，有辫子的杀没辫子的，没辫子的砍有辫子的。马刀和战刀相碰，火星四射，砍落的人头被人脚、马蹄踢得滚来滚去，草地上不时形成一个个鲜血坑。

自辰时打到午时，噶尔丹死战不退，于是费扬古派兵千人袭击噶尔丹后队。后队只有一员女将，身披铜甲，腰配弓矢，手握双刀，胯下骑的动物似驼非驼，她柳眉直竖，杏眼圆睁，杀气腾腾地领几百准噶尔军与清军交战，几十回合下来打个平手。此时清军击败了噶尔丹主力，山脚下大雾弥漫，但见尘沙陡起，血肉横飞，准噶尔军抱头鼠窜，清军集中全力对付噶尔丹后队。这位女将最终战死，她就是噶尔丹的妃子阿奴。噶尔丹捡条命，跑到塔米尔河。此战噶尔丹主力全失，清朝取得对噶尔丹作战的决定性胜利。此战，噶尔丹三万人被打得只剩几十人，准噶尔部的一名善于弹筝筘的老乐工被俘后，在康熙举行的庆功宴上，以厄鲁特蒙古语演唱了一首悲壮凄凉的歌曲："雪花如血扑战袍，夺取黄河为马槽。灭我名王兮，虏我使歌，我欲走兮无骆驼，呜呼黄河以北奈若何！呜呼北斗以南奈若何！"（《清朝野史大观》卷一）

此番御驾亲征，康熙仍留皇太子胤礽监国，这次胤礽比上次精明多了，康熙对胤礽的表现很满意，在给他的朱批里说："况尔在宫稳坐泰山理事，故朕在外放心无事，多日悠闲，此可轻易得享乎？朕之恩福盖由行善而至也。朕在此无不告知众人，尔如此孝顺父亲，诸事挂念在心，朕亦祝尔长寿无疆，子孙同尔一样孝顺。"胤礽回奏说："今春百余日未在膝下，今又有十月余未睹天颜，儿臣眷恋之心实难忍。"（《康熙朝满文朱批奏折全译》）此时依然是康熙与胤礽关系的蜜月期，康熙不会想到，他们父子会有恩断义绝的那一天。

康熙三十六年（1697）噶尔丹的侄子策妄阿拉布坦在伊犁大肆攻掠噶尔丹的地盘，新疆南面的回部也背叛噶尔丹归降康熙，康熙借机第三次御驾亲征。面对康熙大军压境，准噶尔部分崩离析。噶尔丹重臣吴尔占札卜的母亲被清军所俘，康熙为了打攻心战，以礼相待，并将其放回。吴尔占札卜的母亲回去后说："中华皇帝国大兵多，繁荣强盛，况中华皇帝乃活佛也！在俘获敌人母亲后放归，让敌人母子团聚，你们从前也曾听说过这种事吗？现在不降，更待何时？"

康熙三十六年（1697）三月初三晚，瀚海大雾弥漫。噶尔丹部风声鹤唳，有人似乎听见了炮声，"清军来了！清军来了！"随之噶尔丹部炸营。浓雾之中，人马狂奔乱突，挤挨碰撞，乱成一团。噶尔丹重臣丹济拉、丹津阿拉布坦、丹津鄂木布等均归降康熙，噶尔丹只剩下不到三百人，骑着骆驼和马，一头牛一头羊都没了，此后数日他的部下只能杀马而食。

闰三月初五，康熙在给胤礽的上谕中表明自己这次征讨噶尔丹的心志："朕到宁夏已将近十日，每日议筹兵马钱粮，毫无闲暇。途中晨披雾露，日冒尘沙，嘴懒得说话，手为缰鞭磨起茧，来此数千里外，亦为此一余孽噶尔丹也。朕若此时在京城，晨赏百花，日坐树荫下，听鸟啼鸣，歇暑纳凉，以求安逸。此非朕所不乐者，惟欲成大丈夫之志也。"

此时噶尔丹已濒临绝境，想回伊犁，但是在伊犁的策妄阿拉布坦拒绝接纳，想投奔俄罗斯，俄国人只重现实利益，不可能因为一个噶尔丹而得罪康熙，康熙三十六年闰三月十三日，众叛亲离的噶尔丹暴毙。《清圣祖仁皇帝实录》卷一百八十三记载噶尔丹"饮药自尽"，魏源《圣武记》、何秋涛《朔方备乘》、萧一山《清代通史》均采纳此说。《亲征平定朔漠方略》卷四十三记载噶尔丹"病死"。

噶尔丹的部下要将他的尸首献给清廷，在途中被策妄阿拉布坦截取，他将噶尔丹的尸首献给康熙，康熙于是把阿尔泰山以西的地盘给策妄阿拉布坦统治，至此外蒙古并入清朝版图，但新疆依旧处于独立状态。噶尔丹死亡，康熙的宿敌被灭，康熙欣喜地在四月初七胤礽的请安折子上批示道："尔之皇父才识浅薄，何以如此有福分，凡到达之地，所指诸事，无不允协，此皆天地祖庙祐助所致也，今世想是不曾闻仇敌一语矣。朕之心事了结，业已报仇。儿皇太子，未知尔如何腾欢。"康熙高兴得太早了，对大清而言，准噶尔部还将继续为患，直至乾隆时代，对康熙而言，噶尔丹死了，而他的儿子们将会因为储位之争成为他的敌人。当然，这是后话。

噶尔丹终于被平定，康熙太高兴了，他说："朕两岁之间，三出沙漠，栉风沐雨，并日而餐，不毛不水之地，黄沙无人之境，可谓苦而不言苦，人皆避而朕不避，千辛万苦之中立此大功。朕之一生可谓乐矣，可谓致矣，可谓尽矣。"（《掌故丛编》一辑）

《圣祖仁皇帝御制文集》第二集第三十六卷、三十七卷为康熙亲笔撰写的《亲征漠北纪略》，本书御驾亲征噶尔丹部分除依据以上所注明之书外皆依据此书。

噶尔丹虽然被彻底平定，但是康熙知道，蒙古人桀骜难驯，要想永久驾驭他们，必须时常威慑之。康熙四十二年（1703），康熙在木兰围场附近的热河建立了规模宏大的避暑山庄，使之成为京师以外的第二个政治中心。此后除南巡外，他每年五月到九月都在此处理朝政，接受各少数民族王公贵族的朝觐。万壑松风之中，鹿呦马啸，鹤唳雁鸣。每当避暑山庄入夜，满蒙藏回之人在绿茵般的草原上燃起熊熊篝火，割生炙熟，觥筹交错，胡笳马琴，狂歌劲舞，别是一番风情。

第十九章
龙与上帝：康熙与传教士

　　虽然康熙并不信基督教，但是康熙其人，因德国传教士一言而登上大统，在身患疟疾生命垂危时，因为吃了法国传教士的奎宁而死里逃生，因为传教士的折冲樽俎而签订《中俄尼布楚条约》，从而稳定北疆，故而终其一生，康熙始终对传教士怀着感恩的心，没有因为中国礼仪之争的冲突而禁教。康熙对于天主教教义本身并无反感，连耶稣在殉道前对彼得说"鸡叫两遍以前，你要三次不认我"的《圣经》掌故都知道，然而他对于传教士的任用其实是选择性屏蔽，用其术不用其教。求知欲极强的康熙最喜欢跟传教士谈的还是自然科学，他在与传教士交流时，深感一些数学术语在中文里没有特别恰当的表述，于是康熙就亲自斟酌对译，数学中的"根""方""次"都是康熙命名的。他喜欢用伽利略发明的望远镜来看星星，喜欢用单摆测声速，喜欢在中南海选良株来搞杂交水稻，甚至喜欢拿刀剖开冬眠的熊以后解剖其熊体构造。本来他还想向传教士学习欧洲哲学史，然而因为那段时间恰巧身体不适而最终作罢。康熙与传教士，看起来相得益彰，实际上却互相都没起到对方最需要的作用。康熙学习自然科学完全是个人兴趣，却不愿将其推广全国。传教士教康熙自然科学就是为了让他明白这一切都是拜上帝所赐，从而借助洗礼康熙来让中国变成基督教国家，但是康熙无论如何都不上钩。双赢的局面很快变成双输，最终，传教士带来的这一波西风东渐就像大雨后迅速被冲刷的墙上涂鸦一样，在雍正一朝迅速抹去，在清朝官修史书中难觅踪迹。

　　顺治临终前，最担心的是接班人问题，顺治生有八个儿子，长子、四子（董鄂氏所生）、六子、八子早夭，此时只有老二福全、老三玄烨、老五常宁、老七隆禧可以作为候选。福全8岁，玄烨7岁，常宁3岁，隆禧8个月，最大的才8岁，所以一开始顺治打算立自己的兄弟来继位，以避免主少国疑。然而此举遭到孝庄的强烈反对，孝庄知道，只有自己的骨血继位，才能保证自己的地位。顺治同意了孝庄的观点，那么立自己的哪个儿子呢？孝庄最倾向聪明伶俐的玄烨，而顺治最信传教士汤若望，汤若望认为，顺治的四个儿子只有玄烨得过天花，天花只要得一次就终生免疫，所以应该立玄烨。最终顺治采纳了汤若望的建议。陈垣先生评价说："吾尝谓汤若望之于清世祖，犹魏征之于唐太宗。"康熙之所以能登上帝位，传教士起到了很大作用，康熙终其一生不下令禁止天主教在中国传播，与此也有很大关系。

　　从顺治亲政到驾崩，满朝文武只有两个人可以不对顺治下跪，一个是郑亲王济尔哈朗，另一个就是五品官钦天监正汤若望。汤若望想把顺治变成基督徒，这样全中国就可以基督教化，然而任何一种宗教都是植根于文化土壤中，中国这个儒释道三教并立下的多神教国家不可能再有基督教这种一神教的大片土壤。由于汤若望和顺治的特殊关系，此间的确掀起了基督教在中国的传教高峰，顺治年间有 10.4 万人受洗成为基督徒。顺治临终前命鳌拜等四人为辅政大臣，鳌拜反感汉人与汤若望等外国人参与清政权，于是当康熙三年（1664）钦天监官员杨光先等人诬告汤若望时，鳌拜支持杨光先，将比利时传教士南怀仁（Ferdinand Verbiest）和此时已中风的汤若望等人下狱，将汤若望的西学定为邪说，以"邪说惑众"为名判处其绞刑。

杨光先再上奏加一把火，说顺治第四子荣亲王夭折后，汤若望所选殡葬时间不吉利，从而导致顺治之死，于是鳌拜等人定以凌迟来处死汤若望，随后鳌拜还以康熙名义下令禁教。从本年开始，自 1638 年起在中国合法化的基督教传教活动又被定为非法。在汤若望被判处凌迟处死没几天，一颗彗星从北京上空划过，接着是一场席卷全城的沙暴，连刑部大院里都满是沙尘。刑部欲速决此案，就给了传教士一个机会，令南怀仁等在狱中从牢窗小孔计算下一次日食时间，并令汉族和回族天文官以各自方法同时计算，以验证南怀仁的准确性。如果南怀仁错了，就凌迟处死所有传教士，如果南怀仁对了，就免死。等到日食出现后一核验，汉族和回族天文官的计算都错了，只有南怀仁的计算对了。

鳌拜对判决情况做了调整，南怀仁免死，但依旧判处汤若望凌迟处死。在汤若望将被凌迟处死的前夕，发生大地震，这下鳌拜慌了。日食、地震接连发生，看来天地同时支持汤若望，鳌拜等人以为将汤若望判处凌迟触怒天威，于是将对汤若望的判决减为斩监候，将南怀仁等人释放。不久又有一颗彗星自天划过，鳌拜这下心虚了，他上奏孝庄，欲给汤若望减刑，最终孝庄下令将汤若望释放。然而汤若望受此惊吓，一病不起，于康熙五年（1666）去世。南怀仁等外国传教士虽死里逃生，但徐光启自崇祯年间培养的汉人西学精英至此已凋零殆尽。

康熙八年（1669）康熙除鳌拜，大权独揽，开始逐步平反鳌拜专政时期的冤假错案，他本心倾向于支持汤若望、南怀仁。他令南怀仁与钦天监监正杨光先就天文问题辩论，杨光先被驳得哑口无言。而后康熙令南怀仁与杨光先现场测算立春、雨水二节气及月球、火星、木星之运行。杨光先所测"逐款不合"，南怀仁"逐款皆符"。杨光先面对失败的结果，开始搬出来列祖列宗了，他说："臣监之历法，乃尧舜相传之法也。皇上所正之位，乃尧舜相传之位也。皇上所承之统，乃尧舜相传之统。皇上颁行之历应用尧舜之历。皇上事事皆法尧舜，岂独于历有不然哉？今南怀仁，乃天主教之人。焉有法尧舜之圣君而奉天主教之法也？南怀仁欲毁尧舜相传之仪器，使尧舜之仪器可毁，则尧舜以来之诗书礼乐、文章制度皆可毁也！……宁可使中国无好历法，不可使中国有西洋人！"（方豪《中西交通史》）杨光先的这种胡搅蛮缠自然不会打动康熙，最终康熙令南怀仁取代杨光先任钦天监监正，并为汤若望平反。

虽任用南怀仁，但康熙明令："只许西洋人在京师者自行其教"，"惟不准传教于中国及直省，开堂者禁之"（夏燮《中西纪事》卷二）。换句话说，虽然为汤若望平反，但是康熙三年开始的禁教令并未废除。由于南怀仁深得康熙信任，禁教令并没有严格执行，从此开始天主教在华传播处于法律上不许但事实上默认之状态。

自从除鳌拜后，康熙得以自由地跟西洋人接触，他用大量时间向传教士学习科学技术。白晋在《康熙大帝》中记载，康熙能熟练用对数运算习题，用对数表分析三角，他掌握了比例规、照准仪、象限仪、水平仪、罗盘、天文钟的全部操作方法，他命人将一些精妙的天文仪器搬进他的内室，安放在御座两旁，经常用它们在御花园内观测日食、月食和不断变化的行星、星系。

康熙一次随手拿起一本《律吕新书》，说："这本书说直径为1的话圆周为3，但朕知道，直径为一尺的话圆周应该有三尺一寸四分一厘还多一点（$\pi \approx 3.1415$），照他这算法，如果直径为100丈，那么误差就有14丈还多。书中所说直径为1的话圆周为3，只适用于六边形，如果是圆形的话就一定有剩余。"

以数学和西洋地理学墨卡托投影法为基础，康熙与传教士一起采用当时世界最先进的经纬度测绘方法绘制了第一部详细的全国地图，采用包括太阳正午高弧定纬度法等测绘方法实地勘测，用梯形投影法以1：1400000的比例尺精心绘制的《皇舆全览图》诞生了。这幅图被英国汉学家李约瑟称为"亚洲当时所有地图中最好的一幅，而且比当时所有的欧洲地图更好、更精确"。

由于满族许多人都因为天花而死，自己也是因为得过天花而继位，所以康熙将天花预防种痘以强制行政命令推广到全国。他说："国初，人多畏出痘。至朕得种痘方，人皆以种痘得无恙。今边外四十九旗及喀尔喀诸藩，俱命种痘。凡种痘皆得善愈。记得初种时，老年人尚以为怪，朕坚意为之，才保全千万人之命。"（康熙《庭训格言》）正是康熙年间对于这种天花疫苗的普及，使得困扰中国人几千年的天花不再人皆畏之。

康熙下令翻译西方著作《人体解剖学》，他说:"身体上虽任何微小部分，也必须研究透。此书一出，必造福社会，人之生命或可挽救不少。"然而这部著作历时五年翻译出来后，康熙囿于礼教，最终没有将其出版，而是藏于深宫，自己学习。

康熙跟传教士学习自然科学多年，屡有创见，于是他把自己的自然科学成果编成专著《几暇格物编》，全国发行，该书名意思是康熙在日理万机之暇来研究格物致知的西洋科学。该书在地理学、古生物学、生物学、光学、声学、化学、解剖学等方面都有论述。在地理部分康熙论述了磁偏角，他说:"指南针所指，必微有偏向，不能确指正南，且其偏多少，并不一定。"康熙根据外蒙古出土的螺蚌甲，推断出远古时外蒙古一带是海洋，他推断得完全正确。他还能根据温泉水的气味和沉淀物推断出温泉的化学成分。康熙了解极昼极夜，并知道地球是圆的，他在《几暇格物编》中说:"黑龙江以北地方，日落后亦不甚暗，个半时日即出，盖地之圆可知也。近北极，太阳与地平遇掩无多也。朱子云:唐太宗收至骨利干，置都督府，其地夜易晓，夜亦不甚暗。盖地当绝处，日影所射也。"

康熙对于地震也提出了自己的看法，他说:"西北地方数十年内，每有震动，而江浙绝无。缘大江以南至于荆、楚、滇、黔多大川支水，地亦隆洼起伏，无数百里平衍者，其势欹侧，下走气无停行。而西北之地弥广旁薄，其气厚劲坌涌，而又无水泽以舒泄之，故易为震也。然边海之地，如台湾月辄数动者，又何也？海水力厚而势平，又以积阴之气，镇乎土精之上。《国语》所谓'阳伏而不能出，阴迫而不能蒸，于是有地震'，此台湾之所以常动也。"

在古生物学部分，康熙记载了"石鱼"，他写道："有青白色石，辄有鱼形，如涂雌黄，鳞鳍首尾形体具备，扬鳃振鬐，犹作鼓浪状。"刘昭民指出这是中生代狼鳍鱼的化石。

在生物学部分，康熙写道："大马哈鱼每秋间从海而来，衔尾而进，鱼积河渠，莫可胜计"，当地人竟有踩着鱼背过河的。这是大马哈鱼的洄游现象。

在光学部分，康熙写道："日在地平线下，光映蒙气而浮上，正如置钱碗底，远视如无，及盛满水时则线随水光而显现矣。"他还说"蒙气"是大气对白光的折射而产生的。

在声学部分，康熙讲了他用声速测量距离，他先用单摆测声速，并校准一秒内声音传播的距离，然后再测传声距离。

在化学部分，他写他为研究红色颜料的制作，曾查阅段成式的《酉阳杂俎》、苏恭的《唐本草》、周达观的《真腊风土记》、张宏远的《名画记》，最终研究出红色颜料是如何配出的。

在解剖学方面，康熙曾解剖一只冬眠的熊（"昔年曾猎得蛰熊，验视肠胃，净洁无物"）。这头熊是名副其实的死都不知道怎么死的。

由于对西方科学的了解，康熙知道西洋技术可以对其治国理政有很大帮助,其火炮技术更可对中国产生军事革命,比利时传教士南怀仁等人在平定三藩之乱时为康熙铸造的火炮在杀伤吴三桂军队时立下大功,故而,康熙十八年(1679)南怀仁推荐传教士李守谦进京,康熙亲书"奉旨传教"四字赐给他,至此,康熙已事实上默认天主教在华之传播,但法律上还未废除禁教令。(夏燮《中西纪事》)

康熙二十七年(1688)南怀仁去世。同年,法国国王路易十四由于不满葡萄牙通过澳门垄断在中国之传教权,便派张诚(Jean Franois)、白晋(Joachim Bouvet)等人来到中国。康熙二十八年(1689),张诚、白晋被派往尼布楚,与俄国人就《尼布楚条约》谈判,充当翻译。张诚、白晋利用译员之便,表面助清国,暗中助俄国,随时向俄国报告"必要的消息",俄国代表戈洛文以"个人名义和沙皇的名义向他们表示最深切的谢意"。(据雅科夫列娃《1689年第一个俄中条约》)虽然张诚、白晋与俄国人暗通款曲,但康熙对此一无所知,相反,康熙因为《中俄尼布楚条约》的最终签订,中俄东段边界的底定,对张诚、白晋更加信任。

康熙三十一年(1692)浙江发生教案,浙江地方官对传教士持驱逐态度,张诚通过索额图请求康熙明文下令停止禁教,康熙下诏说:"查得西洋人,仰慕圣化,由万里航海而来。现今治理历法,用兵之际,力造军器、火炮,差往俄罗斯,诚心效力,克成其事,劳绩甚多。各省居住西洋人,并无为恶乱行之处,又并非左道惑众,异端生事。喇嘛、僧等寺庙,尚容人烧香行走。西洋人并无违法之事,反行禁止,似属不宜。相应将各处天主堂俱照旧存留,凡进香供奉之人,仍许照常行走，不必禁止。俟命下之日，通行直隶各省可也。"①
从此结束了自从康熙三年（1664）鳌拜以康熙名义禁教后，
28年来天主教在华从法律上被禁止传播的历史。

康熙三十二年（1693）康熙患疟疾，太医束手无策，张
诚用奎宁将康熙的病治好。从此传教士更受康熙信赖，此时天
主教在华传播也达到高峰，在康熙大力支持下，天主教教堂遍
布全国，"京师则宣武门之内，东华门之东，阜成门之西，山
东则济南，江南则淮安、扬州、镇江、苏州、江宁、常熟、上
海，浙江则杭州、金华、兰溪，闽则福州、建宁、延平、汀
州，江右则南昌、建昌、赣州，东粤则广州，西粤则桂林，楚
则武昌，秦则西安，蜀则重庆、保宁，晋则太原、绛州，豫则
开封，凡十三省三十处皆有天主堂"（夏燮《中西纪事》卷
二）。据德礼贤《中国传教史》记载，1701年时中国天主教徒
达到30万人。

康熙被传教士治好病后，派白晋为特使出使法国，携带送
给路易十四的珍贵图书49册，期招募更多传教士来华。康熙
三十六年（1697）白晋抵达法国巴黎，写作《康熙大帝》一
书献给路易十四。法国白晋在《康熙大帝》中写道："康熙精
通武艺，满朝文武无人能与之匹敌，他对一切武器，甚至今天
废弃不用的武器也要练习它的用法，此外他对欧洲的枪炮就像
对本国的弓箭一样熟悉。康熙不仅努力掌握各种兵器，刻苦练
习百般武艺，而且对音乐也有着浓厚的兴趣。他很喜欢西洋乐

① 康熙的这封诏书据《徐日昇题请保护天主教碑》，此诏书在《清圣祖实
录》中没有，估计是因雍正下令禁教，自然修实录时不会录此诏书，而
根据《清实录》所编写的《清史稿》自然也没有此诏书。

器的演奏法，他只要认真练习几次，就能像演奏中国乐器一样，演奏西洋乐器。"

当然，对于康熙的音乐水平，意大利传教士马国贤《清廷十三年》给出了截然不同的说法："皇上（康熙）认为自己是个大音乐家，同时还是一个更好的数学家。但是尽管他在科学和其他一般认识上的趣味都不错，他对音乐却一窍不通。每座殿堂里都放了音叉或古钢琴，可无论是他自己还是他的妃子们，都不会弹奏。有时候皇上的某一根手指确实触摸了键盘，就已经足够让他陷入被奉承的狂喜了。我必须说，康熙皇帝确实是一个知识广博的人，他相信他的国家的所有夸张的赞美，还带有一点孩子气的虚荣心。"

白晋《康熙大帝》一书对康熙有太多溢美之词，而马国贤的书相比之下更靠谱。但白晋对于康熙做事行政上的说法参诸旁证，还是可信的。白晋《康熙大帝》记载："康熙具有敏锐的观察能力，所以想对他隐瞒事情真相几乎是办不到的，同时，他具有丰富的知识和极强的判断力，所以能够从一切复杂的事务中找到解决问题的最合理的方法。""一旦发现优秀人才，康熙会立即予以破格提拔，委以重任，给予优厚待遇，但康熙如果发现他们在执政过程中犯错，哪怕错误很小，康熙也会将其免职。对受贿官员，康熙毫不留情地给予制裁，绝不留情。总之，康熙在政治上公正无私，按国法行事，在用人上任人唯贤。"

法国白晋在《康熙大帝》一书中还记载了康熙的相貌："康熙一身丝毫没有与他占据王位不称之处，他威武雄壮，身材匀称而比普通人略高，五官端正，两眼比他本民族的一般人大而有神，鼻尖稍圆，略带鹰钩状，虽然脸上有天花留下的痕迹，但并不影响他英俊的外表。康熙的精神品质远远强过他的身体特性，他生来就带有世界上最好的天性。他的思维敏捷，明智，记忆力强，有惊人的天才。他有经得起各种事变考验的坚强意志，他还有组织、引导和完成重大事业的才能。所有他的爱好都是高尚的，也是一个皇帝应该具备的。""他为人公正，伸张正义，倡导德行，爱护臣民，他具有服从真理的性格以及绝对抑制情欲的克己之心。"

关于康熙的相貌，还有两处外国人的记载可供参考，法国耶稣会士李明《中国现状》："据我所见皇帝身材比普通人稍高，堪称姿态优美，比我们稍胖些，但还达不到中国人所谓的'富态'的程度。脸也稍宽，有痘痕，前额宽大，鼻子和眼睛比中国普通人小些。嘴美，颐和霭，动作温柔，一切容态举止，都像是位君主，一见便引人注目。"朝鲜使节金昌业《老稼斋燕行日记》：康熙"广颡，颐稍杀，疏髯犯颊而斑白，雌雄眼，神气清明"。

发明微积分的德国莱布尼茨在看到《康熙大帝》一书后写道："康熙一个人比他所有臣僚都更具远见卓识。我之所以把他看作英明伟人，因为他把欧洲的东西与中国的东西结合起来了，他以其广播的知识和先见之明远远超过所有汉人和满人，仿佛在埃及金字塔上又添了一层欧洲塔楼。"

路易十四看完《康熙大帝》一书后对康熙深为敬佩，拨出1万法郎为康熙准备礼物。康熙三十八年（1699）白晋带着路易十四的亲笔信和15名传教士回到北京。此时是康熙与天主教关系的蜜月期。然而无论何事，月满则盈，水满则溢，

物极必反,康熙与天主教的关系也是如此。康熙四十三年
(1704)教皇克雷芒十一世对中国天主教徒发出禁约,规定:
中国的天主教徒不允许参加祭孔,甚至连祭孔大典上在旁边站
着看都不行,因为这是祭祀对天主教而言的异端;所有天主教
徒不许参加家乡祠堂的一切祭祀,因为天主教禁止拜偶像;天
主教徒或在家里,或在坟上,或逢吊丧之事,俱不许行礼;天
主教徒不许在家放牌位,因有"灵位神主"等字眼,与天主
教教义违背,要立牌位,只许写亡人名字。(据《近代中国史
料丛刊》续编第七辑陈垣《康熙与罗马使节关系文书》)如
此,重新开启"中国礼仪之争"。

　　康熙四十四年(1705),罗马教皇派多罗来华传达禁约,
一开始康熙并不知道多罗此行目的,故而对其优礼有加,等康
熙得知禁约后大为震怒,下令将其逐出北京,押解澳门送给葡
萄牙人看管,康熙四十九年(1710)多罗死于狱中。康熙生
气地说:"西洋人自今而后若不遵利玛窦的规矩,断不准在中
国住,必逐回去。"康熙认为教皇的错误决策是由于他不了解
中国,又听信了坏人的谗言,于是打算派白晋前往罗马,向教
皇解释。后由于与多罗的意见严重分歧,康熙下令将白晋召
回,未能成行。(徐宗泽《中国天主教传教史概论》)

　　康熙四十五年(1706),康熙余怒未消,下令凡留华传教
士必须去内务府领取印票,表明永不返回西洋,才允许留在中
国。(黄伯禄《正教奉褒》第二册)

　　康熙四十六年(1707),康熙还是觉得这些传教士给大清
立下大功,自己当初能继位也与传教士汤若望有着不可分割的
关系,他希望结束中国礼仪之争,派法国传教士艾若瑟出使罗

马教廷，山西平阳人樊守义随行。艾若瑟、樊守义到达罗马后，将康熙皇帝关于多罗来华及中国礼节问题和西洋教务问题的旨意，详细向教皇呈述。教皇不愿艾若瑟返回中国，至康熙五十七年（1718），罗马教皇收到康熙皇帝朱笔文书，方才放行。（徐宗泽《中国天主教传教史概论》）

值得一提的是，因为这次西行，樊守义成为中国第一个写下欧美游记的人，此前永历帝派出向罗马教皇求救的陈安德虽然比樊守义来欧洲更早，但没有留下游记。樊守义把自己的见闻写成《身见录》一书。此次樊守义先后来到葡萄牙里斯本、西班牙、意大利庞贝古城、维苏威火山、罗马等地，还横渡大西洋来到过南美的圣萨尔瓦多，其事迹堪书于竹帛。

此时在北京的康熙还不知道罗马教皇对于艾若瑟、樊守义等人的态度，所以康熙五十年（1711）康熙依旧支持天主教传教事业，康熙给在北京宣武门内的天主堂题诗曰："森森万象眼轮中，须识由来是化工。体一无终而无始，位三非寂亦非空。天门久为初人闭，福路全凭圣子通。除去异端无忌惮，真儒若个不钦崇。""功成十架血成溪，百丈恩流分自西。身列四衙半夜路，徒方三背两番鸣。五千鞭挞寸肤裂，六尺悬垂二盗齐。惨动八垓惊九品，七言一毕万灵啼。""妙道玄玄何处寻，在兹帝监意森森。群生蒙昧迷歧径，世教衰微启福音。自古昭昭临下土，由来赫赫显人心。而今基督恩光照，我也潸潸泪满襟。"足见康熙对于基督教教义的深厚理解。此诗收录于《中华文化通志·宗教与民俗·基督教犹太教志》。

对于北京的教堂，康熙除了给宣武门教堂题诗外，还曾给西什库教堂写过一副对联。上联：无始无终先作形声真主宰。

下联:宣仁宣义聿昭拯济大权衡。横批为"万有真原"。

　　虽然艾若瑟一直没有返回中国,但是教皇克雷芒十一世还是派人将自己的意思告知康熙。康熙五十四年(1715),康熙终于见到从梵蒂冈赶来的教皇使者,他得知其间并未发生误会,完全是教皇要挑事儿后,在此禁约上批示道:"览此告示,只可说得西洋人等小人,如何言得中国之大理。况西洋等人无一通汉书者,说言议论,令人可笑者多。今见来臣条约,竟与和尚道士异端小教相同。彼此乱言者,莫过如此。以后不必西洋人在中国行教,禁止可也,免得多事。"康熙说"禁止可也"是一句气话,当时康熙并没有下令禁止天主教。(据《近代中国史料丛刊》续编第七辑陈垣《康熙与罗马使节关系文书》)

　　康熙六十一年(1722)康熙驾崩,康熙到死都没有禁止天主教传播,而雍正继位后就宣布禁教,西方的科学技术也从此被挡在了清宫门外。

第二十章
夙夜在学：清朝皇子的一天

如果有人告诉你，有这样一种生活，孩子从 6 岁开始，一直到 16 岁，每天晚上 8 点睡，凌晨 2 点半起床，每天有 11 个小时要读书、背课文、写作文、学两门外语，3 个小时练习骑马射箭，一年时间，只有正月初一能歇一天，除夕和除夕前一天能歇半天，其余 362 天天天如此，要经历 10 年，问这种生活是哪一种人的日常生活？许多人第一反应，应该是高考考上北大清华，或者被剑桥、牛津、常春藤大学录取的中国学生的生活。但我要告诉您，不是！这种生活就是清朝皇子的生活。这样的节奏在中国毛坦厂中学、衡水一中这类学校的学生中可谓见怪不怪，然而他们也就是高中过 3 年这样的生活而已，而清朝皇子要 10 年如一日地过这种生活。连上 10 年高三，那些羡慕皇帝妻妾成群的人，是不是也被这妻妾成群前的 10 年高三吓怕了！

康熙共有 35 个儿子，20 个女儿，3 位皇后，女儿与皇位无缘，就不多谈了。先说下 3 位皇后。康熙第一个皇后是太子的生母，索尼的孙女，索额图的侄女赫舍里氏，康熙四年（1665）被册立为皇后，9 年后生下胤礽的时候死于难产，享年 22 岁。第二个皇后是遏必隆之女钮祜禄氏，康熙十六年（1677）被册立为皇后，第二年就死了。第三个皇后是佟国维之女佟佳氏,康熙二十八年(1689)七月初九被册立为皇后,第二天就死了。他的三个皇后真是立得快,死得快!

说完3位皇后,我们来说皇子。这35个儿子,长大成人的有20个,剩下15个都在孩童时代就去见努尔哈赤了,皇十八子之后再出生的孩子,到康熙死时才21岁,压根不具备皇位竞争力,所以从此开始,映入我们眼帘的争夺皇位的人分别是:皇长子胤禔(zhi)、皇太子胤礽、皇三子胤祉、皇四子胤禛、皇五子胤祺、皇七子胤祐、皇八子胤禩(si)、皇九子胤禟(tang)、皇十子胤䄉、皇十二子胤祹、皇十三子胤祥、皇十四子胤禵、皇十五子胤禑(xu)、皇十六子胤禄、皇十七子胤礼,共15人。这15人中,抛开对皇位基本不感兴趣的,真正在角逐的就是皇长子胤禔、皇太子胤礽、皇三子胤祉、皇四子胤禛、皇八子胤禩、皇九子胤禟、皇十子胤䄉、皇十三子胤祥、皇十四子胤禵,这九个人,故称"九王夺嫡"。

康熙非常重视皇子们的教育。清朝皇子的教育非常严格,吴振棫《养吉斋丛录》记载:"我朝家法,皇子、皇孙六岁,即就外傅读书。"休假日,"惟元旦免入直,除夕及前一日巳刻,准散直"。一年之中,休假只有元旦(在古代指正月初一)一天和除夕半天,腊月二十九(或二十八)半天。

康熙亲自为皇子们选定师傅,张英、熊赐履、李光地、徐元梦、汤斌等一代名儒都先后成为皇子的老师,他们主要教授儒家经典;满人师傅称谙达,内谙达教授满文和蒙古文,外谙达教授弓箭骑射技艺。

下面我们根据《康熙起居注》记载的康熙二十六年(1687)六月初十日一天,来复现皇子们读书的情景。

寅时（3～5时），皇子在书房读书，复习前一天的功课，准备师傅到来上课。

卯时（5～7时），皇太子胤礽在畅春园无逸斋（为让胤礽勤奋读书，不许有一日偷懒，所以康熙取《尚书·无逸》篇名，将胤礽的书斋定名无逸斋）读书，满文师傅达哈塔、汉文师傅汤斌和少詹事耿介进入无逸斋，向皇太子恭行臣子礼后，侍立在东侧，管记载皇太子言行的起居注官德格勒、彭孙遹侍立在西侧。皇太子胤礽朗诵《礼记》中的数个章节，而后胤礽遵照皇父"书必背足一百二十遍"的规定背足数后，令汤斌靠近案前听他背书。年近60岁的汤斌跪着捧接皇太子的书，听完胤礽的背诵，一字不错，就用朱笔点上记号，重画一段，捧还经书，退回原来的地方站立。皇太子又写楷书一纸，数百字。

辰时（7～9时），康熙上完早朝，向孝庄太皇太后请安之后，来到皇太子读书的无逸斋。皇太子率领诸臣到书房外台阶下恭迎。康熙入斋升座，问汤斌曰："皇太子书背熟否？"

汤斌："很熟。"

康熙接过书后，指出一段，皇太子朗朗背诵，一字不错。康熙又问起居注官彭孙遹："尔等观皇太子读书何如？"

彭孙遹："皇太子睿质岐嶷，学问渊通，实在是宗庙万年无疆之庆！"

康熙说："你们要跟朕如实汇报，如果他读书读得不好，你们却说他读书好，如果他讲书讲得不好，你们却说他讲得好，那你们就不是人了！（原文为：若此者非人类矣）"检查完皇太子的功课，康熙回宫。

巳时 (9 ~ 11 时),农历六月份北京的中午是很炎热的,皇子穿的衣服自然不能是裤衩背心之类,然而皇太子不摇折扇,不解衣冠,凝神端坐,伏案写字。看一些清宫戏里面皇帝倚墙而坐或跷着二郎腿,这些都很不靠谱,大清的皇帝自从顺治定家法以来,都受着严格的教育,一贯都是正襟危坐,绝不会坐姿随性。在太子写字时,师傅达哈塔、汤斌和耿介,因为年迈暑热,早晨起床过早,站了半天了,体力不支,斜站着打盹("斜立昏盹而已"),看来如果当皇帝的老师,还要练成能站着睡觉且不摔倒的功夫。

皇太子这会儿练习的是满文书法,他写好一张满文后,又将今天老师在《礼记》上新画定的篇章读上 120 遍。

午时 (11 ~ 13 时),侍卫给皇太子上午膳,皇太子让几位老师跟自己一起吃午饭。几位老爷爷叩头谢恩后,就座吃饭。皇太子今年 13 岁,小孩儿精力充沛,饭后自然用不着午休,他正襟危坐,接着读《礼记》。读过 120 遍,再由汤斌等跪捧着书,皇太子背诵。

未时 (13 ~ 15 时),侍卫端进点心。皇太子吃完点心后,侍卫在庭院中安上箭靶。皇太子运力挽弓,拈弓搭箭,练习射箭,起居注里没有记载皇太子射箭时战绩如何,是连中靶心,还是脱靶了,没有记载。皇太子射完箭,回屋入座,开始疏讲。疏讲就是由老师从之前已经读过的十三经里面随便找一篇来出题,然后皇子根据这个题目来讲解自己以前学习时的心得。

申时 (15 ~ 17 时),康熙又来到无逸斋。15 岁的皇长子胤禔、10 岁的皇三子胤祉、9 岁的皇四子胤禛(雍正)、8 岁的皇五子胤祺、7 岁的皇七子胤祐、6 岁的皇八子胤禩，同来侍读。汤斌因为自己年岁大，撑不住这种高强度的教学，便打着皇太子的旗号说："皇上教皇太子过严，当此暑天，功课太多，恐皇太子睿体劳苦。"

康熙没有理解汤斌的意思："皇太子每日读书，皆是如此，虽寒暑无间，并不以为劳苦。若勉强为之，则不能如此暇豫，汝等亲见，可曾有一毫勉强乎？""朕宫中从无不读书之子，今诸皇子虽非大有学问之人所教（这句话表现出康熙对汤斌等人的不满，康熙认为汤斌等人学问不够好），然已俱能读书。朕非好名之主，故向来皇子读书情形，外人不知。今特召诸皇子前来讲诵。"汤斌只得按照康熙的旨意，从书案上信手取下经书，随意翻书命题。诸皇子依次鱼贯进前背诵、疏讲。康熙让皇长子胤禔讲格物致知一节，皇三子胤祉讲《论语·乡党》的第一章，都能讲得不错。皇五子胤祺因为年幼，这一年才刚 8 岁，一直在皇太后的宫中养着，皇太后怕孩子学习四书五经累着，没让他学，只让他学习满文，所以康熙让他写满文一篇，写出来的内容都很准确，没有错字。至于胤祐和胤禩，都才六七岁，还没怎么学东西，康熙便也没为难他们，没有当场考他们。但不知为何，康熙这天没有当场考胤祺。

考察完孩子们之后康熙总结道："朕幼年读书必以 120 遍为准，盖不如此则义理不能透彻，故教太子和诸皇子读书皆是如此……"康熙亲自书写程颐七言律诗一首，又写"存诚"两个大字一幅，给皇子们示范。群臣称颂说小字"秀丽"、大字"苍劲"。

酉时（17~19 时），侍卫在院中架好箭靶之后，康熙令诸子依次射箭，胤祉、胤禛、胤祺、胤祐、胤禩都射中四箭三箭不等，而后康熙让胤禔和胤礽来比试，胤禔射中两箭，胤礽射中三箭，随后，康熙亲射，连发连中。此时天色已暮，诸臣退出。皇太子一天的紧张功课完毕。之后就可以洗澡睡觉了，由于皇子凌晨三点就要开始在书房温习功课，所以皇子大约两点半就要起床。晚上八点左右开始睡觉，因此皇子大约每天睡不到七个小时。

白晋在《康熙大帝》中这样写皇子们的教学："这些皇子的老师都是翰林院中最博学的人，他们的保傅都是从青年时期起就在宫廷里培养的第一流人物。然而，这并不妨碍皇帝还要亲自去检查皇子们的一切活动，了解他们的学习情况，直到审阅他们的文章，并要他们当面解释功课。皇帝特别重视皇子们道德的培养以及适合他身份的锻炼。从他们懂事时起，就训练他们骑马、射箭与使用各种火器，以此作为他们的娱乐和消遣。他不希望皇子过分娇生惯养；恰恰相反，他希望他们能吃苦耐劳，尽早地坚强起来，并习惯于简朴的生活。……皇子们都能流利地讲满语和汉语。在繁难的汉语学习中，他们进步很快。那时最小的皇子也已学过四书的前三部，并开始学习最后一部了。皇帝不愿他们受到任何细微的不良影响。他让皇子们处在欧洲人无法办到的最谨慎的环境中成长起来。皇子们身边的人，谁都不敢掩饰他们的哪怕是一个微小的错误。因为这些人明白，如果这样做，就要受到严厉的惩罚。"

值得一提的是，康熙虽然重视皇子的教育，却不尊重皇子的老师。舒穆禄·徐元梦是康熙皇子的老师，康熙二十六年（1687）的一天康熙教皇子们射箭，让徐元梦也射，徐元梦说："微臣不会。"康熙当着众皇子的面说："身为旗人，你还有脸说自己不会射箭？你根本不配当旗人！"徐元梦是个有骨气的人，便顶了一句，康熙大怒，于是徐元梦被按在地上打成重伤，而后康熙下令抄了徐元梦的家，把徐元梦的父母发配到黑龙江。也许是康熙的残暴激怒了老天爷，当晚大雨倾盆，徐元梦苦苦哀求康熙的侍卫，说自己的老父老母身体有病，自己廉洁奉公，抄家的全部财产不过 500 两银子，求皇上开恩，让自己代替父母去黑龙江，侍卫把徐元梦的话告诉给康熙，康熙听后，也感觉自己有些过分，便赦免了徐元梦的父母，还让徐元梦继续给皇子当老师。当然，这还不算完，20 年后，康熙四十六年（1707）康熙第六次南巡途中，康熙令三个皇子背书，康熙发现他们背得一塌糊涂，想起自己此前亲自督促皇子们读书时，他们都学得不错，近来自己没督促，一定是徐元梦不下功夫。于是康熙下令把徐元梦革职，并当着在京所有皇子的面打徐元梦 30 大板。尊师重教是最起码的道德，康熙当着皇子的面如此折辱老师，只能给皇子们留下很不好的影响。

"陪太子读书"一词在当下语境中就是陪绑、陪衬，其实也不用太费力，因为铁定没戏。在清朝以前的历朝历代，陪太子读书都是这样的，然而清朝则不是，陪太子读书的每一个皇子都必须好好念书，因为他们都有接班的可能。

康熙十四年（1675）十二月十三日康熙立皇二子胤礽为太子，此时胤礽才一岁七个月，册立胤礽为太子，也开了大清公开册立太子的先河。康熙之所以这样做，是因为此时正值三藩之乱，大清半壁江山动摇，为安定人心，康熙册立太子，以此向天下表明，朕今年才 21 岁，春秋正盛，等朕有朝一日驾崩后太子再继位，可见大清江山还是能有很长时间的，想造反的人不要妄想了。

古往今来，最高统治者对于接班人有两种策略：要么是把他作为笼中虎圈禁，直到自己年事已高时再放虎出山；要么是尽早把老虎放于山冈，让它学习饿虎扑食、令百兽震惶的本领。一代雄主康熙显然选择了后者。

在专制时代，古今中外的接班人问题都让最高统治者头疼。拿奥斯曼帝国为例，开始数代君主的兄弟一个个生龙活虎，每次都是通过刀光剑影来角逐出最高统治者，奥斯曼帝国苏丹继位后，再拿当初不服自己的兄弟们开刀，把所有可能构成威胁的兄弟杀尽，此称为"卡农"习惯法，由穆罕默德二世颁布（就是他于1453年攻破君士坦丁堡，灭拜占庭帝国）。到1595年穆罕默德三世继位，按照"卡农"习惯法，一夜之间把自己的19个兄弟都杀死。1603年穆罕默德三世去世后，奥斯曼帝国皇族直系男性只剩穆罕默德三世的两个少不更事的儿子了，如果杀死一个，另一个一旦也死了，奥斯曼帝国就没有王位继承人了。由此，"卡农"习惯法被改为苏丹继位后，不再杀死所有兄弟，而是幽禁他们，将自己的所有兄弟关在后宫女眷住所内。只要自己的当苏丹的兄弟不死，那自己就死在禁所了，如果当苏丹的兄弟死了，自己再出来当苏丹。如此，奥斯曼帝国的血雨腥风的皇位继承是没有了，而一个个长期生于深宫之中，长于妇人之手的无知蠢夫当上苏丹后，奥斯曼帝国的国势可想而知。

类似的事情在唐朝也发生过，727年，李隆基因为自己此前是以亲王身份而登上皇位，再往前唐朝的历次皇权接班就从

来没太平过，于是他在长安苑城外建造十王宅来安置自己的
10个皇子，由宦官来看押这些皇子，自此亲王不再出任官职，
而是长期被软禁。再往后因为自己的孙儿渐多，他又建立百孙
院，孙儿们也都被实质上长期变相软禁，太子也不另居东宫。
由此，唐朝初年生龙活虎的局面被终结，就有了大唐的衰落。
对于奥斯曼帝国的事，康熙当然不会知道，而对于唐朝之事，
康熙一清二楚。

但康熙还是选择让胤礽等皇子参与国政，放手去干。康熙
三次御驾亲征噶尔丹，都是留胤礽在北京监国，所有部院奏折
由皇太子胤礽处理，重要军国大事由皇太子裁决。胤礽天资聪
明，通达义理，知晓满汉文字，琴棋书画诗词歌赋无所不能，
"骑射、言词、文学，无不及人之处"，且娴熟弓马，八岁即
能左右开弓。皇太子干政，自然会形成太子党，胤礽的母亲是
索额图的亲侄女，因此签订《中俄尼布楚条约》、协助康熙除
鳌拜的索额图自然成了太子党的领军人物。

除了太子外，康熙也给其他皇子锻炼的机会，康熙二十九
年（1690）康熙第一次御驾亲征噶尔丹，就是带着皇长子胤
禔出塞，康熙三十五年（1696）康熙第二次御驾亲征噶尔丹，
他在让胤禔随军出征的同时，还让皇四子胤禛掌管正红旗大
营，皇五子胤祺掌管镶黄旗大营，皇七子胤祐掌管正黄旗大
营，皇八子胤禩掌管镶红旗大营。作为两次御驾亲征噶尔丹的
随军，胤禔身边也有了一批拥趸，其中核心者为胤禔的母亲、
惠妃那拉氏的哥哥，也就是自己的亲舅舅明珠。大学士余国
柱、户部尚书佛伦、刑部尚书徐乾学、吏部尚书科尔绅、工部
尚书熊一潇等人都是"长子党"，六部尚书中有四部是"长子

党"，也可见长子党不容小觑。

明珠和索额图很大程度上影响朝政，当时在社会上甚至出现了"要做官，问索三（索额图排行老三）；要讲情，问老明（明珠）"的民谣。康熙每任命官员，明珠事先知道消息，就对那人说："你的职位是我推荐的。"康熙每有对人不满，明珠就对相关人等说："这是皇上不喜欢你，我会替你说好话的。"明珠对于那些不肯依附自己的人则设置阴谋，加以陷害。宁夏提督赵良栋，在平三藩之乱中立有大功，率部首先攻入昆明城，但赵良栋生性率直，不肯巴结明珠等人，明珠则在暗中施展手腕，只奖赏赵良栋的部下，给赵良栋办了病退。

在太子党与长子党之间，康熙显然会偏袒太子党，毕竟今后要让太子接班，康熙二十七年（1688）康熙将明珠革职，一同被革职的还有大学士余国柱、户部尚书佛伦、吏部尚书科尔绅、工部尚书熊一潇等人，除徐乾学外，长子党主力都被革职，由是，长子党遭到巨大打击。康熙二十九年（1690）康熙第一次御驾亲征噶尔丹，他重新启用明珠，让他随军效力，但此后再也不重用他，康熙四十七年（1708）明珠去世，康熙派皇三子胤祉前往祭奠。

本来朝堂之上是四大金刚索额图、明珠、汤斌、徐乾学，康熙二十六年（1687）明珠把汤斌挤走，不久汤斌被气死。康熙二十七年（1688）明珠被扳倒，长子党一系除徐乾学外全部倒台。康熙二十八年（1689）徐乾学因为贪污而被革职。如此，朝堂之上，索额图一家独大。扫清障碍后，下一步，索额图该帮助胤礽一步步逼康熙交权了。

第二十一章

畅春园：康熙在此举行中国首次选帝表决

明珠被扳倒，索额图仍不知收敛，他制定的皇太子胤礽的所用礼仪几乎完全等同于康熙，皇太子所穿衣服都是黄色，每逢庆典，大臣在朝拜皇帝后，都来到乾清宫东侧的胤礽所住的毓庆宫来朝拜太子。每年元旦、冬至，王以下文武百官排班朝贺太子，行二跪六叩之礼。1675 年到 1701 年，胤礽已经当了 26 年太子，又一切用度与皇帝相同，只是别人对他的礼节不是三跪九叩而已，他有些迫不及待了。一天，他说："古今天下，岂有四十年太子乎？"胤礽已当 26 年太子（总共要当 37 年太子）此前中国历史上当太子时间超过 26 年的，算上割据政权，才有两个人，当太子 26 年的唐顺宗李诵，他熬了 26 年当上皇帝，但是在当上皇帝前就中风了，当皇帝后彻底瘫了，被迫退位。另一个是大理国的段思平，他当太子 39 年，而当皇帝才 20 天大理国就被忽必烈灭掉了。大理国在胤礽眼里肯定不算数的，所以只有唐顺宗一人当太子时间在胤礽之上。胤礽不愿破唐顺宗的太子时间纪录了，很不耐烦的他已经开始有所行动。

康熙察觉出了此时胤礽与索额图的密谋，所以强迫索额图退休，索额图不甘心，康熙四十一年（1702），康熙第四次南巡，胤礽生病，南巡告吹，索额图借机阴谋助胤礽登上皇位。

这一切行动康熙了如指掌，康熙四十二年（1703）康熙以索额图私议国政、结党妄行、帮助皇太子胤礽图谋不轨等罪行将索额图押赴宗人府圈禁。康熙发布诏书斥责索额图："尔背后怨尤之言不可宣说，尔内心自明。""朕将尔行事指出一端，就可在此正法。""去年皇太子在德州住时，尔乘马至皇太子中门方下，即此，即是尔应死处。"康熙还说："索额图怀私倡议皇太子服御俱用黄色，一切仪制俱与朕相似，骄纵之渐，实由于此。索额图诚本朝第一罪人也！"不久，索额图死于禁所。对于索额图的清算工作，康熙还是很宽容的，他说："索额图之党，汉官亦多，朕若尽指出，俱至灭族，朕不嗜杀人，嗣后尔等若与索额图绝交，将所行之事举出尚可。"

索额图死于禁所，但太子并没因此收敛，反而更加乖张，加紧夺权步伐，康熙本能地说："国家惟有一主，大权所在，何得分毫假人？"此时，皇太子胤礽逐渐暴露出四点非常让康熙反感的地方，一是骄奢淫逸，二是行为暴戾，三是毫无孝悌，四是急于登台。

先说骄奢淫逸。为了能够随心所欲地花钱，胤礽推荐乳母的老公凌普担任内务府总管，于是内务府就成为胤礽自己开的了。他每次陪康熙南巡时，只要有机会就勒索地方官。康熙四十四年（1705）康熙第五次南巡，抵达江宁，知府陈鹏年没有投其所好，供奉较为简单，胤礽大怒，当场要把陈鹏年处死。如果不是张英、曹寅极力搭救，陈鹏年怕是已经人头落地。与此相反的是，康熙生活非常简朴，白晋《康熙大帝》记载："以康熙的权力可以享受的财富来看，他是当今世界最富有的君主，然而康熙却过着朴素的生活，就其衣着来说，丝毫没有浪费的感觉，在饮食上，他吃得很少，不追求美食，这并非由于他爱财和吝啬，他虽然自己力求节俭，但对于国家的经费却特别慷慨。康熙特别讨厌萎靡不振的生活，喜欢艰苦创业，在任何情况下都不辞辛劳。"任何人都喜欢跟自己相似的人来接班，康熙更不例外，他见到胤礽的所作所为，岂能不心寒？

二是行为暴戾。胤礽所为狂悖，"刚愎喜杀人"，动辄殴打诸王、贝勒、大臣，平郡王纳尔苏、贝勒海善、镇国公普奇等宗室亲贵都曾经被他殴打，更何况他人，他身边的人几乎都被他痛打过，这一点与张飞很像。而且被胤礽凌辱过的，都得打碎牙和血吞，但凡敢反抗，胤礽就会变本加厉地报复。康熙得知这点后，都不好轻易向大臣询问皇太子近况，以免祸及当事人。

三是毫无孝悌。康熙二十九年（1690）康熙第一次御驾亲征噶尔丹，途中生病，想胤礽了，让他前来相见，可是胤礽毫无悲伤的表情，而是表现出有些高兴。康熙大怒，不愿与其同行，让他立即动身回北京。与他情同手足的皇十八子去世后，胤礽也毫无悲伤的表情。熟读儒家经典的康熙深明孔子的一句话："其为人也孝悌，而好犯上者，鲜矣。不好犯上，而好作乱者，未之有也。君子务本，本立而道生。孝悌也者，其为人之本与？"

四是急于登台。康熙一次对胤礽做试探，他对胤礽说："将以政事付汝，朕当择居水土佳处，时闻尔之令名，以优游养性。"我要是胤礽，一定会做大吃一惊的表情，而后扑通跪下，战战兢兢地说："父皇春秋正盛，万万使不得！"可是胤礽居然没说什么，这让康熙大为不满。胤礽实在是城府太浅，完全不会装。真正成熟的人要明白这样一个道理，自己处在顺境时，以平和示人，不可让人感觉春风得意；自己处在胜利时，以谦恭示人，不可让人感觉沾沾自喜；自己处在高兴时，以沉静示人，不可让人感觉喜形于色。总之，要藏锋，无论你多想得到一个东西，你都要表面上看起来漫不经心的样子，然后再进行运作，而不是把一切都写在脸上。

胤礽这四点最终让康熙下定决心废太子，只是缺少一个合适时机。康熙四十七年（1708）九月初三，康熙一行到木兰围场打猎，这天夜里，有人摸黑潜行到康熙帐中，康熙被惊醒。他翻身跃起，拔出刀来，顿时营帐大乱，侍卫们及时赶到，来人迅速逃走。以来人对于康熙营帐之熟悉，加之康熙在之前一天得知胤礽"每夜逼近御营"，此人要么是胤礽，要么是胤礽的人。本来康熙已经要废太子了，现在你还敢往枪口上撞。九月初四，康熙西巡至布尔哈苏台（河北承德木兰围场），他突然召集诸王和副都统以上大臣至行宫前，令太子胤礽下跪，康熙宣布自己废太子的决定：

> 从前索额图助伊潜谋大事，朕悉知其情，将索额图处死。今胤礽欲为索额图复仇，结成党羽，令朕未卜，今日被鸩，明日遇害，昼夜戒慎不宁。似此之人岂可付以祖宗弘业？且胤礽生而克母（指胤礽刚出生不久母亲就死了）。此等之人，古称不孝。朕即位以来，诸事节俭，身御敝褥，足用布袜。胤礽所用，一切远过于朕，伊犹以为不足。恣取国帑，干预政事，必致败坏我国家，戕贼我万

民而后已。若以此不孝不仁之人为君,其如祖业何?(《清圣祖仁皇帝实录》卷二百三十四)

宣布完废太子诏书后,康熙说:"太祖、太宗、世祖之缔造勤劳,与朕治平之天下,断不可以付此人。"康熙下令将胤礽拘禁,把他锁起来,将索额图的两个儿子和胤礽的几个亲信诛杀。之后连续六天六夜,康熙睡不着觉。事情之所以发展至此,与康熙自身的做法也有关。胤礽被立为太子是嫡长子继承制的产物,冯尔康在《雍正传》中提出,要想实行好嫡长子继承制,必须确保两点:"(甲)皇子不御政,以避免皇子与太子的矛盾,立了太子,要维护其权威,就不宜让其他皇子从事政务活动。否则这些皇子会在从政中发展自己的势力,与太子形成对抗局面。(乙)太子也不御政,以免储君与皇帝发生权力冲突。封建政体,皇帝大权独揽,若太子从政,势必分皇帝之权,也会产生不同的政见,容易使父子双方出现水火不容之势。"

康熙既让太子御政,也让其他皇子御政,势必导致如此局面的发生。九月十一日,康熙对大学士等人说:"近观胤礽行事,与人大有不同,昼多沉睡,夜半方食,饮酒数十巨觥不醉。每对越神明,则惊惧不能成礼。遇阴雨雷电,则畏沮不知所措,居处失常,语言颠倒,竟类狂易之疾,似有鬼物凭之者。"种种情况,让康熙觉得胤礽发生了精神错乱。

九月十八日,康熙祭告天地太庙社稷,说:"不知臣(皇帝面对天地时自称臣)有何辜生子如胤礽者,秉性不孝不义,为人所不为,暴戾悖淫至于斯极!若非鬼物凭附,狂易成疾,有血气者,岂忍为之? 凡若此者,想上天久已洞鉴之矣。今胤礽口不道忠信之言,身不履德义之行,咎戾多端,难以承祀。用是昭告昊天上帝,特行废斥,俾勿致贻忧邦国,痛毒苍生。"而后康熙派人把此文给胤礽看,胤礽看后说:"我的皇太子之位是父皇所赐,父皇想废便废,无需告天。父皇责我不是多条,我条条都能接受,惟有弑君之心,则我实不敢有。"康熙得知胤礽所说之后,下令把胤礽脖子上的锁解开,他知道,就冲胤礽唯独不承认谋反,就说明胤礽没有疯,他说:"朕以为你得了疯病,所以锁你。"

在胤礽被锁起来期间,康熙让皇长子胤禔负责保驾,并让他看着胤礽,胤禔趁机对康熙说:"胤礽所行卑污,大失人心,相面人张明德曾相胤禩后必大贵,今父皇欲诛胤礽,不必出自父皇之手。"胤禔这句话有两层含义,一是尽快除掉废太子胤礽,如果父皇觉得杀子不合适,自己可以主动提出来杀太子;二是试探父皇,既然太子被废,那谁能取而代之,其实自己是想取而代之的,但自己提自己不合适,于是拿老八胤禩来试一下。身为兄长,居然要杀弟弟,康熙大怒,说:"皇长子胤禔为人凶顽愚昧,不知义理,其若与皇八子胤禩聚集党羽,杀害胤礽,真不啻乱臣贼子,天理国法皆所不容也。"胤禔跳出来要杀胤礽,显然他完全不了解康熙其人。如果康熙是个残暴之君,就会欣赏他替父操劳的"好心",可是康熙是尊孔崇儒、推崇程朱理学的,胤禔落井下石自然撞枪口上了。而后康熙命人速将张明德捉拿归案,审问后,张明德供述称:自己的确给胤禩相面,并说胤禩"丰神清逸,仁谊敦厚,福寿绵长,诚贵相也",但说这些都是信口胡言,是为了多得银两。

在自己的弟弟被废的时候，做兄长的最好办法，就是向父皇请求能够宽容弟弟，给父皇一个自己很仁义的形象。对于谋取储位而言，最佳方略就是"外儒内法而饰之以道"，表面以儒家来出现，在中国的权力场上，只要你站在道义的制高点上，任何人在你面前都是侏儒。一方面口头高唱礼义廉耻，一方面实际上以法术势来运作，但不时以道家的无为而治、清心寡欲来装点自己，表现得与世无争，让对手放松警惕，这样才能最后登上宝座。

康熙公开宣布："朕命胤礽善护朕躬，并无欲立胤礽为皇太子之意，胤礽秉性躁急愚顽，岂可立为皇太子？"那么康熙对胤礽是否起过杀心呢？13 年后，康熙六十年（1721）三月康熙说："二阿哥两次册立为皇太子，教训数十年不能成就。朕为宗社及朕身计，故严行禁锢。所以不杀者，恐如汉武帝之后悔，致后人滋其口舌也。"可见康熙是对胤礽起过杀心的，只是他怕自己像汉武帝巫蛊之祸中逼死太子那样来后悔，所以他不杀。李光地在《榕村语录续集》也说："当东宫废时，风声甚恶。""废太子不妨，杀太子不可，至于杀之，则不祥之事莫大焉。"这也是康熙对胤礽起杀心的旁证。

在废太子后的第四天，康熙将内务府交给皇八子胤禩管理。从大清历史来看，每次出大事后，皇帝往往派自己最信得过的人来掌管内务府，因为内务府是掌管宫禁事务的机关，负责皇帝的衣食住行，此前掌管内务府的凌普作为太子党的一员已经一起倒台，所以康熙任命胤禩署理内务府。胤禩掌管内务府后，出人意料的是，他非但没有对太子党穷追猛打，而是主张对凌普等人一切从宽。康熙何等英明神武，他一眼看穿胤禩想借此收买人心的意图,康熙当众戳穿胤禩:"凌普贪婪巨富,众皆知之,所查未尽,如此欺罔,朕必斩尔等之首。八阿哥到处妄博虚名,凡朕所宽宥及施恩泽处,俱归功于己,人皆称之。朕何为者,是又出一皇太子矣。如有一人称道汝好朕即斩之,此权岂肯假诸人乎?"

胤禩其实与胤礽早已结怨,胤礽是太子,胤禩觉得自己能力最强,觊觎太子之位已久,与此同时,胤禔因为自己是皇长子却因庶出而不能被立为太子,所以也对胤礽怀恨在心,且胤禩小时候由胤禔生母惠妃那拉氏抚养长大,胤禩和胤禔小时候就一起玩大,所以二人结盟联合反对胤礽。此前,相面人张明德在给皇八子胤禩相面时,说胤禩"丰神清逸,仁谊敦厚,福寿绵长,诚贵相也",还说:"皇太子暴戾,若遇我,当刺杀之。""我有十六个功夫过人的江湖朋友,只要招来一两个,就可神不知鬼不觉地干掉胤礽。"胤禩城府极深,听闻此语,自然是当场把张明德臭骂一顿,但他把张明德的话告诉自己的死党皇九子胤禟和皇十四子胤禵时则说:"天意如此,何等快事!"

胤禩城府极深,善于交际,礼贤下士,尊敬长辈,很会做人,他博闻强记,他的老师何焯(外号"袖珍曹操")很欣赏他。一次在何焯丁忧回家期间,胤禩特意写信给他,让他代购一批书籍。当时文人儒士都称赞胤禩"极是好学,极是个好皇子"。此前康熙的兄弟裕亲王福全多次在康熙面前举荐他(1703 年福全已去世),李光地直到日后的康熙五十六年(1717)时还对康熙说:"目下诸王,八王最贤。"皇四子胤禛是胤禩的死敌,可是到自己当皇帝后还说:"胤禩较诸弟颇有办事之才，朕甚爱惜之"，"论其才具操守，诸大臣无出其右者"。胤禩目光很远，胤禛当皇帝后说胤禩对于僧人、道士、喇嘛、算卦的、戏子、奴仆、西洋人等等都用心施恩，与其交往，以便有朝一日派上用场。

此番，康熙将张明德逮捕，严刑拷打后，得知了胤禔打算借张明德给胤礽看相的时机让其刺杀胤礽，康熙大怒，下令将张明德凌迟处死。

康熙对此事穷追猛打，他分别亲自审问了胤禩、胤禟和胤禵，胤禟和胤禵都说："有一次，八阿哥对我们说：有一姓张的人对他说，皇太子做事穷凶极恶，自己手下有一批好汉，可以叫他们把皇太子干掉。八阿哥说：此事关系重大，你是何等人，竟敢如此说话？你莫不是疯了吗？你有此心，断然不可。而后把他赶走了。"

康熙把胤禟和胤禵所说来问胤禩，胤禩说自己确实说过这些话。胤禟、胤禵、胤禩的供词吻合，看来他们都没说谎。但康熙依旧不依不饶，责问："胤禩知道这些事而不上奏，这难道是臣子该做的吗？如果张明德单纯为他看相，没说别的，胤禩又怎么能编出这样一套话来转告九阿哥和十四阿哥？"康熙的言外之意是胤禩、胤禟、胤禵就此事的所作所为完全是别有用心。

而后康熙再次审问胤禩："你为什么要叫人相面？"

胤禩："我因为没有儿子，所以叫人来相面。"

至此，胤禩让张明德相面的事真相大白。其实此案胤禩没有多大责任，张明德胡扯一通后被胤禩轰走，表明胤禩很有头脑。他没有把此事告诉康熙，可能是怕此事越洗越黑。但他留了一个心眼,把此事告诉了与自己关系密切的胤祹和胤祯,以备将来万一事发,也能有证人。最后张明德被凌迟处死,康熙让胤禩、胤祹、胤祯到现场看张明德被一刀刀割碎的惨景,以此来震慑他们。张明德一案到此结束。

九月二十九日,康熙将诸皇子和重臣召集至乾清宫,说:"当废胤礽之时,朕已有成算,诸阿哥中,如有钻营谋为皇太子者,即国之贼,法断不容。废皇太子后,胤禔曾奏称胤禩好,春秋之义,人臣无将,将则必诛。大宝岂可妄行窥伺者耶?胤禩柔奸性成,妄蓄大志,朕素所深知。其党羽早相要结,谋害胤礽。今其事皆已败露,着将胤禩锁拿,交与议政处审理。"

此时,胤禩的死党皇九子胤禟对皇十四子胤祯小声说:"你我此时不出来说话更待何时?"

胤祯站出来说:"八阿哥绝无父皇所说之心,臣等愿保之。"

康熙说:"尔等希冀胤禩做了皇太子,日后登极,封尔等为亲王么?你们的意思说你们有义气,朕看都是梁山泊的义气!"

胤祯发誓:"儿臣绝无此意,若有此意,天诛地灭!"

康熙在几十年的帝王生涯中,从不相信什么誓言,他震怒了:"天诛地灭?你想死,朕现在就要你死!"康熙猛然拔出佩刀刺向胤祯,要杀了他。皇五子胤祺赶忙在康熙脚下跪下,并顺势死死抱住康熙。其他阿哥也纷纷跪下,"父皇息怒!"

康熙"怒少解",胤禟此时也跪下抱住康熙,康熙狠狠打了他两巴掌,而后康熙命诸皇子一起用鞭子打胤祯,痛打一顿后，将胤禔、胤禛轰了出去。这一幕记载在《清圣祖仁皇帝实录》卷二百三十四和《康熙起居注》。

一波未平一波又起，不久，皇三子胤祉告发皇长子胤禔要用巫术来害死太子。康熙得知后大怒，派人速查，虽然满人祖先的萨满教很信巫术，但康熙本人完全不信这套东西，通过《清圣祖圣训》等记载，康熙很大程度上是唯物主义者，不信鬼，不信邪，所以也最讨厌这些东西。事情很快查清，胤禔当皇太子心切，听说蒙古喇嘛巴汉格隆巫术高明，于是把他请来，让他诅咒皇太子，并用魇胜之术来镇胤礽。康熙派来的人在十几个地点找到了镇魇之物。此外，经查，胤禔在看管胤礽期间，逼得胤礽的无辜的下人们或逃跑或自缢。更过分的是，胤禔还派人暗中侦查康熙的一举一动。

十一月初一，康熙正式对胤禔之事表态，他说："大阿哥胤禔素来行为不端，性格暴虐，戾气深重，朕曾经多次申斥过他，而他拒绝悔改，这一次他用魇胜之术诅咒自己弟弟的事已经暴露无遗。他母亲惠妃也对朕称他不孝，请求将其正法。朕不忍心杀自己的骨肉，但此人断不肯老老实实地过下去，必有报复之事。当派人将胤禔严加看守，其稍有异常，就当报告给朕。如此，他还能多活几年。其行事的过分程度比废皇太子胤礽更甚，断不可以轻饶。"康熙下令革去胤禔的王爵，将其幽禁，把他所属旗拨给胤禛来统领，将巴汉格隆车裂。

胤禔因此事彻底被康熙在政治生命上判了死刑。康熙四十八年（1709）四月康熙在出巡塞外前，非常担心胤禔会乘机作恶，他说："胤禔镇魇皇太子及诸王子，不念父母兄弟，事无顾忌。万一祸发，朕在塞外，三日后始闻，何由制止？"他下令将胤禔圈禁在一个既小又牢固的地方。康熙以护军参领8人、护军校8人、护军80人来看押胤禔,并对他们说:"严加看守,不得稍违,设有罅隙,朕必知之,彼时将尔等俱行族诛,断不姑宥。"看押胤禔的人如果没看住就会被灭族,足见康熙对胤禔痛恨之深。

胤禩"柔奸性成",胤禔诅咒胤礽,胤禟、胤祯都是胤禩的人,康熙已经看出,皇太子之位决不能虚悬,否则诸皇子都会不择手段地跳出来。摆在康熙面前的有两套方案:复立胤礽为太子,或另择他人。胤禔的事情败露后,康熙将胤礽此前的乖张看作是中了蒙古喇嘛的邪术,于是他召见胤礽,把胤礽从拘禁地迁出。

康熙此举使得一部分人认为康熙要重新立胤礽为太子。十一月初八,康熙当机立断地表态,这段话记载在《清圣祖仁皇帝实录》卷二百三十五。康熙的表态非常高明,他说了以下几个意思:

一、胤礽之前的疯癫举动是因为被胤禔诅咒,精神出了问题,而不是真的要谋反。

二、胤礽此前的一切构乱都是索额图搞的,跟胤礽无关。

三、胤礽的确有让自己不满的地方,奢侈浪费,暴虐这些都是真的。

四、依附太子的人不必高兴,不依附太子的人不必担忧。

康熙的太极拳打得非常高明,如果不立太子,下面还不知要发生些什么,所以康熙只能当机立断立太子。那么立谁呢?胤禔算是被判死刑了,胤禩太阴险,怕是只能还立胤礽,先把胤礽此前的乖张行为原因都推给胤禔和索额图,然后给胤礽机会，并说如果胤礽还不改的话则还会被废。如此做法，是没有办法的办法，也是康熙此时的最佳办法。

十一月初四日，康熙召集满汉大臣来畅春园，说："今令伊等与满汉大臣等会同详议，于诸阿哥中举奏一人。大阿哥所行甚谬，虐戾不堪，此外于诸阿哥中众议谁属，朕即从之。若议时互相瞻顾，别有探听，俱属不可。"康熙自己拿不定主意，于是搞起了民主投票，除皇长子胤禔没资格外，其他所有皇子都是候选人，康熙把球踢给了大臣们。

正如一场足球比赛，当你拿不准你是该进攻、防守时，最好的办法就是把球踢到别人脚下，传给别人。在民主投票时康熙特意说："议此事，勿令马齐预之。"所有大臣都能投票，就马齐不可以。因为马齐先后担任兵部尚书、户部尚书，康熙三十八年（1699）任武英殿大学士，康熙曾经赐书给他"永世翼戴"，马齐此时是大臣中排名第一的，如果他表态，其他人恐怕会纷纷附和，所以康熙不让马齐表态。顺便说一句，马齐是满洲镶黄旗人，他不姓马，他是富察·米思翰的儿子，他姓富察。

在前几天马齐可能已通过宫内太监得知今天康熙会搞民主投票，所以这天马齐是第一个来的。马齐来后，大学士张玉书前来。马齐抢先说："众有欲举八阿哥者。"他的意思就是暗示大家都选皇八子胤禩。康熙不让马齐表态，马齐悻悻而去，但大臣们已经领会了马齐的意思。

康熙让大家对接班人的问题表态，大家哪敢呀，众人都说："此事关系甚大，非人臣所当言，我等如何可以。"

但康熙斩钉截铁地表示大家必须表态，于是理藩院尚书阿灵阿、领侍卫内大臣鄂伦岱、工部右侍郎揆叙、户部尚书王鸿绪几个人私下串通,在手掌上比画"八"字示意众人。大臣们纷纷推戴胤禩为皇太子,在纸上写上"八阿哥"三个字,然后交给内侍梁九功,由他转给康熙。但梁九功很快回来,传达康熙旨意,让大家记名投票,不能无记名。于是朝臣每个人在写上"八阿哥"后又署上自己的名字。康熙一看,所有人都推举胤禩,朕还在,你就已经搞定了所有人,这江山交给你,朕怎能放心?于是康熙表态:"立皇太子之事,关系甚大。尔等各宜尽心详议,八阿哥未尝更事,近又罹罪,且其母家,亦甚微贱。尔等其再思之。"

胤禩都28岁了还"未尝更事",分明是康熙找各种借口不想让胤禩接班。康熙事后很怀疑众人都推举胤禩是有人捣鬼。康熙四十八年(1709)正月二十一日,康熙召集满汉大学士、六部尚书、领侍卫内大臣一起议事,康熙说:"此事必然是舅舅佟国维、大学士马齐暗示大家,于是众人便都附议,从而八阿哥全票当选。"

马齐立刻为自己辩白:"议事当天,臣奉旨不干预此事,因此臣就提前离开了,至于为什么八阿哥全票通过,臣实不知。"

此时大学士张玉书将马齐揭穿:"是日大学士马齐先臣到,臣问:皇上何故召聚诸臣?马齐说:'于诸阿哥中举一人为皇太子。'臣又问:大家现在意向如何。马齐说:'众意欲举胤禩。'"

康熙说:"此事明摆着就是马齐暗中操控,马齐向来谬乱,如此大事尚怀私意,岂非结恩于胤禩,以便日后恣肆专行?"

马齐脾气很大，听康熙说到此，便拂袖而出。

皇八子胤禩城府极深，暗自结党，康熙断不会让他接班，于是康熙只得重新把胤礽推出来。六年后康熙追述此事说："朕前患病，诸大臣保奏八阿哥，朕甚无奈，将不可册立之胤礽放出。"

康熙四十七年（1708）十一月十五日，康熙把诸皇子和各大臣都召来训话，康熙这次玩得很有意思，他说自己第一次御驾亲征噶尔丹时，梦见孝庄告诉自己这次出兵赢不了，果不其然，自己病倒了，半途而归。第二次御驾亲征噶尔丹时，他梦见孝庄告诉自己，这次能赢，但不是你自己赢，果不其然，这次自己没有遭遇噶尔丹主力，是费扬古大破噶尔丹。此次废太子后又梦见孝庄很不高兴。什么意思呢？只有重新立胤礽为太子，才能让孝庄高兴呀！这几个梦显然都是胡扯，但孝庄早已去世，而且德高望重，搬出孝庄，以死人压活人，这是康熙没有办法的办法。这次也是康熙对于要重新立胤礽为太子的一次放风。

而后康熙接着说："胤礽断不报复仇怨，朕可以力保之也。"康熙亲自为胤礽拍胸脯保证，也是为了让大家放心。

十一月十六日，康熙召集满汉大臣和诸皇子，公开宣布二立胤礽为太子，下令释放胤礽，并让胤礽自己检讨。胤礽说："皇父谕旨，至圣至明，凡事俱我不善，人始从而陷之杀之。若念人之仇，不改诸恶，天亦不容，今予亦不复有希冀。尔等众人，若仍望予为皇太子，断断不可。"

胤礽的这段检讨很有水平，他说出了四个意思：

一、废太子之事父皇英明，完全没错。

二、所有都是我的错。

三、我绝不会"念人之仇"，大家放心，绝不会反攻倒算。

四、我再也不想当皇太子了。

胤礽这番检讨让康熙非常满意，他说："朕览史册，古来太子既废，无得生存者。过后人君莫不追悔。自禁胤礽之后，朕日日不能释然于怀，染疾以来，召见一次，胸中疏快一次。朕之诸子，多令人视养。大阿哥，养于内务府总管噶禄处。三阿哥，养于内大臣绰尔济处。惟四阿哥，朕亲抚育，幼年时，微觉喜怒不定。至其能体朕意，爱朕之心，殷勤恳切，可谓诚孝。……乃若八阿哥之为人，诸臣奏称其贤，裕亲王存日亦曾奏言：'八阿哥心性好，不务矜夸。'"

康熙的意思是，自从废太子后，自己每天都很不爽，但此后每见胤礽一次，自己就感觉好一次，只有重新立胤礽为太子，自己的病才能全好。而后他点评了一下各位皇子，别的皇子康熙都说好，只有到胤禩这里，他只说裕亲王福全说胤禩好，言外之意是胤禩城府太深，一切都是造假。

这天康熙点评了诸位皇子，别的皇子对其点评内容都不置辩，只有皇四子胤禛说："臣侍皇父左右，时蒙训诲。刚才对臣的夸赞，臣实在是惭愧，唯有喜怒不定一语，并不敢当。多年前父皇曾因这一点训斥过儿臣，十几年过去了，父皇并没再说过臣喜怒不定的地方。是儿臣早已改掉这一毛病，这一点已被父皇洞鉴。今臣年逾三十，居心行事，大概已定。'喜怒不定'四字，关系臣之生平。恳请父皇下令不要把这四个字记载。"

康熙答应了胤禛，不把这些话作为谕旨发下去，但是历史还是记载了康熙评价胤禛"喜怒不定"的这四个字。观日后胤禛登基后所作所为，康熙的确眼毒，胤禛确为喜怒不定之人，但他的喜怒只是貌似喜怒不定，实则很有章法，喜为皇权，怒也为皇权。

这是本书中胤禛的首次亮相，这一年胤禛30岁。

第二十二章

最佳影帝：四爷胤禛养成记

　　梁启超认为，正因为有他在位，中国才能一步步夺取新疆，进军内亚，但也正因为他对天主教传教士的反感，遂使得中国在近代大大落后于西方。他能说出"朕之心可以对上天，可以对皇考"的话，有曹操《让县自明本志令》的真诚，然而他的皇考之死与他有脱不开的关系。你说他虚伪，然而他却可以在大臣面前说自己班门弄斧，当众朗读自己喜欢的大臣名字，并夸大臣"可爱"，还能说出"朕就是这样汉子"的真性情话语。他每天只睡 4 个小时，工作接近 18 个小时，然而又在日理万机之暇与湖南农村文人打辩论赛，并把辩论赛对白全文公之于众，下令每个县都必须买。他有过人的胆识，以罕见的勇气推动改革，然而哪怕是一次轻微的地震，都能把他吓得惊慌失措，迅速搬出宫殿去住帐篷，被在场的朝鲜人写在笔记里笑话。他生前的每一项措施在短时段看来都推动着中国迅速走向强大和稳定，然而从长时段看，正因为他的所作所为才直接间接地使中国近代化历程那样迷惘而惶惑，踟蹰而踬踬，为何短时段和长时段的效果截然相反？他生前很忙，在位 13 年朱批 1000 多万字，还有时间亲自写佛学著作，他死后更忙，无论是《雍正王朝》《甄嬛传》，还是《步步惊心》《书剑恩仇录》，哪个电视剧他都是主角。他就是爱新觉罗·胤禛，雍正皇帝，现在让我们还原他的本来面目。

胤禛，生于康熙十七年十月三十日（1678 年 12 月 13 日），《东华录》卷二十四记载胤禛出生时其母乌雅氏"尝梦月入怀，华彩四照，已而诞上"。差不多二十四史本纪中的第一卷一开始的第一自然段写的都是这些故事，这无非是这些人登上帝位后为了神话自己，彰显君权神授的合法性编的。在古代中国，的确是需要神的，因为那时的中国充斥的是蚁民、草民、刁民、屁民、贱民、臣民，唯独没有公民。

胤禛的神话是后来构建的。从 6 岁开始，胤禛就和其他皇子一样，每天凌晨三点来到书斋开始读书，并无异常之处。此时的入职大臣还在"黑暗中残睡未醒，时复倚柱假寐"。日复一日的读书让胤禛既积累了深厚的学问功底，又磨炼出强大的意志。夏日挥汗如雨，胤禛依然可以正襟危坐，读书不辍。冬日寒气逼人，胤禛也照旧研读圣贤经典，朗诵着"大道之行也，天下为公"。多年苦读，使得胤禛"举止端凝，大智夙成，宏才肆应，允恭克让，宽裕有容。幼耽书史，博览弗倦，精究理学之原，旁彻性宗之上。天章浚发，立就万言，书法遒雄，妙兼众体。每筹度事理，评骘人材，因端竟委，烛照如神，韬略机宜"。学问变化气质，胤禛长得"天表奇伟，隆准颀身，双耳丰垂，目光炯照，音吐洪亮"。（《清世宗宪皇帝实录》卷一）

胤禛是皇四子，与三位哥哥相比，他心事最为沉重。皇长子胤禔脑子缺根弦，幸福的人不一定无知，无知的人往往幸福，虽然胤禔没感觉到幸福，但是他也没什么痛苦。皇二子胤礽是太子，还在尿炕时就被定为太子，一帆风顺的人往往是浅薄的，痛苦使人深刻，胤礽是个浅碟子，花团锦簇，让自己目眩。皇三子胤祉是皇子里学问最深的，他精于书法，连学界领袖王士禛①都说他的字"方圆径寸""遒美妍妙"。他每天与许多文人墨客吟诗作对，不亦快哉，压根对于储位之争没有兴趣。

胤禛虽然对皇位很感兴趣，却完全无法与胤礽抗衡。因为胤禛的母亲乌雅氏的父亲只是个护军参领，级别很低，所以虽然她为康熙生了儿子，也只是被封为德妃。康熙的贵妃佟佳氏因为是一等公佟国维的女儿，所以由贵妃进为皇后，康熙把胤禛给她来抚养。

在佟佳氏的面前，胤禛逐渐培养出了同龄人所不具备的早熟，他工于心计，擅长察言观色，一方面在父皇面前表现得很听话，另一方面又给人以一种自己不是在装而是很正直的印象。一个 10 岁左右的孩子时时处处都压抑着自己的天性，他就不可避免地会在有的时候表现出狂躁，这就是前文康熙之所以说胤禛"喜怒不定"的来源。

康熙二十八年（1689）一直在抚养胤禛的佟佳氏去世，12 岁的胤禛成了实质上没娘的孩子，从此一切事情只能自己来扛。

康熙二十九年（1690）康熙第一次御驾亲征噶尔丹，这次他得了重病，召胤礽前来，不承想胤礽毫无忧戚之色，康熙很是生气和寒心，这是康熙第一次对胤礽不满。胤禛对此看在

---

① 王士禛在康熙晚年去世，雍正继位后，为避胤禛名讳，改为王士正，雍正去世后，乾隆因爱其文才，所以将其改为王士禛，意思是可与父亲的名讳同音。

眼里，但是不动声色，此后他一如既往地跟着康熙出巡，从不多说一句话，并且尽可能地与其他皇子保持和平关系。他把自己打造成一个与世无争的旁观者，冷眼看待一切事情，貌似超脱世外，实则见微知著，洞若观火。他绝非心如止水之人，事实上他对于最高权力的渴望比任何人都不差，但此时的他势单力薄，只能等待。

事实证明，胤礽不断犯错自掘坟墓。胤礽和索额图都认为，康熙7岁可以继位，而胤礽已经17岁了，怎么就不能继承大宝呢？所以这次康熙重病，胤礽窃喜了很长时间，可是从夏天康熙重病到冬天痊愈，天气一天天变冷，胤礽的心也一天天变冷，父皇怎么还不死呢？如果胤礽从来没当过太子，或他在心中默念无数次的登上权力巅峰的那一天从来没有过一闪念的希望，胤礽都不会狂躁。然而，面对父皇重病后升起的将要继位的闪念一闪即逝，亢奋的胤礽又怎么可能平静下去？静如处子，动如脱兔，有静有动，可屈可伸才是明智之举，这点胤禛比胤礽成熟得多。千金难买少年贫，自幼一帆风顺的人往往会栽大跟头，因为他们一直在巅峰，一直在顺境，他们无法承受一丝风浪。由溺爱与娇惯所培养出来的17岁小孩子的乐观与自信，如同一个水晶球，美丽而易碎，只要惹怒了父皇，父皇随时可能把这水晶球砸得粉碎。

康熙三十三年（1694）清明，按惯例，每年这天皇帝带领皇子们来奉先殿举行祭祖仪式，与冬至日到天坛祭天一样，这也是皇帝要恭行的一个大礼。这些典礼都是由礼部负责，每年按照固定的程式即可，但这一年，由于索额图的参与，苗头有些不对。按照索额图的吩咐，礼部向康熙奏报时，提及把皇太子胤礽的拜褥也放在大殿的门槛之内（拜褥是皇帝跪拜时在地上铺的东西）。皇家祭祖时，只有皇帝一人可以进入大殿内，其他任何人不得入内，现在此举则是说太子可以和皇帝一起入内。这是对康熙的试探与暗示，意思是告诉康熙，太子已经成人（20岁），可以接班了。

如果康熙同意此事，则表明康熙要让位了，如果不同意，则表明康熙与太子的矛盾公开化了。显然，康熙宁可与太子矛盾公开化，也绝不可能让位，他令礼部尚书沙穆哈把太子的拜褥放在殿外。

沙穆哈最头疼，他夹在康熙与太子之间，按照康熙的指示办，他就得罪了太子和索额图，今后太子登基后，岂能饶了自己？于是，他请求康熙允许把他在交代拜褥放在殿外一事时所说的话都记载在档案里，以便日后太子找后账时推给康熙。沙穆哈真是脑子缺根弦，康熙对此事最想淡化处理，你却要把它记载在档案，康熙怒不可遏，他下令将沙穆哈革职。此举也是在点胤礽和索额图，现在想接班，没门儿!

胤禛对于此事一直是隔岸观火，他明白，康熙现在不想交权，自己也没法掺和，能做的只有继续隐忍、等待。两年后，康熙三十五年（1696），19岁的胤禛跟随康熙第二次御驾亲征噶尔丹，康熙命他掌管正红旗大营，此事可见，在康熙心中，胤禛已不再是孩子了。

比胤禛大的三位皇子里，皇长子胤禔智商有问题，太子胤礽自己暂时争不过，而皇三子胤祉则在康熙三十八年（1699）时犯了大错。贵妃章佳氏（皇十三子胤祥的母亲）去世，按照清朝礼节，帝王后妃之死，百日之内不得婚嫁，不得剃发。

胤祉已经22岁，对这个规矩应该了如指掌，然而他偏偏出人意料地在百日内剃发。结果一天康熙看到他头发少了，一问得知他剃发后，龙颜大怒，将胤祉的爵位由郡王降至贝勒，同时又把胤祉王府里的人或鞭打，或责罚。

康熙四十七年（1708）九月初四，康熙废太子胤礽，并明确表态胤禔不可能继承大统，于是皇八子胤禩一时间成为炙手可热的人物。胤禩工于心计，功利心极强，但是有时候表现太过，所以他的言行常带有一种无法掩饰的矫情色彩。他人脉很广，利用老师何焯的关系，摆出醉心儒学的样子，赢得了士大夫阶层的支持。此外，他貌似尊敬长辈，很会来事儿，于是得到了裕亲王福全的支持。他还把皇九子胤禟、皇十子胤䄉、皇十四子胤祯发展成了自己的死党，连胤禔也被他拉拢过来。所以康熙才会在废太子后任命胤禩为内务府总管，然而就在此时出了张明德事件，加上康熙的民主投票中胤禩得了全票，此两件事给胤禩带来了致命打击，于是康熙再不会把胤禩作为接班人。

相比之下，胤禛却一直在稳扎稳打，步步为营，绵里藏针。胤禛这年已经30岁，从失去佟佳氏的庇护算起也快20年了，胤禛经受了长期的隐忍与等待，在此期间他习惯了旁观和冷静思考，并因此获得一种成熟的行事方式和思维方式，这种做人风格对于做普通人而言，或许显得太假，但是对于从政而言，则是再有用不过了。此时的他有一种敏感的而又往往准确的政治嗅觉，正是这种刻意形成的对自己有利的性格为他的成功铺平了道路，因为，性格决定命运。自从胤礽被废，胤禛的实际人生态度由下意识的被动承受转化成有意识的主动进取与适度放开。

胤禛表面上依旧明智地采取了低调的态度，他很明白，自己并不具备特别的优势：论嫡庶，他不如老二胤礽；论长幼，他不如老大胤禔；论学识，他不如老三胤祉；论人望，他不如老八胤禩。既然如此，胤禛决定不争，静观其变，把把自己打扮成"天下第一闲人"，俨然一副超然物外，与世无争的样子。

胤禛作秀功夫的确过人，天天写的诗词都是与世无争的内容，比如他在《园居》中说："懒问沉浮事，间娱花柳朝。吴儿调凤曲，越女按鸾箫。道许山僧访，棋将野叟招。漆园非所慕，适志即逍遥。"表明他虽然不想像庄子那样，但是对于世间沉浮也是没兴趣的。他在《山居偶成》中说："山居且喜远纷华，俯仰乾坤野兴赊。千载虚名身外影，百岁荣辱镜中花。金樽潦倒春将暮，蕙径葳蕤日又斜。闻道五湖烟景好，何缘蓑笠钓汀沙。"表明他将虚名都看作身外事，自己就喜欢垂钓江畔，毫无争权夺利之心。胤禛假装纵情于圆明园山水之间，他作《小园三字经》："圆明园，真妙好。如佛地，同仙岛。青山环，绿水抱。鹤衔芝，鱼吞藻。有交梨，多火枣。种桑麻，植粳稻。阅六经，礼三宝。任春秋，随晚早。不拘束，无烦恼。奉天时，养吾老。"一派与世无争的闲情雅致。

康熙四十八年（1709）三月初九，康熙再次立胤礽为皇太子。当天，康熙册封皇三子胤祉、皇四子胤禛、皇五子胤祺为亲王，皇七子胤祐、皇九子胤禟、皇十子胤䄉、皇十二子胤祹、皇十四子胤禵为贝子，以此来缓和众皇子与太子的矛盾。除了已经被康熙彻底否决的胤禔和胤禩与仍在圈禁中的胤祥外，其他人都被封赏。

胤礽复立为太子，经过此番废立，胤禔和胤禩已经彻底被康熙否决，而胤禛依旧不动声色。已经成为雍亲王的胤禛把自己隐藏成一个弱者，弱者最容易博得别人的信任与同情，儿子示弱来得到父亲的认可。在康熙的眼里，胤禛比胤禔善良，比胤礽忠孝，比胤祉听话，比胤禩老实，比胤禟聪明，比胤祯稳重。胤禛可以在盘根错节、错综复杂的人际关系中处理得既不矫情自饰又能游刃有余，他逐渐得到了康熙的信任与注意。

此时胤禛依旧小心翼翼，因为他不想把别人的目光吸引到自己身上，让别人揣摩他，关注他，对他品头论足，因为他还要不动声色地为自己争取更大空间。言多语失，胤禛永远小心翼翼地说着每一句话。兄弟之间，他绝不与任何一个过热，以免今后受牵连，也绝不与任何一个过冷，以避免树敌。他的钢丝走得很好。各位皇子里最让康熙省心的就是胤禛，康熙一高兴，就把圆明园赐给胤禛作为花园。此后，胤禛凭借自己极高的审美水准，把圆明园打造成 18 世纪世界上最美丽的园林建筑群，也正是在花团锦簇的圆明园内，胤禛像修炼多年的蜘蛛精一样，不断织造着一张大网，直到把皇帝宝座收入网中。

第二十三章
二废太子：胤礽用明矾水写成的密码信

　　胤礽重新当上皇太子后，本应该痛改前非，不承想变本加厉。一开始，康熙对胤礽处处迁就，胤礽在饮食、服饰、陈设等诸多方面规格都超过康熙，康熙都没有说什么。甚至胤礽想斥责什么人，康熙就斥责什么人，胤礽想处罚什么人，康熙就处罚什么人，胤礽上奏想杀谁，康熙就杀谁。康熙对胤礽到了无所不从的地步，一代雄猜之主康熙曲意维护胤礽的权威，不成想胤礽毫不知收敛。康熙五十一年（1712）十月初一，康熙终于忍无可忍，他公开表态："之前因胤礽行事乖戾，朕曾经禁锢他。继而朕躬不安患病，念父子之恩，从宽放了他。朕在众人面前曾说他看起来能改过。他在皇太后、众妃、诸王大臣前，也曾发誓改错。朕想他应该痛改前非，昼夜警惕。但自释放之日，其乖戾之心就露出来了。数年以来，狂易之疾，仍然未除，是非莫辨，大失人心。朕隐忍很长时间了，之所以没有爆发，就是因为盼着他改悔。今观其行事，绝不是能改错的人。朕已经六十多岁了，还能活多少年，况天下乃太祖、太宗、世祖所创之业，传至朕躬，非朕所创立。凭着先帝的英灵庇佑，守成五十余载。朝乾夕惕，耗尽心血，竭蹶从事尚不能详尽。如此狂易成疾，不得众心之人，朕怎么能放心把江山托付给他？故将胤礽仍行废黜禁锢。"（《清圣祖仁皇帝实录》卷

二百五十一）

康熙说胤礽"狂易之疾，仍然未除"显然不对。两年后，康熙五十四年（1715）准噶尔部策妄阿拉布坦侵略哈密，康熙调兵遣将进行反击，胤礽逮住这一时机，用明矾水 [$KAl(SO_4)_2·12H_2O$] 写了一封隐形信给普奇公爵，嘱托他在康熙面前举荐自己为大将军。这封信要涂上小苏打（$NaHCO_3$）才能看到。

化学方程式为：$2KAl(SO_4)_2·12H_2O + 6NaHCO_3 = K_2SO_4 + 3Na_2SO_4 + 2Al(OH)_3↓ + 6CO_2↑ + 24H_2O$

最后生成的氢氧化铝 [$Al(OH)_3$] 是白色固体，这种白色固体就是显示出来的字迹，当然，写这封信的纸张肯定不是白色的。此事可见胤礽还是懂化学的，这是只有高级特工才能干出来的事，绝不是一个疯人干得出来的。胤礽抓住朝廷用兵，需要人才之际想要戴罪立功，东山再起。要不是康熙已经彻底把他否决，他极有可能此次死里逃生。

在对废太子公开表态后康熙发布上谕，上谕记载在《清圣祖仁皇帝实录》卷二百五十一。康熙这段话表明了五个意思：

一、此时大臣有"两处总是一死"的话，意思是亲近康熙，今后被太子杀了，一死；斗胆亲近太子，现在就被康熙杀了，又一死。朝中政局岌岌可危，自己必须当机立断。

二、胤礽残暴至极，跟着康熙的侍卫都很幸运，而跟着胤礽的侍卫就是活受罪了。胤礽失人心到他的妻子都觉得他应该被废，毫不值得同情，已经天怒人怨。

三、上次废太子康熙很郁闷，这次谈笑处之，对自己没打击。

四、太子党的人别害怕,这次总共就会杀一两个罪大恶极者,其余人既往不咎。

五、这次是对太子判死刑,今后再也不会复立胤礽为太子了。

康熙对胤礽党羽恨之入骨,严厉惩罚,如用铁钉将尚书齐世武钉在墙上钉死,将死于狱中的步军统领托合齐锉尸焚烧。

康熙五十二年(1713),康熙六十大寿(康熙生于1654年,古人算年龄法为比实际年龄加一岁)。当然,康熙的六十大寿是过不踏实的,储位之争愈演愈烈,由是户部尚书赵申乔上奏主张康熙早立太子,康熙不愿意立太子,而他的儿子们此时都坐不住了。胤禩已经失宠,于是胤禟等人转而支持皇十四子胤禵,皇九子胤禟对亲信说:"我初生时,有些奇处,妃娘娘曾梦日入怀,又梦北斗神降,虽然如此,我心甚淡,胤禵才德双全,我弟兄皆不如,将来必大贵。"

胤禵也没闲着,他的头号智囊、福建知府戴铎(《雍正王朝》里邬思道的原型)写信给胤禵说:

> 奴才戴铎谨启主子万福万安……皇上有天纵之资,诚为不世出之主;诸王当未定之日,各有不并立之心。论者谓处庸众之父子易,处英明之父子难;处孤寡之手足易,处众多之手足难。何也?处英明之父子也,不露其长,恐其见弃,过露其长,恐其见疑,此其所以为难。处众多之手足也,此有好学,彼有好瑟,此有所争,彼有所胜,此其所以为难。而不知孝以事之,诚以格之,和以结之,忍

以容之，而父子兄弟之间，无不相得者。我主子天性仁孝，皇上前毫无所疵，其诸王阿哥之中，俱当以大度包容，使有才者不为忌，无才者以为靠。昔者东宫未事之秋①，侧目者有云："此人为君，皇族无噍类矣！"此虽草野之谤，未必不受此二语之大害也。奈何以一时之小而忘终身之大害乎？

至于左右近御之人，俱求主子破格优礼也。一言之誉，未必得福之速，一言之谮，即可伏祸之根。主子敬老尊贤，声名实所久著，更求刻意留心，逢人加意，素为皇上之亲信者，不必论，即汉官宦侍之流，主子似应于见面之际，俱加温语数句，奖语数言，在主子不用金帛之赐，而彼已感激无地矣。贤声日久日盛，日盛日彰，臣民之公论谁得而逾之。

至于本门之人……恳求主子加意作养，终始栽培，于未知者时为亲试，于已知者恩上加恩，使本门人由微而显，由小而大，俾在外者为督抚提镇，在内者为阁部九卿，仰籍天颜，愈当奋勉，虽未必人人得效，而或得二三人才，未尝非东南之半臂也。

以上数条，万祈主子采纳。奴才身受深恩，日夜焚祝。我主子宿根深重，学问渊宏，何事不知，何事不彻，岂容奴才犬马之人，刍荛之见。奴才今奉差往湖广，来往似需数月。当此紧要之时，诚不容一刻放松也！否则稍为懈怠，倘高才捷足者先主子而得之。我主子之才智德学素

---

① 指胤礽还没被废时。

俱,高人万倍,人之妒念一起,毒念即生,至势难中立之秋,悔无及矣。冒死上陈之罪,实出中心感激之诚,万求主子恕其无知,怜其向上,俯赐详阅纳行,则奴才幸甚,天下臣民幸甚。

戴铎的话实在是太经典了,尤其是那句"处英明之父子也,不露其长,恐其见弃,过露其长,恐其见疑,此其所以为难。处众多之手足也,此有好竽,彼有好瑟,此有所争,彼有所胜,此其所以为难"。胤禛此前所作所为正是在露其长与不露其长的恰到好处之间。胤禛看了戴铎的信后心中暗喜,但表面仍不为所动,他写了一些装腔作势的话:"语言虽则金石,与我分中无用。我若有此心,断不如此行履也。况亦大苦之事,避之不能,尚有希图之举乎?至于君臣利害之关,终身荣辱之际,全不在此,无祸无福,至终保任。汝但为我放心,凡此等居心语言,切不可动,慎之,慎之。"

戴铎在福建当知府时,身为北方人的他不习惯福建的气候,想要告病回京,胤禛给他写信说:"为何说这告病没志气的话,将来位至督抚,方可扬眉吐气,若在人屋宇下,岂能如意乎?"胤禛现在就许给戴铎,将来自己登基后你就是督抚了,如此怎能不让部下干劲十足。

胤禛一直在暗中积蓄力量的同时,胤禩已经跳出来了,他在胤礽刚被废后就对康熙说:"我今如何行走,情愿装病不起。"意思是我现在以什么身份出现好呢?我还是装病躲一躲吧!康熙大怒:"尔不过一贝勒,何得奏此越分之语,以此试朕乎?"此前康熙曾下令将胤禩的奶妈的丈夫雅齐布发配到边地，后来才得知，胤禩竟然胆大包天地把他藏在自己府中。康熙怒不可遏，将雅齐布正法。

康熙五十三年（1714）康熙出京打猎，驻跸京北遥亭，与此同时，胤禩为生母去世二周年祭祀，完后住京北汤泉。他没有去遥亭请安，而是派一名太监给康熙送去两只死鹰。胤禩没有说明此举用意，本来此举也可做多种解释，但康熙因此事大怒。十一月二十六日，康熙说："（胤禩）藐视朕躬，朕因愤怒，心悸几危。胤禩系辛者库贱妇所生，自幼心高阴险。听相面人张明德之言，遂大背臣道，觅人谋杀二阿哥，举国皆知。伊杀害二阿哥，未必念及朕躬也。朕前患病，诸大臣保奏八阿哥，朕甚无奈，将不可册立之胤礽放出。数载之内，极其郁闷。胤禩仍望遂其初念，与乱臣贼子等结成党羽，密行险奸。谓朕年已老迈，岁月无多，及至不讳。……自此朕与胤禩父子之恩绝矣。朕恐后日，必有行同狗彘之阿哥仰赖其恩，为之兴兵构难，逼朕逊位而立胤禩者。若果如此，朕惟有含笑而殁已耳。朕深为愤怒，特谕尔等。……胤禩因不得立为皇太子，恨朕切骨。伊之党羽，亦皆如此。二阿哥悖逆，屡失人心，胤禩则屡结人心。此人之险，实百倍于二阿哥也。"（《清圣祖仁皇帝实录》卷二百六十一）

胤禩上奏说自己冤枉，康熙说："伊折内奏称冤枉，试问伊所谓冤抑者何在？总之此人党羽甚恶，阴险已极，即朕亦畏之。"胤禩已经到了让康熙都害怕的地步了。康熙五十四年（1715）正月康熙下令停发胤禩和他的亲信的俸禄，将胤禩的死党何焯革职。

就在九王夺嫡剑拔弩张之际，西藏出事儿了，这一切都跟仓央嘉措的神秘死亡有关。康熙二十一年（1682）五世达赖圆寂后，康熙三十六年（1697）仓央嘉措成为六世达赖。值得一提的是，他并不是藏族，而是门巴族，他也是唯一不是藏族的达赖喇嘛。康熙三十九年（1700）青海的蒙古和硕特部拉藏汗继位，由于归附康熙的青海亲王扎西巴图鲁的压迫，拉藏汗只得带着部属南下进入西藏。这自然引发了青藏矛盾，拉藏汗凭借蒙古骑兵战胜了藏军，废掉了六世达赖仓央嘉措。由于拉藏汗在康熙御驾亲征噶尔丹的战争中一直支持大清，而且康熙怕策妄阿拉布坦将六世达赖利用，所以准奏拉藏汗，下令将六世达赖押解北京后废黜。康熙四十五年（1706）六世达赖在押解途中于青海湖被害，年仅 24 岁①。仓央嘉措被废后，拉藏汗拥立新的六世达赖，名叫阿旺伊什嘉木措，康熙表示认可，但是这一废立并不能让藏传佛教世界的其他可汗们拥护。康熙五十六年（1717）准噶尔部策妄阿拉布坦派大策零敦多布率领六千铁骑自阿里地区强行突破，直接攻取拉萨。康熙绝不会容许西藏由大清宿敌准噶尔部控制，于是命皇十四子胤禵为抚远大将军，康熙将胤禵直接由贝子提升为郡王（贝子上面是贝勒，再上面才是郡王）。胤禵被任命为抚远大将军的事让胤禩和胤禟兴奋不已，胤禟在胤禵出征前多次来见胤禵，并送给他大笔银子，说胤禵"才德双全，我兄弟内皆不如，将来必大贵"。胤禵说："皇父年高，皇太子这差使想来属于我。皇父年高，好好歹歹，你须时常给我信儿！"胤禟回去后对自

---

① 关于仓央嘉措的结局问题，一说病死，又一种说法则是，他在行至青海湖时于一个风雪夜失踪，后半生周游印度、尼泊尔、康藏等处，继续弘扬佛法，后来在阿拉善去世，终年 64 岁。

己的心腹说："十四爷现今出兵，皇父看得很重，将来太子一定是他。""十四爷立为皇太子后，必然听我几分话。"

胤祯出征那一天，康熙亲自在太和殿把大将军敕印给胤祯，康熙命诸王子和二品以上所有文武大员到德胜门为胤祯送行。胤祯所率领的部队号称三十万人，实则有十几万人，甘肃、青海、外蒙古的所有军队都由胤祯指挥。康熙下诏给青海厄鲁特部罗卜藏丹津说："大将军王是我皇子，确系良将，带领大军，故命掌生杀重任。尔等或军务或巨细事项，均应谨遵大将军王指示，如能诚意奋勉，即与我当面训示无异。"由于时任永宁（四川叙永）副将的岳钟琪一支奇兵突入拉萨，胤祯的军事行动大获全胜，清朝终于彻底控制了西藏，了却康熙一桩心病，胤祯在康熙那里交上了圆满的答卷。

胤祯在平定西藏的战争中立下汗马功劳，为争夺太子之位大大加分，与此同时，胤祉犯了大错。本来康熙是很欣赏胤祉的，康熙五十二年（1713）康熙命令胤祉负责编纂一部关于律吕、算法的书籍，胤祉趁机网罗陈梦雷、方苞等一批学者，书成后康熙赐名《律历渊源》。随后康熙让胤祉负责编纂《古今图书集成》。

康熙五十六年（1717）皇太后去世，由皇太后抚养大的皇五子胤祺提出要料理后事，他说："一应事务，臣可代理。"康熙大怒："我在，尔何可代耶？"朕还在，哪用得着你？不是你想做就能做，而是朕想让谁做就让谁做，康熙让胤祉和胤禛来负责丧礼。主持丧礼一事可见康熙对胤祉的信任。可就在此时，胤祉的属下孟光祖私下到山西、陕西、四川、湖广活动，代表胤祉向四川巡抚年羹尧赠送礼品，年羹尧回赠银两和马匹，江西巡抚佟国勷也回赠胤祉礼品。这违反了亲王与属下外任官员不得私下收受物件的定制，也破坏了中央官员须有勘合地方官才能供应车船骡马的定制（孟光祖没有勘合却畅通无阻）。康熙得知后，将孟光祖斩首，佟国勷革职，年羹尧革职留任。由此，康熙将胤祉从接班人里否决。

此时在康熙眼里，只有胤禛和胤祯可以作为太子的候选人了，康熙说："朕万年之后，必择一坚固可托之人与尔等做主，必令尔等倾心悦服。"

康熙五十五年（1716）戴铎来信给胤禛，说在武夷山结识一个道人，用装上土产的匣子的双层夹底来藏记载道人所言的密信，密信说见到道人后，"暗暗默祝将主子问他，以卜主子，他说乃是一个万字……"胤禛得知后，喜不自胜，"万"字乃万岁天子也，胤禛说："你好造化！"他自认已有上天庇佑，于是开始全面行动，他清楚地知道，康熙不是好大喜功的浅薄帝王，他最讨厌花言巧语或矫情自饰，所以皇八子胤禩就被康熙早早否决，康熙最喜欢的一定是既有能力又不紧盯着皇位之人，因此胤禛继续校正与微调着自己的策略与行事风格。

胤禛派戴铎去福建拜会在家治丧的李光地，探听康熙立储的动向，因为此时康熙最信任的大臣就是李光地了。李光地说："目下诸王，八王最贤。"戴铎说："八王懦弱无能，不及我四王爷聪明天纵，才德兼备，且恩威并济，大有作为，大人如肯相助，将来富贵共之。"戴铎自以为是地把这段与李光地的谈话汇报给胤禛，谁都知道戴铎是胤禛的"藩邸旧人"，以为他的言论是秉承了其主子旨意的，这无疑透露了胤禛有"争储"之心。所以胤禛得知此事后大怒，回复道："你在京时如此等语言，我何曾向你说过一句？你在外如此小任，骤敢如此大胆。你之生死轻如鸿毛，我之名节关乎千古。我做你的主子正正是前世了。"

胤禛此时很注意拉拢朝臣中的实力派，隆科多是满洲镶黄旗人，康熙五十九年（1720）成为理藩院尚书兼步兵统领（掌握北京九个城门的进出），他是一等公佟国维的儿子，是康熙生母的侄子，康熙的孝懿仁皇后的弟弟，也就是胤禛的舅舅。胤禛如何拉拢到他历史没有记载，总之这个关键人物成了胤禛的死党。湖广提督魏经国、兰州府同知沈廷正等人此时都成为胤禛的死党，虽然这些人未必都是在一方权倾内外，但是起码也能一呼百应。

与胤禩相比，胤禛的人脉显然要少很多，此时胤禛的嫡系只有戴铎、步兵统领隆科多、四川陕西总督年羹尧、湖广提督魏经国、兰州府同知沈廷正和丰台大营统领，重要的人只有这6个人，而这6个人中，戴铎是自己的头号谋臣，隆科多和丰台大营统领可以控制北京防务，年羹尧和沈廷正在关键时刻可以在甘肃挡住胤禵，使他在新疆的大军根本回不来。除了魏经国相比之下没那么重要外，另外五个人都是关键时刻可以左右政局的。与他截然相反，胤禩对于僧人、道士、喇嘛、算卦的、戏子、奴仆、西洋人等等都用心施恩，与其交往，以便有朝一日派上用场。在士大夫中更是有很高的威望，畅春园的投票表决也是得到了全票，但是最终自己早早被康熙打入另册。

通过此事，我们就可明白，人脉在精不在多，结交1000个关键时刻不一定能派上用场的人，不如结交5个要害部门的实权派。到处结交人脉，成为交际中心，只能早早成为所有人的眼中钉，一举一动都在别人眼中，从而无法秘密做任何大事，而如果只结交几个要害部门的朋友，不显山不露水，最后的胜利很可能就属于你！

胤禛的苦心经营卓有成效，康熙逐渐把许多大事都交给胤禛来做，康熙五十一年（1712）胤禛参与对太子党托合齐等人的审讯。康熙五十四年（1715）策妄阿拉布坦侵略西藏，胤禛参与共商军事方略。康熙五十七年（1718）皇后梓宫安放典礼，康熙生病不能亲往，派胤禛代替自己来主持。康熙六十年（1721）举行康熙登基六十年庆典，康熙把赴盛京祭祀的最重要任务交给胤禛。这年冬至，康熙命胤禛代替自己到天坛祭天。由此，许多历史学家认为康熙是想让胤禛来接班的，他们给出的理由是胤禛不结党、诚孝、多才，完全符合康熙选储君的标准。

而事实上，我们如果逐一分析，发现这些论断经不起推敲。

一、胤禛并非不结党。虽然胤禛与戴铎、年羹尧、隆科多的秘密交往几乎滴水不漏，起码没有被康熙抓住任何把柄，但是以康熙这样的雄猜之主，不可能不怀疑胤禛的。胤禩患病时胤禛的表现已经让康熙怀疑胤禛与胤禩结党，只是康熙不愿深究而已，康熙自己在诏书里说各位皇子"但年俱长成，已经分封。其所属人员，未有不各庇护其主者"。已经点明在康熙眼里所有皇子都结党，因此康熙绝不会因为不结党而选接班人。

二、胤禛的诚孝。康熙四十七年（1708）康熙曾夸胤禛"性量过人""深知大义""似此居心行事，洵是伟人"，胤禛"能体朕意，爱朕之心殷勤恳切，可谓诚孝"。但事实上康熙对于所有儿子的孝顺问题都是不满意和有怀疑的，之所以夸胤禛是因为其他皇子更糟糕，康熙在废太子后昭告太庙时悲痛地说："臣自幼而孤，未得亲承父母之训子，惟此心此念，对越上帝，不敢少懈。臣虽有众子，远不及臣，如大清历数绵长，延臣寿命，臣当益加勤勉，谨保终始；如我国家无福，即殃及臣躬,以全臣令名。臣不胜痛切。"可见康熙凄凉的心境已经到了极点。如果说康熙只认为胤禛孝顺,而以此把皇位传给他,不免太看低康熙的城府了。

三、胤禛的多才。历史证明,胤禛的确是康熙的儿子里政治才能最出色的(军事才能最出色的是胤祯),但这是靠胤禛继位后那13年的施展来证明,这些才能在康熙生前并没有显露出。戴铎在给胤禛的信中说"处英明之父子也,不露其长,恐其见弃,过露其长,恐其见疑",所以胤禛在做事时都是点到为止,恪尽职守,见好就收,他的政治才能根本没有得到过酣畅淋漓的施展。在康熙眼里,胤禛的才能主要在诗文和书法上,前面我们已经摘列过胤禛的诗词,与胤禛有同样雅好的康熙要么为胤禛书写匾额,要么与他对对联,两个人作为笔友很融洽。胤禛擅长模仿康熙的书法,这一点非但没有让一贯雄猜的康熙警觉,反而康熙经常让胤禛给自己代笔。因为每年都有许多大臣找康熙题字,康熙好题字,但自己又精力不济,所以交给胤禛,多时胤禛一年能替康熙代笔一百多幅字。

在康熙眼里,胤禛只能写书法、作诗词或主持典礼,所以除了胤禛19岁那年随康熙御驾亲征噶尔丹时掌管正红旗大营外,康熙再没有让胤禛做过重要的军国大事,只不过是让他代替自己祭天、祭祖、祭孔而已。康熙曾让胤禔做裕亲王福全的副手来征讨噶尔丹,让胤礽在自己三次御驾亲征噶尔丹时监国,让胤祉来编修《古今图书集成》,让胤禩来掌管内务府,让皇十二子胤祹来担任镶黄旗满洲都统,让胤祯来出兵西藏击退策妄阿拉布坦,这些事随便哪件都比交给胤禛的最大的事——掌管正红旗大营要大。由此可见,康熙别说让胤禛接班，就是让他独当一面都没干过。之所以如此，就是因为，胤禛太小心了，太循规蹈矩了，在康熙面前除诗文书画的才能外就没表现出任何才能，以至于康熙压根就不认为胤禛有担当军国大事的才能。

本册书写康熙时期最主要的参考资料是《清圣祖仁皇帝实录》，有人根据该书从康熙四十六年（1707）起到康熙去世，康熙临幸胤禛的园子达 11 次之多，以此推断康熙晚年与胤禛最好，从而认为这是康熙要让胤禛接班的佐证。这个不成立，因为同样根据《清圣祖仁皇帝实录》，康熙晚年临幸胤祉的花园达 18 次，比胤禛还多 7 次呢，而胤祉显然早已被康熙从接班人的行列里拿掉。因此从康熙来花园次数来断定接班人问题是不靠谱的。

那么究竟谁才是康熙心中最中意的接班人呢？

皇十四子胤祯与胤禛是同父同母，母亲都是乌雅氏。乌雅氏生过三个儿子，皇六子胤祚去世得早，长大成人的是老四和老十四。本来胤祯是胤禩的党羽，但是自从康熙彻底表态抛弃胤禩后，胤祯就单干了。康熙晚年最信任的是李光地，胤祯对李光地的门人陈万策很好，李光地在士大夫里地位很高，逐渐形成了"十四爷礼贤下士"的口碑。

康熙五十七年（1718）准噶尔部策妄阿拉布坦派大策零敦多布攻陷西藏，康熙任命胤祯为抚远大将军来平叛，此举其实已经说明康熙要立胤祯为太子，这次是让他历练，不然，怎么可能把大清最精锐的十几万军队给他带呢？胤祯的才能绝不像康熙眼中的胤禛那样仅会诗文书画，胤祯可以出则将兵，入则治国，对于一个必须靠强权和铁腕统治的专制帝国，会打仗是先决条件。

胤禛最能装,城府最深,但跟谁都不远不近,让他做事没人说什么,让他接班会阻力很大。胤禵的人缘比胤禛好很多,皇八子胤禩、皇九子胤禟、皇十子胤䄉都与胤禵关系亲密,如果用胤禵继位的话阻力会很小,所以,胤禵才是康熙心中的接班人。

在康熙心中确定胤禵为接班人的同时,康熙的身体也每况愈下,是年二月初六,满汉官员来请安,康熙回复说:"若谓身安,则羸瘦已甚,仅存皮骨,未觉全复。足痛虽较前稍愈,步履尚难。近方阅理政务,一时难于清楚。因虑壅积渐多,心悸不安,更痛皇太后大事(指皇太后去世)。适值朕躬抱病,未尽朕心。而一二不法匪类,曾经治罪免死之徒,探知朕疾,伙同结党,谋欲放出二阿哥。观此,则乱臣贼子,尚不乏人。每思此等事,食且不能下咽,何由万安?"

九王夺嫡至此,胤礽的政治生涯彻底不可能恢复,而胤禔、胤禩也早就被康熙否决,胤禟、胤䄉从来没被康熙看上过,胤祉也不太行,胤禛和胤禵是康熙最看得上眼的,到目前为止,只有一个人我们没交代过,那就是皇十三子胤祥。

胤祥"生秉粹质,至性过人",童真无瑕,对康熙十分崇拜,"尝随行,以稚弱未能前视,圣祖过,循履迹伏地嗅之,其孺慕诚切如此"。康熙六次南巡,他参加四次,成为跟随次数最多的皇子。他对于治水也很擅长,多次跟康熙巡视永定河等河道工程。胤祥精于骑射,一次出巡狩猎,一头猛虎突然呼啸而出,胤祥"神色不动,手利刃刺之"。胤祥能文能武,也擅长诗文书画,他的诗清新淡雅,如《奉和兄雍亲王山居偶成元韵》："莲漏无声鸟不哗，山居习静味偏赊。闲寻别院新栽竹，坐数前溪未放花。小瓴日高松影直，方塘风过水纹斜。太平盛世身多暇，著屐携筇踏浅沙。"

《奉和兄雍亲王春园读书元韵》："紫燕穿帘西复东，一庭柳絮扬春风。书开缃帙迎新绿，砚试端溪点落红。雨霁霞光明户牖，日斜香篆出房栊。分阴珍重攻文史，益信前贤蕴不穷。"

这两首诗都是胤祥写给胤禛的，他是皇子中胤禛唯一的真朋友，胤禛和胤祥早年的关系，虽然没有太多史料可寻，但通过胤禛在胤祥去世后所写祭文也可见端倪，"忆昔幼龄，趋侍庭闱，晨夕聚处。比长，遵奉皇考之命，授弟算学，日事讨论"，每逢塞外扈从，兄弟俩"形影相依"。胤祥的数学是胤禛教的，由此可见胤禛的数学也是不错的。

这样的才能使得胤祥不可能不卷入政治斗争，康熙四十七年（1708）第一次废太子胤礽后，康熙将胤禔、胤祥、胤礽一同圈禁。究竟胤祥为何会被圈禁，翻遍《清圣祖仁皇帝实录》《康熙起居注》及其他野史，也没找到资料，但可以肯定的是，胤祥一定是为了保护胤禛，把罪责都揽到自己身上，以不让康熙怀疑胤禛，才倒霉的。康熙四十八年（1709）复立胤礽为皇太子后，康熙加封了胤祉、胤禛、胤祺、胤祐、胤禩、胤禟、胤䄉、胤祯，除了已经被康熙彻底否决的胤禔和胤礽外，康熙就差胤祥没有加封。之所以如此，因为其他皇子在让康熙发怒后纷纷服软，见风使舵，只有胤祥始终不认错，于是就一直被圈禁，从康熙四十七年被圈禁到康熙六十一年，从22岁被圈禁到36岁。胤祥在监狱里不知道胤禛会有登上九五之尊的那一天，也不知道自己这份苦难何时是个头儿，22 岁到 36 岁是一个男人的黄金时期，就这样毁了，所以胤祥在胤禛继位后便拼尽全力去做事，直到 8 年后积劳成疾而去世。当然，这是后话。

第二十五章

真凶是谁：14 条铁证揭秘康熙死亡之谜

　　康熙六十一年十一月十六日（1722 年 12 月 23 日）紫禁城乾清宫内，大行皇帝的灵堂布置得庄严肃穆，正中的宝床上安放着溢彩鎏金的梓宫，四周有喇嘛敬缮的藏文字，梓宫后面是一大块黄龙幔帐，两旁是白绫帷幔。梓宫的前面设有铺着黄锻绣龙褥子的花梨木宝榻，在宝榻前陈设着一个放有银香鼎、烛台的供案，供案前一字排开三个花梨木香几，香几上面摆着博山炉、香盒、莲花瓶。乾清门外，绣龙锦缎的引幡迎风飘抖，康熙大帝的法驾卤簿从乾清门一直排列到太和门。凛冽的北风中，除了数不尽的白练猎猎作响外，整个紫禁城死一般的寂静。随着鸣赞官的一声哀鸣，颁发康熙大帝遗诏的典礼开始了。

　　康熙早在去世五年前就已经发布遗诏，把自己想说的提前说了。中国历朝历代皇帝的遗诏都是条理清晰，逻辑严密，压根不像弥留之际的人写的，原因很简单，那些遗诏压根不是皇帝本人写的，而是继位者站在自己的立场上所写。遗诏发布五年后，终于用上了，在康熙六十一年十一月十六日的颁发遗诏大典中，遗诏由大学士马齐捧出中门，礼部堂官跪接后放入木雕的云盘内，从中路出午门，直至天安门下。此时的天安门外一片素装，到处都是白幡，亲王以下文武百官一律摘缨截发，率领着身穿缟素的军民百姓代表匍匐在金水桥外。礼部堂官捧着遗诏登上天安门，走到有黄罗伞盖的宣诏台下，然后下跪，将遗诏跪着递给宣诏官。

依照大清祖制，宣诏官应该先宣读满文遗诏，然后宣读汉文遗诏，可是他宣读了满文遗诏后，却没有宣读汉文遗诏，而是直接把遗诏放在一个木雕的金凤嘴上，用黄绒绳从城楼正中系下，由下面托着云盘的官员跪接，这叫作"朵云接诏"，表示诏书从天而降，代表着天意。接着，礼部官员再把遗诏放到一个精致的"龙亭"内，由銮仪卫校尉抬出大清门恭送礼部，在礼部由翰林院学士抄写多份后，分送全国各省，一个省一份，此外也将其颁给朝鲜、越南、琉球，这几个大清最忠实的拥趸。

由于没宣读汉文遗诏，御史汤保等人站出来指责为何不读汉文遗诏，胤禛打了个马虎眼，含糊回复了几句，但也无法给出令人信服的解释。

转天胤禛才颁布汉文遗诏，此遗诏在康熙五十六年（1717）康熙自己颁布的遗诏基础上删节，加上开头，"惟我国家，受天绥祐，圣祖神宗，世祖皇帝统一疆隅，我皇考大行皇帝……"，最后加上一段让胤禛继位的内容："朕之子孙，百有余人，朕年已七十，诸王大臣官员军民以及蒙古人等，无不爱惜朕年迈之人。今虽以寿终，朕亦愉悦。至太祖皇帝之子礼亲王、饶余王之子孙，见今俱各安全。朕身后，尔等若能协心保全，朕亦欣然安逝。雍亲王皇四子胤禛人品贵重，深肖朕躬，必能克承大统，著继朕登基，即皇帝位。"这份汉文遗诏现在存放在中国第一历史档案馆，其中有四处涂抹、一个错字，此外遗诏一开头就穿帮了，遗诏开头为"惟我国家，受天绥祐，圣祖神宗，世祖皇帝统一疆隅，我皇考大行皇帝……"，康熙活着的时候怎么知道自己会谥号"圣祖"呢？由此可见，这封遗诏中后来加上的开头结尾绝非康熙本人的意思，那么真相究竟如何呢？让我们回溯一下康熙去世前最后四年的故事。

康熙五十七年（1718）五月二十八日，李光地去世，享年77岁。康熙说自己和李光地"义虽君臣，情同朋友"，"大臣中每事为我家万世计者，惟此一老臣耳！""知之（李光地）最真无有如朕者，知朕者也无有过于李光地者。"至此，康熙初年之重臣凋零殆尽。

虽然西藏已经被平定，但是策妄阿拉布坦依旧控制着新疆伊犁为核心的区域，康熙六十年（1721）九月他派兵进犯吐鲁番，康熙令胤祯准备对策妄阿拉布坦的最后一击，一定要夺取新疆全境，彻底剿灭准噶尔部。十月初五，胤祯以事关重大，必须面见康熙再商议上奏，康熙同意了，于是胤祯于十月二十日启程，十一月二十六日到京。其实胤祯压根不是想向康熙求关于剿灭准噶尔部的指示，他只是因为自己在外待得太久，不放心北京政局和康熙的身体，所以急于回来。而康熙其实对自己的身体还是比较自信的，虽然此前生过大病，但现在已经恢复差不多了，一时半会儿死不了。康熙六十一年（1722）四月十五日，康熙派胤祯回到前线，康熙想等到彻底剿灭准噶尔部时以此奇功来立胤祯为皇太子。对此胤祯没说什么，而胤禵却大为失望，他说："皇父明是不要十四阿哥成功，恐怕成功后难于安顿他。"

胤禵出征时的待遇在有清一朝空前绝后，康熙赋诗道："去年藏里凯歌回，丹陛今朝宴赏陪。万里辛勤瞬息过，欢声载道似春雷。"如果康熙不是想让胤禵接班，怎么可能给他"欢声载道似春雷"的场面？

胤禵出征这天，康熙当着另外 11 个皇子（包括胤禛）的面，与胤禵拥抱，并钦赐玉玺给他。随后胤禵率军出征与准噶尔部作战，胤禛却被派去沈阳扫墓，前者轰轰烈烈，后者冷冷清清，康熙想让谁接班，已经是一目了然了。胤禵出师这天，康熙满怀殷切的期望，希望西北的刺目阳光可以磨炼出胤禵识人的火眼金睛，希望雪域高山的寒风刺骨可以锻炼出胤禵的强健体魄，希望战场上的血肉搏杀可以历练出胤禵的强硬性格，然而康熙没有想到，这次已成为永别。

胤禛明白，康熙是要把胤禵当作接班人了，自己该怎么办？等待？像胤禔那样仰望星空乌飞兔走，一年一度遥知墙角红花落地，嫩叶飘香，不知何时是尽头？还是索性放手一搏，破釜沉舟？如果说继续等待，原地踏步，最后结果一定是准噶尔部被剿灭，胤禵接班，如果破釜沉舟，那么风险太大。就在胤禛犹豫徘徊的时候，康熙六十一年（1722）十一月初七，康熙得了风寒，从南苑返回畅春园，消息传到胤禛那。胤禛想，我该怎么办？继续等待？还是……说不定也能变生不测，赢来转机，无论如何不能再犹豫。

十一月初九，"上因圣躬不豫，十五日南郊大祀，特命皇四子和硕雍亲王胤禛恭代。皇四子胤禛以圣躬违和，恳求侍奉左右。上谕曰：'郊祀上帝，朕躬不能亲往，特命尔恭代，斋戒大典，必须诚敬严恪，尔为朕虔诚展祀可也。'"

十一月初十，"皇四子胤禛三次遣护卫、太监等至畅春园，候请圣安。上传谕：'朕体稍愈。'"

十一月十一日，"皇四子胤禛遣护卫、太监等至畅春园，候请圣安。上传谕：'朕体稍愈。'"

十一月十二日，"皇四子胤禛遣护卫、太监等至畅春园，候请圣安。上传谕：'朕体稍愈。'"

以上记载出自《清圣祖仁皇帝实录》卷三百，这说明什么？胤禛坐不住了。

十一月十三日，凌晨二三点，康熙病重，"命趣召皇四子胤禛于斋所。谕令'速至，南郊祀典著派公吴尔占恭代'。"

寅刻（凌晨三点到五点），康熙"召皇三子诚亲王胤祉、皇七子淳郡王胤祐、皇八子贝勒胤禩、皇九子贝子胤禟、皇十子敦郡王胤䄉、皇十二子贝子胤祹、皇十三子胤祥、理藩院尚书隆科多至御榻前。谕曰：'皇四子胤禛人品贵重，深肖朕躬，必能克承大统，著继朕登基，即皇帝位。'皇四子胤禛闻召驰至。巳刻①，（胤禛）趋进寝宫，上告以病势日臻之故。是日，皇四子胤禛三次进见问安。戌刻②上崩于寝宫。"这是《清圣祖仁皇帝实录》对康熙去世这天的全部记载。

康熙去世当晚，胤禛命胤祐守卫畅春园，皇十三子胤祥护送康熙的遗体放在康熙的銮舆里，先不发丧，从畅春园回到乾清宫，皇十六子胤禄肃清宫禁，胤禛则在隆科多的护卫下先行回到皇宫，在皇宫门口迎接康熙的梓宫。

---

① 上午9点至11点。
② 19点至21点。

十一月十四日，胤禛任命胤禩、胤祥、隆科多、马齐为总理事务大臣，召胤禵从西北前线回京，派自己的嫡系延信去代理胤禵的大将军职务，与年羹尧管理西北军务。此外胤禛还下令关闭京城九门（正阳门、崇文门、宣武门、安定门、德胜门、东直门、西直门、朝阳门、阜成门）。

十一月十六日，胤禛颁布康熙遗诏，这就是本文开篇的场景。

十一月十九日，胤禛继位，并告祭天地、太庙、社稷，是日京城九门开禁。

十一月二十日，胤禛宣布改年号为雍正，明年起为雍正元年。

除《清圣祖仁皇帝实录》外，以下是几种关于康熙之死的一手资料记载。康熙去世后，胤禵从西北火速回京，他问延信关于康熙去世的情况，延信说："这天（十一月初六）（康熙）见到奴才，面询仓务，我等好久方散。奴才看得（康熙）气稍衰弱，颜面亦瘦些。翌日（十一月初七），奴才就回畅春园住了。我等八旗大臣相约后，初旬日又去，（康熙）给奴才致意，诏旨曰：'尔等不要再来。'自此，我们没有再去，十四日，方闻此事。"

萧奭《永宪录》："戊子（十一月初七），上由南苑复幸畅春苑。己丑（十一月初八），上不豫，传旨：'偶冒风寒，本日即透汗，自初十至十五日静养斋戒，一应奏章，不必启奏。'乙未（十一月十四）午刻，传大行皇帝遗诏：'皇四子雍亲王为人贵重，事朕以孝，政事皆好，堪膺大任。'"

雍正元年九月十六日（1723 年 10 月 14 日），捷克籍传教士严嘉乐（KarelSlavíek）从南昌寄给本国友人的一封信中写道："1722年12月初皇帝又外出打猎，12月13日（康熙六十一年十一月初六日）晚8时许忽然刮起冰冷的北风，使皇帝感到严寒彻骨，体力不支，他被移送进夏宫。12月20日（康熙六十一年十一月十三日）他的统治、他的打猎取乐以及他的生命都结束了，死前他没有召见一个欧洲人来为他做洗礼，送他进天国。他在临终之前宣布他的第四个皇子继承皇位。"（捷克严嘉乐著，丛林、李梅译《中国来信》）

意大利传教士马国贤在《清廷十三年》中记载："1722年初，我被指定担任皇帝的钟表匠安吉洛神甫的翻译和指导。我们全天都在京城内务府钟表处工作，这里距离我们在畅春园的住地，有两个多小时路程。所以，有关官员命令我们，在法国（籍）或葡萄牙（籍）耶稣会士的居所下榻……在这期间，正在历代乡间御苑——海子的陛下，突然感染炎症。由于气候不同，这种病在中国北方并不像在意大利南方那样流行……由于患病，皇帝返回被称为海淀的畅春园。一两天后，欧洲人（传教士）来到这里，对皇帝的健康状况表示问候……1722年12月20日，在我们居住的国舅（佟国维）别墅中吃过晚餐，我正与安吉洛神甫聊天。突然，仿佛是从畅春园内，传来阵阵嘈杂声音，低沉混乱，不同寻常。基于对国情民风的了解，我立即锁上房门，告诉同伴：出现这种情况，或是皇帝死了，否则便是京城发生了叛乱。为了摸清叛乱的原因，我登上住所墙头，只见一条通衢蜿蜒墙下。我惊讶地看到，无数骑兵在往四面八方狂奔，相互之间并不说话。观察一段时间后，我终于听到步行的人们说，康熙皇帝死了。我随后被告知，当御医们宣布无法救治时,他指定第四子雍正作为继承人。雍正立即实施统治,人们无不服从。这位新帝首先关心的事情之一,是给他死去的父亲穿衣。当夜,他骑马而行,兄弟、孩子及戚属们跟随着,在无数佩戴出鞘利剑的士兵护卫下,将其父亲的尸体运回紫禁城。""(康熙)驾崩之夕,号呼之声,不安之状,即无鸩毒之事,亦必突然大变。"

吴晗《朝鲜李朝实录中的中国史料》下编卷七:"康熙皇帝在畅春园病剧,知其不能起,召阁老马齐言曰:'第四子雍亲王胤禛最贤,我死后立为嗣皇。胤禛第二子(此指弘历,实为皇四子)有英雄气象,必封为太子。'仍以为君不易之道,平治天下之要,训诫胤禛。解脱其头像所挂念珠与胤禛曰:'此乃顺治皇帝临终时赠朕之物,今我赠尔,有意存焉,尔其知之。'又曰:'废太子、皇长子性行不顺,依前拘囚,丰其衣食,以终其身。废太子第二子朕所钟爱,其特封为亲王。'言讫而逝。"

胤禛《大义觉迷录》:"康熙六十一年十一月冬至之前,朕奉皇考之命,代祀南郊。时皇考圣躬不豫,静摄于畅春园。朕请侍奉左右,皇考以南郊大典应于斋所虔诚斋戒。朕遵旨于斋所致斋。至十三日,皇考召朕于斋所。朕未至畅春园之先,皇考命诚亲王允祉(胤禛继位后为了避胤禛的名讳,兄弟们都要改名,'胤'字都改为'允'字)、淳亲王允祐、阿其那(胤禩)、塞思黑(胤禟)、允䄉、公允裪、怡亲王允祥、原任理藩院尚书隆科多至御榻前,谕曰:'皇四子人品贵重,深肖朕躬,必能克承大统,著继朕即皇帝位。'是时惟恒亲王允祺以冬至命往孝东陵行礼,未在京师。庄亲王允禄、果亲王允礼、贝勒允裪、贝子允祎，俱在寝宫外祗候。及朕驰至问安，皇考告以症候日增之故，朕含泪劝慰。其夜戌时龙驭上宾。朕哀痛号呼，实不欲生。隆科多乃述皇考遗诏，朕闻之惊恸，昏仆于地。诚亲王等向朕叩首，劝朕节哀，朕始强起办理大事。"

以上是关于康熙驾崩的一系列一手资料，下面让我们来梳理一下康熙之死的疑点。

1. 根据《清圣祖仁皇帝实录》的记载，我们把寅刻定位为 4 点（因为如果是 5 点的话就会记载为卯刻），康熙是凌晨 4 点派人从畅春园给在天坛斋宫的胤禛送信，此时康熙病重，畅春园至天坛不超过 20 公里，4 点多出发的信使最迟 6 点也能到胤禛处。胤禛肯定应该十万火急地从天坛出发赶赴畅春园，那么最迟 8 点胤禛就应该来到畅春园，可是他却在 12 点左右才赶到，这 4 个小时他干什么去了？

2. 根据《清圣祖仁皇帝实录》的记载，胤祥自从康熙四十七年起就被圈禁，没有任何记载表明康熙将胤祥放出来了，为什么胤祥在康熙死前出现。显然，是胤禛将自己的死党胤祥放出，康熙死前身边有自己的人在，也好为自己今后的说辞来做见证。

3. 延信的话、《永宪录》、捷克传教士的信、朝鲜史料都写康熙是正常死亡或没写出什么，只有马国贤说康熙之死有问题。这就需要我们再往前看，康熙自从废太子胤礽后身体一直不好，直到康熙五十七年二月六日（见前文），《清圣祖仁皇帝实录》里关于康熙身体不好的记载就没停过，然而自从康熙五十七年二月六日以后，再也找不到康熙身体不好或患病的记载，康熙自己都说"朕体安善，气色亦好"，曾经因为中风而脚肿得走不了路的康熙反倒能骑马打猎了。《清圣祖仁皇帝实录》卷二百八十五记载，康熙五十八年（1719）八月十九日在打猎后这样统计自己一生的战果："朕自幼至老，凡用鸟枪、弓矢，获虎一百三十五，熊二十，豹二十五，猞猁狲十，麋鹿十四，狼九十六，野猪一百三十二，哨获之鹿凡数百。其余射获诸兽，不胜计矣。又于一日内，射兔三百一十八。"之所以如此是因为一直让康熙放心不下的两件事都有了着落：一是太子问题，康熙已经心中有数，确定了胤禛；二是西藏问题，也因为胤禛的给力而解决。至于最后解决准噶尔部只是时间问题了，长期的心病解决，身体之病自然逐渐康复。

除了经常打猎来锻炼身体外，康熙是非常懂养生的，他曾说："服补药没好处，药性对心脏好的对脾脏不好，对肺好的对肾不好，好服补药的人就像喜欢别人逢迎的人，天下岂有喜欢逢迎而能受益的吗？所以朕从不服补药。"

康熙不喜欢喝白酒，但是喜欢喝葡萄酒，康熙四十八年（1709）正月十五，康熙曾对传教士说："前者朕体违和，伊等跪奏，西洋之品葡萄酒，乃大补之物，高年饮此，如婴儿服人乳之力，谆谆泣谏，求朕进此，必然有益。朕鉴其诚，即准所奏，每日进葡萄酒几次，甚觉有益，饮膳亦加。今每日竟进数次，朕体已经大安。"

康熙每天吃两顿饭，他自己说："朕每日进膳二次，此外不食别物。"清朝一直到宣统，皇帝都是每天两顿饭，这与满人的传统有关。满族男人早先在东北时每天吃早饭后上山，或打猎或挖人参，晚上回家吃饭，所以每天吃两顿。康熙很喜欢吃蔬菜水果，他喜欢吃黄瓜、萝卜、茄子，康熙在《庭训格言》说："朕每岁巡行临幸处，居人各进本地所产菜蔬，常喜食之。高年人饮食宜淡薄，每兼菜食之则少病，于身有益。所以农夫身体强壮，至老犹健者，皆此故也。"

总之，一直重视养生、心态良好、身体底子很好的康熙在身体逐渐康复的过程中因为一次打猎而感染风寒丧命，显然是不太能说得通的。康熙在第一次废太子后六天六夜没睡着觉，他都没猝死，此后多次打击都没猝死，曾经中风瘫痪的人都康复得能上马打猎四年了，现在却一下子因为风寒而死，可能吗？

4. 康熙人生的最后一天与胤禛见了三面，然而胤禛却没有一次说请太医来给康熙看病的，这很可能意味着在胤禛眼里康熙的病压根没必要治，借此机会将其致死就完了。十一月初九，康熙身体不适，让胤禛离开自己去祭祀，此时康熙很可能已经察觉出胤禛的问题，而胤禛不愿离开康熙，反倒在此后三天里先后五次派侍卫、太监到畅春园去给康熙"请安"，而事实上，很可能胤禛借此机会派人将康熙控制起来。根据记载，康熙人生的最后几天身边没有任何大臣、后妃陪伴，直到十一月十三日他才召隆科多和几位皇子过来，在此期间康熙身边的人都是胤禛派来的护卫和太监，准确地说这些人从第一次派来后就没走，之后四次很可能是胤禛先后又派来四拨人，以彻底把康熙控制起来。

5. 康熙驾崩后，胤禛在《大义觉迷录》中说康熙驾崩时隆科多在康熙身边，然而日后胤禛将隆科多逮捕，隆科多被处决前，自称先帝驾崩时不在御床前，那些阿哥们也不在御床前。人之将死，按理说不会说假话。隆科多这么说是什么意思，分明是在说康熙之死有天大阴谋，各位皇子不在身边，隆科多也不在身边，那就意味着只有胤禛在康熙身边。隆科多只是护军统领、理藩院尚书。按照大清帝国中央官员排名的话，按顺序应该是保和殿大学士、文华殿大学士、武英殿大学士、文渊阁大学士、东阁大学士、体仁阁大学士，但六个大学士通常只有四个人在任，空缺两个，保和殿大学士一般空缺，此外还有一个会空缺，大学士宁缺毋滥。前四名之后是领侍卫内大臣、掌銮仪卫事大臣，而后是六部尚书，再然后才是理藩院尚书、九门提督。换句话说，隆科多在大清群臣中排名只能排第13 名，然而他却在康熙临终时在康熙身边，比他排名更靠前的12 个人都没来，这又说明什么？

6. 胤禛继位后曾静在供词中说:"圣祖皇帝畅春园病重，皇上（胤禛）进一碗人参汤，圣祖就驾崩了。"康熙一直是很讨厌喝人参汤的。《关于江宁织造曹家档案史料》记载，康熙五十一年（1712）他曾针对曹寅得病批示:"南方庸医，每每用补剂，而伤人者不计其数，须要小心。曹寅原肯吃人参，今得此病，亦是人参中来的。"《康熙起居注》记载康熙五十七年（1718）时他曾说:"南人最好服药服参，北人于参不合，朕从前不轻用药，恐与病不投。"由此可见，康熙是不会喝人参汤的，那么康熙临终这天为什么喝下了胤禛进的人参汤，答案只有一个，胤禛是把人参汤给康熙强灌下去的。那么康熙为什么喝下人参汤后就去世了呢？答案显然不言自明。已经被胤禛、隆科多控制起来的康熙，此时莫说是人参汤，就是硫酸也能被胤禛灌下去。好好的康熙皇帝喝下一碗人参汤后就变成

"合天弘运文武睿哲恭俭宽裕孝敬诚信功德大成仁皇帝"了。

7. 在位期间，胤禛没有居住在康熙生前所住的畅春园，而是营建了圆明园。康熙生前上朝都在乾清宫，而胤禛则把上朝的地方都改在了养心殿。胤禛连为自己建造坟墓都离开了康熙所在的清东陵，而是在易县建立了清西陵。为什么这样？胤禛一向迷信，他这么做就是因为父亲之死与他有关，他心里有鬼，才不敢生前住在父亲的寝宫，死后跟父亲葬在一起。

8. 康熙去世当晚，为什么胤禛先不发丧，而是像其父活着时一样正常回到乾清宫？

9. 为什么胤禛从十一月十四日到十九日关闭京城九门六天？这六天他干了什么？在北京的朝鲜使臣觉得胤禛此举大有文章。

10. 胤禛继位后该做的事千头万绪，然而他做的前两件事却分别是杀康熙身边的太监和收缴康熙的御批。胤禛继位后，马上下令诛杀康熙晚年的贴身太监魏珠、梁九功、赵昌等人，这些跟着康熙几十年的老太监，如果不是知道了胤禛不可告人的秘密，怎么可能被杀呢？

11. 胤禛下令，凡是康熙的谕旨和朱批，不论在谁手里，统统上缴，不许私抄留存，否则严惩不贷。他说："若抄写留存，隐匿焚毁，日后发觉，断不宽宥，定行从重治罪。"尤其是对于胤禵手里的康熙批示，胤禛最为重视，他派自己的死党延信火速赶往甘州（甘肃张掖），此处为河西走廊要害，守住此处就能守住胤禵从新疆吐鲁番回来的通路。胤禛写给延信的密谕是："抵达后，将大将军王（胤禵）所有奏折，所有朱批谕旨及伊之家信全部收缴封固后奉送。如果将军要亲自带来，你从速要开列缘由，在伊家信带至京城前密奏。你若手软疏怠，使伊得意检阅奏文后并不全部交来，朕就生你的气了！若在路上遇见大将军，勿将此谕稍有泄露。"胤禛之所以如此重视胤禵手里的康熙御批，就是因为他知道康熙打算立胤禵为皇太子，只是没有公开，万一胤禵手里有康熙的这种立自己为太子的批示，抢先一步拿出来，胤禛就不好办了。当然，对此胤禛冠冕堂皇地解释道："皇父诸旨今若不收，不肖之徒有皇父谕旨，妄行指称，为生事证据。"

12. 列了这么多资料记载，有人会问，前面多次引用《康熙起居注》，康熙驾崩这天的起居注记载呢？中国最早的起居注是汉朝汉武帝时的《禁中起居注》，历朝历代都有起居注，但清朝以前保存下来的起居注只有唐朝温大雅的《大唐创业起居注》和明朝《万历起居注》《泰昌起居注》《天启起居注》。清朝努尔哈赤时期压根儿没有起居注，皇太极和顺治时期起居注的撰写断断续续，康熙十年（1671）康熙下令设起居注馆，开始每天记录皇帝言行。起居注的记载规矩是皇帝不能看，到了九王夺嫡时期康熙对皇帝不能看起居注的规定很不满意，干脆废掉了起居注馆，直到雍正元年（1723）被雍正恢复，因此康熙驾崩时压根儿没有起居注馆的记载。值得一提的是，所有的清代起居注中，以康熙朝内容最为丰富，史料价值最高。因为康熙帝最重视御门听政，几乎每天都御乾清门听取各部院大臣奏事或与内阁大臣商决朝政，其间君臣奏对问答、不同意见的争论、重要公文的处理等等，都记载在起居注里。而雍正朝以后，皇帝召集军机大臣等在内廷商决国务之制，逐渐取代了御门听政之制，而起居注官不得进入内廷侍值，其记注内容大受限制，只能以摘抄谕旨、奏疏内容为主，其史料价值遂难以与康熙起居注相比拟。

13. 《朝鲜李朝实录中的中国史料》说康熙因为中意胤禛的儿子弘历，所以立胤禛为接班人。这种喜欢孙子而定儿子的事的确有先例，明成祖朱棣立朱高炽为太子后，想把他换掉，可是解缙说朱高炽的儿子朱瞻基有才略，为了让这个好皇孙接班所以现在不能动朱高炽，这一点打动了朱棣，后来历史果然是朱高炽、朱瞻基先后当皇帝。而此事放在康熙身上不成立，以康熙之雄才大略，深谋远虑，不可能选这种毫无把握的隔代定接班人的方法，他是在选皇子，而不是在选皇孙，到死时连太子的选择还毫无头绪呢，怎么可能由皇孙来逆推太子呢？

14. 1983年、1984年时国家卫生部组织病理专家会同档案专家、清史学者合力查找康熙去世从感到身体不适到去世这七天的脉案，却一无所获。按理说清朝档案保存得非常完好，康熙此前因为废太子问题而严重不适的档案记载比比皆是，为什么驾崩这么重大的问题却没有档案留存呢？很显然档案被销毁了。此外这七天时间也没有任何御医来给康熙看病的记载，相反，留下的记载却是康熙任命皇十二子胤祹为满洲镶黄旗都统，吴尔占为满洲正白旗都统，去天坛警戒，并派胤禛去天坛祭天，且再三谕令胤禛态度要虔诚。这说明了什么？难道不是一向谨慎的康熙察觉出了胤禛可能有异动，从而让吴尔占监视他？

综上，我们可以把康熙去世这天发生的事情来复盘。十一月十三日凌晨康熙鉴于胤禛这几天举动反常，决定立胤禛为皇太子，火速召胤禛回京，并召皇三子诚亲王胤祉、皇七子淳郡王胤祐、皇八子贝勒胤禩、皇九子贝子胤禟、皇十子敦郡王胤䄉、皇十二子贝子胤祹前来为自己立胤禛为皇太子的事做见证，但是实际控制北京城防的胤禛死党隆科多也不请自来，他还按照胤禛的旨意把胤禛的死党胤祥放出来，一起来到康熙身边。而后隆科多利用自己掌握的军队把这几个皇子都控制起来，并火速通知胤禛，康熙已经对自己产生怀疑。

从 6 点到 10 点这四个小时，胤禛调动了北京城的军队，控制了局势，此外他还联系自己早已搞定的北京城外丰台大营的军队，让他们效忠于自己，于是北京内外的军队已经都由胤禛来控制了。电视剧《雍正王朝》说胤禛控制的是丰台大营和西山健锐营，但事实上西山健锐营是在乾隆十四年（1749）才组建，所以此时不可能有。

搞定军队后，胤禛才赶到康熙所在的畅春园，十一月十三日第一次来见已经被隆科多控制起来的康熙，让他立自己为太子，康熙不干。而后胤禛第二次进来让康熙立自己为太子，康熙依然拒绝，为防止夜长梦多，胤禛第三次进来时给了康熙一碗人参汤，康熙喝完后就"龙驭宾天"了。在胤禛第二次和第三次进出之间，胤禛赶紧让人草拟立自己为接班人的遗诏，而后在康熙去世后宣读。由于胤禛和隆科多的军队布满北京城外，其他皇子面对这个既成事实也只能默认，所以他们并没有做出什么不配合的举动，毕竟，没有军队，什么都干不成。这些皇子胤禛暂时不能拿他们怎么办，而康熙身边的贴身太监魏珠、梁九功、赵昌等人则完全见证了胤禛的篡位行径，所以胤禛火速将他们全部杀死。

杀死这些太监后，见证自己阴谋的就只有皇三子胤祉、皇七子胤祐、皇八子胤禩、皇九子胤禟、皇十子胤䄉、皇十二子胤祹、皇十三子胤祥和隆科多了。胤祥和隆科多是自己人，没关系，胤祐和胤祹本来也一直没参与夺嫡，很容易被胤禛收买，胤祉、胤禩、胤禟、胤䄉先后被胤禛囚禁，他们的结局除胤䄉外都是死于禁所。而隆科多最后也被胤禛关押死于禁所。杀人灭口完毕，如此，再没有人知道胤禛的阴谋了。

有人以胤禛的生母乌雅氏在得知胤禛继位后说"钦命予子缵承大统，实非梦想所期"来说胤禛继位的合法性，而事实上这点根本靠不住。乌雅氏本来就是无足轻重的局外人，胤禛小时候就和乌雅氏分离，乌雅氏没有怎么抚养过胤禛，二人母子情很淡薄，所以胤禛继位半年后乌雅氏就郁郁寡欢而死，胤禛封锁消息还来不及，怎么可能把自己继位的真相告诉乌雅氏呢？

最后再谈两点。

1. 隆科多的问题。隆科多曾说："白帝城受命之日，即死期已至之时。"如果说隆科多是康熙临终类似刘备白帝托孤的诸葛亮那样的臣子，那么隆科多的价值不在于为胤禛立功，而在于他是胤禛合法继位的见证人。这样的人一不可能居功自傲，二也没必要受到胤禛重用，三胤禛更不可能寻找理由把他灭口。由此可见，隆科多压根儿不是胤禛合法继位的见证人，也不是康熙的白帝托孤之臣，他是胤禛篡位的见证人，是胤禛篡位的主谋者。因此他意识到自己"死期已至"。这样才能讲得通。

2. 许多书说雍正把传位诏书中的"传位十四子胤禛"改成"传位于四子胤禛"，其实这种说法站不住脚，因为：第一,清朝重要诏书都是用满汉两种语言书写,汉语能把"十"改成"于",但满语根本改不了;第二,清朝的规矩,诏书里出现皇子一定是写成"皇四子""皇十四子",所以诏书里如果要改也是把"传位皇十四子"改为"传位皇四子",那就是需要抹掉一个"十"字,这太明显了,肯定不可能;第三,清代不像现在,"於"就是"于",那时传位后面的字应该是"於",所以根本改不了。由此,说胤禛改诏书改一个字儿继位的说法不成立,整个诏书都是他根据康熙此前的遗诏炮制的,不可能只改一个字。

故事到这还没完,康熙去世后葬在景陵,他去世 206 年后,1928 年孙殿英挖掘乾隆的裕陵和慈禧的陵墓时也盯上了康熙的景陵,正要动手,不料景陵下面的沟中流出黄水,顷刻地上已积水二尺余,孙殿英也有些虚,便没再动手。1933 年日本人在扶植溥仪"满洲国"后,派兵保护清东陵。1945 年 8 月 15 日日本投降后,守卫清东陵的部队星散,土匪王绍义率部一千多人盗掘康熙的景陵(此贼在 1928 年孙殿英挖清东陵时也要干一票,被孙殿英打跑),挖掘时,四周流水不止,王绍义指挥一批流氓费了九牛二虎之力用炸药炸开了地宫。地宫里面污水很深,最终王绍义在一名资深盗墓贼的指点下,扎起木筏,顺水划入棺椁前,用大斧子将棺椁劈开,将大量珍宝盗出。康熙最后也没能安然长眠地下。

外一篇

李约瑟难题：顺康时期科技史

　　在大家的普遍印象中，中国科技到明朝中后期就走向停滞，清初顺治康熙时期，最高统治者康熙喜欢自然科学，但普罗大众缺乏科学热情，这段时间中国科学技术史一片空白，然而事实并非如此。正是在顺治康熙时期，中国人发明了世界最早的探照灯，世界第一辆自行车，此外中国最早的半自动步枪、温度计、湿度计也都是在这一时段发明的。

　　1. 中国人发明世界最早探照灯

　　孙云球于顺治五年（1648）生于苏州，根据孙云球《镜史》的记载，孙云球制作的放光镜以凹面镜放大光源，作为反光镜，使光源向一个方向反射。根据沈雨梧《清代科学家》一书的分析，这是世界最早的探照灯装置，比欧洲要早。俄罗斯奥尔洛夫《俄罗斯电工技术史话》记载，欧洲最早的探照灯是俄罗斯人库里宾 1779 年将反光镜放在光源后面制成。这比中国晚了 100 年左右。

　　除世界最早探照灯外，中国最早显微镜也是孙云球发明的。根据孙云球《镜史》记载的原理，他发明的察微镜就是复合显微镜。这是他在制造千里镜的过程中，改变了透镜的装置方法而制成。这比日本医生森岛中良（1754—1808）于 1787 年出版的《红毛杂话》所说的显微镜要早 107 年。孙云球发明的察微镜用来观看虎丘影戏洋画,一眼望去能化小为大,由浅变深。

孙云球《镜史》记载他发明了90多种镜子,有24种近视镜,此外还有火镜、端容镜、焚香镜、摄光镜、夕阳镜、显微镜、万花镜、鸳鸯镜、半镜、多面镜、幻容镜、察微镜、观象镜、佐炮镜、放光镜等。李约瑟《中国科学技术史》中考证,孙云球发明的存目镜是放大镜;万花镜是万花筒;鸳鸯镜是单眼镜,也就是没有眼镜腿的单一透镜;半镜是只有下半部分的眼镜,即半平圆形眼镜,戴眼镜的人还可以从上半部分肉眼看物体;夕阳镜就是墨镜;幻容镜就是哈哈镜;夜明镜是探照灯或暗灯。

2. 世界第一辆自行车是中国人发明的

黄履庄顺治十三年(1656)生于扬州,张潮《虞初新志》第六卷记载:"犹记其(黄履庄)解双轮小车一辆,长三尺许,约可坐一人,不烦推挽能自行。行往,以手挽轴旁曲拐,则复行如初。随往随挽,日足行八十里。"李约瑟《中国科学技术史》第二卷写道:"这种曲柄车或脚踏车或自行车,也许部分由弹簧驱动,能日行80里。"《虞初新志》是康熙二十二年(1683)出版,因此黄履庄发明自行车肯定在此之前,这是世界最早的自行车。欧洲1790年才发明自行车,当时是法国人西弗拉克研制成木制自行车,车的外形像一匹木马的脚下钉着两个车轮,两个轮子固定在一条线上。由于这辆自行车没有驱动装置和转向装置,坐垫很低,西弗拉克只能自己骑在车上,两脚着地,向后用力蹬,使车子沿着直线前进。1801年俄国农奴阿尔塔莫诺夫制造了与西弗拉克车相似的木制自行车，还骑到莫斯科向沙皇亚历山大一世献礼，为此，亚历山大一世下令取消了阿尔塔莫诺夫的农奴身份。现在常见的自行车车型是 1816 年开发出来的，那一年德国人德莱斯制造了带车把的木制两轮自行车，并申请了专利。总之，在自行车发明上，无论法国人、俄国人，还是德国人，都比中国人要晚一些。

3. 第一个中国制造的湿度计、温度计

黄履庄发明了中国最早的湿度计，根据戴榕《黄履庄小传》（收录于张潮《虞初新志》卷六）记载，这个温度计叫作验燥温器，"内有一针，能左右旋，燥则左转，湿则右转，毫发不爽，并可预证阴晴"。黄履庄发明的"验燥湿器"有一定的灵敏度，可以"预证阴晴"，这和欧洲虎克发明的轮状气压表的原理相似，验燥湿器可以说是现代湿度计的先驱。

黄履庄的另一个发明是"验冷热器"，即温度计。温度计在欧洲是 17 世纪由桑科托列斯（Sanctorius）发明的。据《虞初新志》卷六记载，黄履庄发明的温度计"能诊试虚实，分别气候，证诸药之性情，其用甚广，另有专书"。只是验冷热器的"专书"和实物都已失传，我们难以判断其具体原理和结构，估计是气体温度计之类的装置。

4. 中国最早的半自动步枪

纪晓岚《阅微草堂笔记》卷十九记载："少时见先人（戴梓）造一鸟铳，形若琵琶，凡火药铅丸皆贮于铳脊，以机轮开闭，其机有二，相衔如牝牡，扳一机则火药铅丸自落筒中，第二机随之并动，石激火出而铳发矣。计二十八发，火药铅丸乃尽，始需重贮。"这就是康熙年间戴梓发明的连珠火枪。由这一段描述可知，扣动第一机是装填弹药，第二机是发射弹药，依次再扳再射，可连续 28 次，可见这是一种连扳连射的燧发枪，一种由单装单发向多装多发、连射过渡的单兵用枪。《清史稿》卷五百零五《艺术四》直接说戴梓的发明"法与西洋机关枪合"也是有道理的。但是戴梓发明的连珠火铳绝不能与近代的机枪画等号。因为近代机枪采用撞针后装式枪机，发射弹筒式长形枪弹，依靠火药燃气的反冲力推动枪后会坐一段距离，利用枪管后坐的冲力，完成打开枪机、退出弹壳和重新装弹发射的全套动作，而戴梓的枪远远达不到这种水平。因此，称戴梓的发明为中国最早的半自动步枪是更合理的。

除以上几个发明之外，顺治康熙时期在科学技术上的确乏善可陈了，比起同时代欧洲自然科学突飞猛进、一日千里，此时的中国已经大大落后于西方。为什么长期以来在世界科技中领先的中国从 17 世纪——顺治康熙时期开始就在科学上毫无建树呢？

明末中国科技水平与西方的差距并不太大，如果没有清军入关，而是一直按照明末资本主义萌芽发展下去，中国有可能完成中国特色资本主义的发展，从而进入现代民主社会吗？

李约瑟也有过这个疑问，他在《中国科学技术史》说："中国虽然是很多东西的最早发现者和发明者，但最终征服和统治世界的却是欧洲的科学和思想。如果我的中国朋友们在智力上和我完全一样，那为什么像伽利略、托里拆利、史蒂芬逊、牛顿这样的伟大人物都是欧洲人，而不是中国人或印度人呢？为什么近代科学和科学革命只产生在欧洲呢？为什么直到中世纪中国还比欧洲先进，后来却会让欧洲人着了先鞭呢？怎么会产生这样的转变呢？"这就是著名的"李约瑟难题"。

托克维尔在《论美国的民主》中给出了他的答案，他说："300年前欧洲人初到中国时，他们看到中国的几乎一切工艺均已达到一定完善阶段，并为此感到惊讶，认为再也没有别的国家比它先进。不久以后，他们才发现中国人的一些高级知识已经失传，只留下一点残迹。这个国家的实业发达，大部分科学方法还保留下来，但是科学本身已不复存在。这说明这个民族的精神已陷入罕见的停滞状态。中国人只跟着祖先的足迹前进，而忘记了曾经引导他们祖先前进的原理。他们还沿用祖传的科学公式，而不究其真髓。他们还是用着过去的生产工具，而不再设法改进和改革这些工具。因此，中国人未能进行任何变革……中国人的知识源泉已经几乎干涸。"

对此，李约瑟自己给出的答案是："欧洲宗教改革，文艺复兴，成立民族国家，实行资本主义，科学技术的发展是一套行动，一有都有。""中国之经济制度，迥不同于欧洲。继封建制度之后者为亚洲之官僚制度或官僚封建制度，而不为资本主义……大商人之未尝产生，此科学之所以不发达也。"

李约瑟给出的答案很不完全，科学与民主是现代社会双璧，我觉得之所以中国无法自发产生现代科学，有以下几个原因。

1. 皇权专制体制本身的反科学性。在科学面前，专制体制的神秘性和合法性就被解构。专制本身是扭曲自然、反科学、借助鬼神蒙蔽大众的结果。英国学者伯特兰·罗素认为，中国教育造就了稳定和艺术，却不能产生精神和科学，而没有科学就没有民主。费正清在《美国与中国》中说："导致中国落后的一个原因恰恰就是中国文明在近代已经取得的成就本身""科学未能发展,同中国没有出现一个更完善的逻辑系统有关"。

2. 过剩人口使得人们不需要高科技,因为只有在人少时才需要科学技术的改进来把人力转化为物力,而本来人就很多的古代中国如果科学技术再取代人力,就会有更多人失业,使社会动荡。中国传统农业的精耕细作使机器和规模生产失去可能,并因此形成中国式价值观:努力种田光荣,忙于发明则是奇技淫巧,舍本逐末。不仅风车和水磨等节省劳力的机械在中国难以推广,甚至连畜力最终都被人力替代,轿子就是一个典型例子。正是这种小农经济使得现代科技根本无法产生。

中国小农经济使得中国压根儿没有科学技术发展创新的需要,而西方哪怕是一件新发明暂时看不出有什么用,也会很快随着市场的需求与大环境的作用而派上用场。法拉第发明的世界第一台发电机像个小玩具,维多利亚女王好奇地问:"您的这个发现究竟有什么用处呢?"法拉第说:"女王陛下,您是否可以告诉我,一个婴儿的用处是什么呢?"后来发电机改变了世界。

3. 中国古代科学注重记录,有直觉猜测,但缺少古希腊那样的逻辑推理、数理分析和实验验证,导致知其然而不知其所以然。中国从公元前1057年开始几乎记录了历次哈雷彗星接近地球的天文现象,但就没有一个人像哈雷那样总结一下这颗彗星的出现规律,没有一个人细心地发现这颗彗星每76年左右就会出现一次。《黄帝内经》就论述了血液循环理论的一些概念,但中国一直没建立血液循环学说,直到哈维1628年发表《动物心血管运动的解剖研究》，才确立了血液循环学说。徐光启可谓科学造诣深厚，但他谈到勾股定理时就说："旧《九章》中亦有之，第能言其法，不能言其义。"美国物理学家亨利·罗兰（1848—1901）100多年前忠告美国科学界说："如果我们只注意科学的应用，必定会阻止它的发展。那么要不了多久，我们就会退化成像中国人那样，他们几代人在科学上没有取得进展，因为他们只满足于科学的应用，而根本不去探讨为什么要这样做的原因。"

东汉全能科学家张衡与古希腊天文学家托勒密是同时代人，张衡在《灵宪》中提出可以用行星运动的快慢来测算它们与地球的距离，现代科学家根据张衡的假说画了一张图，结果跟托勒密的地心说非常相似，而张衡制造的浑象简直就是托勒密的地心说模型。按理说从浑象到地心说只有一步之遥，有了地心说才能有日心说，最终有现代天文学，但是这一步的迈出中国用了一千六百年，直到明末地心说、日心说才随着传教士东来而传到中国。这是为什么？

这因为张衡虽然理解日月星辰做圆周运动，但由于没有古希腊那样的科学逻辑构造理论框架的示范，从而无法深入。中国古代天文学家都是在用抽取行星运动的代数特征，即周期大小来建立天文理论。天文学变成了取周期数量公倍数和公约数的运算，这样中国的天文计算虽然很精确，但理论上却是幼稚的，根本不可能发展成现代天文学。

4. 科举扼杀了学校对科学技术的传承。古罗马时代学校课程就有数学和天文学，在中世纪，教会学校却也只是把神学置于数学和天文学之上而已。孔子教学时六艺中有算术，但后来的学校教育却把数学荒废了，逐渐只剩下五经四书。李时珍3次科举失败才做医生，宋应星5次落榜才去研究手工业，徐霞客连秀才也没考上，只好寄情于山水。清政府直到1888年才同意科举增考算学，"戊子科乡试报考算学者有32人，照章录取举人1名"，但一切都晚了。

5. 古代科学很容易人亡政息，无法传承，造成科学技术不能通过历代积累而由量变到质变。《庄子·天道》记载，一天齐桓公在堂上读书，轮扁（一个名叫扁的做车轮的工匠）在堂下砍削车轮，他放下锥子和凿子走上朝堂，问齐桓公说："冒昧地请问，主公所读的书说的是些什么呢？"

齐桓公说："是圣人的话语。"

轮扁说："圣人还在世吗？"

齐桓公说："已经死了。"

轮扁说："这样，那么国君所读的书，全是古人的糟粕啊！"

齐桓公说："寡人读书，制作车轮的人怎么敢妄加评议呢？你有什么道理说出来那还可以原谅，没有道理可说那就得处死。"

轮扁说："我用我所从事的工作观察到这个道理。砍削车轮，动作慢了松缓而不坚固，动作快了涩滞而不入木。不慢不快，手上顺利而且应合于心，口里虽然不能言说，却有技巧在其间。我不能用来使我的儿子明白其中的奥妙，我的儿子也不能从我这儿接受这一奥妙的技巧，所以我活了七十岁，如今还在砍削车轮。古时候的人跟他们不可言传的道理一块儿死亡了，那么国君所读的书，正是古人的糟粕啊！"

齐桓公没有杀轮扁。这是"糟粕"的最早出处，看来最开始糟粕指的是齐桓公读的书。

通过这个故事，我们明白，古代技术不能标准化，它和工匠的手脑融为一体，这样的技术只能靠言传身教，往往一个技术工人的死亡就使得这门科技失传。如是，后人无法继承前人精髓，只能一切从头开始，没有科学积累，怎么能有科技的飞速进步呢？

6. 专制体制本身对商业的打击，遏制市民阶层的扩大。商业财富的增加必然导致人民生活水平的普遍提高，这就会有市民资产阶级的发展壮大，资产阶级本能地会有对更加独立的个人权利的渴望，官官相护的体制必然与崇尚利润的商人有矛盾，等到资产阶级发展壮大到一定程度，最终必然威胁皇权。

此外，专制帝国时代国家最有效的管理方式是集中制，商人为获取商机和信息，采购货物，便会长途奔波，四处分散，这是不利于专制帝国管理的。

再者，专制帝国最倡导的是朴素的社会风气，让人没有欲望，不愿意改善贫穷的生活，才不愿意造反，而商人见多识广，巧言令色，尔虞我诈，这样的人如果多了，皇帝的宝座怎能坐得踏实？

所以中国历朝历代除宋朝外一律打击商业，西汉刘邦"令贾人不得衣丝乘车"，"市井子孙亦不得仕宦为吏"，不许购买土地。汉文帝规定三种人不得为官：商人、赘婿、犯重罪的官吏子女。晋朝为了侮辱商人，居然让他们"一足著白履，一足著黑履"（《晋令》，载于《太平御览》卷八百二十八）。前秦皇帝苻坚规定："去京师百里内，工商皂隶不得服金银、锦绣，犯者弃市。"（《资治通鉴》卷101）只要商人穿着绸缎衣服，那么就要当街斩首并暴尸街头。繁荣的大唐虽然没有对商人的歧视性政策或打击，但也规定商人及子孙不准从政："有市籍者不得官，父母、大父母有市籍者，亦不得官。"（白居易《六帖》，载《白居易全集》）

　　历朝历代打击商业，到明朝中后期，虽然表面上看起来商业繁荣，实则危机四伏。富商与官府勾结垄断市场，官僚插手商业贸易，他们从商业资本中捞取的资金不断投入土地兼并，变为大地主。而那些没有官位的富商和大地主，也可以通过卖官鬻爵成为名义上的官僚，获得政治地位、社会地位。从表面看来，商人、市民阶级与官僚联合，并通过商业利润购置田产，这一过程和欧洲资本主义发展的情况有类似之处。至于卖官鬻爵，这也不是中国封建社会特有的。16世纪法国王室也实行过类似制度，不少暴发户买到了官职和贵族头衔，这种挤进贵族行列的人被称为穿袍贵族，这在威廉·多伊尔《捐官制度：十八世纪法国的卖官鬻爵》一书中都有详细体现。他们以雄厚的经济实力支持王权对地方封建割据势力进行抑制，操纵国会，大大促进资本主义发展和社会进步。

　　在西方卖官也能促进社会进步，在中国古代呢？商人卖官，与官僚联合，其结果是政治结构中的贪官污吏和经济结构中腐败成分的结合，进一步造成了政治上的腐败和土地兼并的加剧，商人转化为地主后，再耕读传家，从此让自己的孩子走仕途，"走正路"，更不可能再去想发展商业了。说到最后，与其这样，真不如汉朝的规定，刘邦规定商人子孙后代都不得为官，这样的话商人反倒能安心发展商业了。

中国无论是士大夫还是百姓都对商人当官嗤之以鼻。在中国历朝历代，大商业资本的发展总是和经济、政治结构中的腐朽力量的恶性膨胀相一致。所以，当王朝崩溃时，农民大起义所过之处，一定要把官僚、地主、商人都扫荡干净，明朝中后期的资本主义萌芽就在李自成、张献忠的战争中被扫荡了不少，最后在清廷统治下彻底被扼杀。

整个中国经济史就如吴晓波《浩荡两千年》所说："一开放就搞活，一搞活就失衡，一失衡就内乱，一内乱就闭关，一闭关就落后，一落后再开放，朝代更迭，轴心不变，循环往复，无休无止。我们这个国家，只要没有外患内乱，放纵民间，允许自由从商，30年可出现盛世，50年可成为最强盛的国家，可是接下来必然会重新出现国家主义，必然再度回到中央高度集权的逻辑之中，必然造成国营经济空前繁荣的景象。无数英雄俊杰，在这种轮回游戏里火中取栗，成就功名，万千市井繁荣，在这个历史搅拌机里被碾成碎片。"这样发展下去的中国又岂能自发走向现代化？

主要参考书目

明朝著作

冯梦龙：《燕都日记》《甲申纪事》，载《冯梦龙全集》，凤凰出版社，2007年版。

汪辑：《崇祯长编》，中研院历史语言研究所，1967年版。

王夫之：《永历实录》，载《船山全书》第11册，岳麓书社，2011年版。

佚名：《崇祯实录》，中研院历史语言研究所，1962年版。

清朝著作

爱新觉罗·玄烨御制《圣祖仁皇帝御制文集》，载《景印文渊阁四库全书》第1298、1299册，台北商务印书馆，1986年版。

巴泰等纂《清世祖章皇帝实录》，中华书局，1985年版。

抱阳生：《甲申朝事小纪》，书目文献出版社，1987年版。

北平故宫博物院编《多尔衮摄政日记》，故宫博物院，1933年版。

陈垣编《康熙与罗马使节关系文书》，文海出版社，1974年版。

戴笠：《流寇长编》，书目文献出版社，1991年版。

谷应泰：《明史纪事本末》，中华书局，1977年版。

计六奇：《明季北略》，中华书局，1984 年版。

计六奇：《明季南略》，中华书局，1984 年版。

勒德洪等纂《平定三逆方略》，载《景印文渊阁四库全书》第 354 册，台北商务印书馆，1986 年版。

李光地：《榕村语录 榕村续语录》，中华书局，1995 年版。

李天根：《爝火录》，浙江古籍出版社，1986 年版。

李洵等校点《钦定八旗通志》，吉林文史出版社，2002 年版。

刘茝：《狩缅纪事》，浙江古籍出版社，1986 年版。

刘健：《庭闻录》，上海书店出版社，1985 年版。

刘献廷：《广阳杂记》，中华书局，1997 年版。

马齐等纂《清圣祖仁皇帝实录》，中华书局，1985 年版。

木臣忞：《弘觉忞禅师北游集》，载《清代诗文集汇编》第 10 册，上海古籍出版社，2010 年版。

彭孙贻：《平寇志》，上海古籍出版社，1984 年版。

钱仪吉纂《碑传集》，中华书局，1993 年版。

屈大均：《广东新语》，中华书局，1997 年版。

厦门大学台湾研究所、中国第一历史档案馆编《康熙统一台湾档案史料选辑》，福建人民出版社，1983 年版。

厦门大学台湾研究所、中国第一历史档案馆编《郑成功档案史料选辑》，福建人民出版社，1985 年版。

厦门大学郑成功历史调查研究组编《郑成功收复台湾史料选编》，福建人民出版社，1982 年版。

邵廷寀：《东南纪事》，北京古籍出版社，2002 年版。

谈迁：《国榷》，中华书局，1988 年版。

谈迁：《枣林杂俎》，中华书局，2006 年版。

王沄：《漫游纪略》，上海书店出版社，2004 年版。

温达等纂《亲征平定朔漠方略》，载《景印文渊阁四库全书》第 354、355 册，台北商务印书馆，1986 年版。

文秉：《烈皇小识》，上海书店，1982 年版。

吴伟业：《绥寇纪略》（《鹿樵纪闻》），上海古籍出版社，1992 年版。

徐珂编撰《清稗类钞》，中华书局，2010 年版。

徐鼒：《小腆纪传》，中华书局，1958 年版。

徐鼒：《小腆纪年附考》，中华书局，1957 年版。

佚名：《平滇始末》，台湾文艺印书馆，1964 年版。

佚名：《平定罗刹方略》，载《续修四库全书》第 390 册，上海古籍出版社，2013 年版。

余飏：《莆变纪事》，江苏古籍出版社，2000 年版。

张潮：《虞初新志》，河北人民出版社，1985 年版。

张廷玉等撰《明史》，中华书局，1974 年版。

赵士锦：《甲申纪事》，中华书局，1959 年版。

赵之恒、牛耕、巴图主编《大清十朝圣训》，北京燕山出版社，1998 年版。

中国第一历史档案馆编《康熙朝汉文朱批奏折汇编》，档案出版社，1984 年版。

中国第一历史档案馆编《康熙朝满文朱批奏折全译》，中国社会科学出版社，1996 年版。

中国第一历史档案馆编《清中前期西洋天主教在华活动

档案史料》，中华书局，2003 年版。

中国第一历史档案馆整理《康熙起居注》，中华书局，1984 年版。

民国著作

汉史氏：《清朝兴亡史》，北京古籍出版社，1998 年版。

孟森：《明清史论著集刊》，中华书局，1959 年版。

孟森：《清史讲义》，浙江人民出版社，1998 年版。

赵尔巽主编《清史稿》，中华书局，1977 年版。

今人著作

爱新觉罗家族全书编委会编著《爱新觉罗家族全书》，吉林人民出版社，1997 年版。

陈铿仪、刘子扬、李鹏年编著《清代六部成语词典》，天津人民出版社，1990 年版。

戴逸、李文海主编《清通鉴》，山西人民出版社，2005 年版。

定宜庄：《清代八旗驻防研究》，辽宁民族出版社，2003 年版。

樊树志：《崇祯传》，人民出版社，1997 年版。

樊树志：《晚明史》，复旦大学出版社，2003 年版。

冯尔康：《清史史料学》，故宫出版社，2013 年版。

高冕：《杀机：清朝皇权争夺中的绝命者》，作家出版社，2012 年版。

高冕：《天机：清王朝皇权交接实录》，作家出版社，

2002 年版。

高冕：《玄机：清王朝皇权角逐中的平步青云者》，作家出版社，2004 年版。

顾诚：《南明史》，光明日报出版社，2011 年版。

郭影秋编著《李定国纪年》，中国人民大学出版社，2006年版。

赫连勃勃大王（梅毅）：《帝国回光：清朝真史》，海天出版社，2012 年版。

赫连勃勃大王（梅毅）：《亡天下：南明痛史》，上海人民出版社，2007 年版。

黄卫平：《大顺史稿》，三秦出版社，2010 年版。

黄一农：《两头蛇：明末清初第一代天主教徒》，上海古籍出版社，2006 年版。

江仁杰：《解构郑成功——英雄、神话与形象的历史》，三民书局，2006 年版。

蒋兆成：《康熙传》，人民出版社，1998 年版。

李春光编《清代名人轶事辑览》，中国社会科学出版社，2004 年版。

李洁非：《黑洞：弘光纪事》，人民文学出版社，2012年版。

李洁非：《野哭：弘光列传》，人民文学出版社，2013年版。

李天纲：《中国礼仪之争：历史、文献和意义》，上海古籍出版社，1998 年版。

李燕光、关捷：《满族通史》，辽宁民族出版社，2003

年版。

李治亭：《吴三桂大传》，江苏教育出版社，2005 年版。

林永匡：《中国风俗通史》第 11 卷 "清代卷"，上海文艺出版社，2001 年版。

刘凤云：《清代三藩研究》，中国人民大学出版社，1994 年版。

柳义南：《李自成纪年附考》，中华书局，1983 年版。

孟昭信：《康熙评传》，南京大学出版社，1999 年版。

南炳文、白新良主编《清史纪事本末》，上海大学出版社，2006 年版。

钱海岳：《南明史》，中华书局，2006 年版。

秦国经：《明清档案学》，学苑出版社，2005 年版。

沈雨梧：《清代科学家》，光明日报出版社，2010 年版。

施伟青：《施琅年谱考略》，岳麓书社，1998 年版。

施伟青主编《施琅与台湾》，社会科学文献出版社，2004 年版。

台湾三军大学编《中国历代战争史》第 15、16 册，军事译文出版社，1983 年版。

王宏斌：《清代前期海防：思想与制度》，社会科学文献出版社，2002 年版。

王学东：《血战台湾岛——郑成功收复台湾纪实》，解放军出版社，1998 年版。

王钟翰：《王钟翰清史论集》，中华书局，2004 年版。

向斯：《清代皇帝读书生活》，中国书店出版社，2008 年版。

萧一山：《清代通史》，华东师范大学出版社，2010 年版。

萧致治、杨卫东：《西风拂斜阳：鸦片战争前中西关系》，湖北人民出版社，2010 年版。

谢贵安：《清实录研究》，上海古籍出版社，2013 年版。

谢国桢：《南明史略》，上海人民出版社，1957 年版。

谢国桢：《增订晚明史籍考》，上海古籍出版社，1981 年版。

许毓良：《清代台湾的海防》，社会科学文献出版社，2003 年版。

阎崇年：《康熙大帝》，中华书局，2008 年版。

颜廷瑞：《威震台海——康熙统一台湾纪实》，解放军出版社，1997 年版。

杨国宜编《明朝灾异野闻编年录》，安徽师范大学出版社，2010 年版。

杨海英：《洪承畴与明清易代研究》，商务印书馆，2006 年版。

杨金森：《中国海防史》，海洋出版社，2005 年版。

叶高树：《降清明将研究（1618—1683）》，台湾师范大学历史研究所，1993 年版。

余同元：《崇祯十七年：社会震荡与文化变奏》，东方出版社，2006 年版。

张世明：《法律、资源与时空建构：1644—1945 年的中国》，广东人民出版社，2012 年版。

张晓虎：《痴道人——顺治皇帝传奇》，人民文学出版社，2009 年版。

张研：《龙凤劫——康熙皇帝传奇》，中国人民大学出版社，1993 年版。

章开沅主编《清通鉴》，岳麓书社，2000 年版。

郑天挺：《清史探微》，北京大学出版社，1999 年版。

周远廉、孙文良：《中国通史》第 17 册、18 册，上海人民出版社，2004 年版。

朱金甫、张书才主编《清代典章制度辞典》，中国人民大学出版社，2011 年版。

庄吉发：《清史论集》第 1 ~ 20 册，文史哲出版社，1997 ~ 2010 年版。

外国著作

〔德〕魏特：《汤若望传》，杨丙辰译，商务印书馆，1949 年版。

〔联邦德国〕恩斯特·斯扎莫：《"通玄教师"汤若望》，〔德〕达素彬、张晓虎译，中国人民大学出版社，1989 年版。

〔美〕恒慕义主编《清代名人传略》，中国人民大学清史研究所《清代名人传略》翻译组译，青海人民出版社，1997 年版。

〔美〕罗威廉：《哈佛中国史》第 6 卷《最后的中华帝国：大清》，李仁渊、张远译，台湾大学出版中心，2013 年版。

〔美〕罗友枝：《清代宫廷社会史》，周卫平译，中国人民大学出版社，2009 年版。

〔美〕欧阳泰：《1661，决战热兰遮：中国对西方的第一次胜利》，陈信宏译，九州出版社，2014 年版。

〔美〕史景迁：《中国皇帝：康熙自画像》，吴根友译，上海远东出版社，2001 年版。

〔美〕司徒琳：《南明史》，李荣庆等译，上海古籍出版社，1992 年版。

〔美〕司徒琳：《世界时间与东亚时间中的明清变迁》，赵世玲译，生活·读书·新知三联书店，2009 年版。

〔美〕魏斐德：《洪业·清朝开国史》，陈苏镇等译，江苏人民出版社，2008 年版。

〔日〕稻叶君山：《清朝全史》，但焘译订，上海社会科学出版社，2010 年版。

〔日〕宫胁淳子：《最后的游牧帝国——准噶尔部的兴亡》，晓克译，内蒙古人民出版社，2005 年版。

〔苏联〕伊·亚·兹拉特金：《准噶尔汗国史》，马曼丽译，商务印书馆，1980 年版。

〔西班牙〕帕莱福等：《鞑靼征服中国史 鞑靼中国史 鞑靼战纪》，何高济译，中华书局，2008 年版。

〔意大利〕马国贤：《清廷十三年：马国贤在华回忆录》，李天纲译，上海古籍出版社，2004 年版。

〔英〕魏根深：《中国历史研究手册》，侯旭东主持翻译，北京大学出版社，2016 年版。

〔英〕小约翰·威尔斯：《1688 年的全球史——一个非凡年代里的中国和世界》，赵辉译，海南出版社，2003 年版。

〔英〕约·弗·巴德利：《俄国·蒙古·中国》，吴持哲、吴有刚译，商务印书馆，1981 年版。

国家清史编纂委员会编译组编《清史译丛》，第 1～9 辑，中国人民大学出版社，2004～2010 年版。

日本东亚研究所编《异民族统治中国史》，韩润棠等译，商务印书馆，1964 年版。

吴晗编《朝鲜李朝实录中的中国史料》，中华书局，1980 年版。

图书在版编目（CIP）数据

进击的铁骑：大清开国的历史瞬间／刘澍著. --
北京：社会科学文献出版社，2019.9
ISBN 978 - 7 - 5201 - 5410 - 9

Ⅰ.①进⋯　Ⅱ.①刘⋯　Ⅲ.①中国历史 - 清前期 - 通
俗读物　Ⅳ.①K249.09

中国版本图书馆 CIP 数据核字（2019）第 180161 号

进击的铁骑
　　——大清开国的历史瞬间

著　　者／刘　澍

出 版 人／谢寿光
责任编辑／李建廷　胡百涛

出　　版／社会科学文献出版社·人文分社（010）59367215
　　　　　地址：北京市北三环中路甲 29 号院华龙大厦　邮编：100029
　　　　　网址：www. ssap. com. cn
发　　行／市场营销中心（010）59367081　59367083
印　　装／北京盛通印刷股份有限公司

规　　格／开本：889mm × 1194mm　1/32
　　　　　印张：11　字数：247 千字
版　　次／2019 年 9 月第 1 版　2019 年 9 月第 1 次印刷
书　　号／ISBN 978 - 7 - 5201 - 5410 - 9
定　　价／69.00 元

本书如有印装质量问题，请与读者服务中心（010 - 59367028）联系